宝岛诸神

台湾的神话历史古层

叶舒宪　陈器文◎主编

南方日报出版社
NANFANG DAILY PRESS
中国·广州

图书在版编目（CIP）数据

宝岛诸神 ：台湾的神话历史古层 / 叶舒宪，陈器文主编. -- 广州 ：南方日报出版社，2011.8
ISBN 978-7-5491-0243-3

Ⅰ. ①宝… Ⅱ. ①叶… ②陈… Ⅲ. ①文化史－台湾省 Ⅳ. ①K295.8

中国版本图书馆 CIP 数据核字(2011)第 169454 号

宝岛诸神：台湾的神话历史古层　　叶舒宪 陈器文 编

出版发行：南方日报出版社
地　　址：广州市广州大道中 289 号
电　　话：（020）87373998-8502
经　　销：全国新华书店
印　　刷：广州市岭美彩印有限公司印刷
开　　本：787mm×1092mm　1/16
印　　张：27.125
字　　数：426 千字
版　　次：2011 年 8 月第 1 版
印　　次：2011 年 8 月第 1 次印刷
定　　价：56.00 元

投稿热线：（020）83000503　读者热线：（020）83000502

网址：http://nf.nfdaily.cn/press/

发现印装质量问题，影响阅读，请与承印厂联系调换

人在做，
天在看。

——台湾俗谚

总序

神话：中国文化的原型编码

叶舒宪

“神话”这个概念是20世纪初由留日学者梁启超、蒋观云等人引入现代汉语中的。在此之前，中国学术话语中没有这个词，当然也没有神话学这门学问。100多年来，中国神话学从无到有，取得了重大成就，也留下明显的局限。最初热衷于介绍和研究神话的学者以文学家为主体，如鲁迅、周作人、茅盾、郑振铎、谢六逸等，所以至今我国的神话学教学仍然只限于在大学中文系的民间文学课程范围里进行。凡是没有讲授民间文学课程的学校，当然也不会讲授神话学的专业知识。对照20世纪以来国际神话学研究大发展的情况，国内在学科划分上的这种自我封闭之局限性非常明显。以国际神话学理论权威学者罗伯特·西格尔（Robert A.Segal）在1996年主编出版的六大卷《神话理论》（*Theories of Myth*）来看，文学方面的神话学研究只占六卷书中的一卷而已，即不到神话学研究全貌的百分之二十，占据百分之八十以上的内容是哲学、历史学、考古学、宗教学、心理学、人类学等学科视角的神话研究。与中国神话学的现状相比，文学本位的神话观成为制约我国人文学术发展的一个瓶颈。

如何有效地总结一个世纪以来中国神话学的成就与研究经验，反思我国学者在这一领域中的思维工具之局限性及其遮蔽、阻碍作用，相应地提出学术对策，对限制性的瓶颈加以突破，实现对神话观念和神话学知识格局的更新，与时俱进地回应国际学术发展趋势，适当地吸收学术创新成果，对于推进我国神话学研究乃至整个人文研究的水平，都是十分必要的基础理论工作。

以往的经验表明，突破中国神话学研究的文学本位之局限，神话概念将充分发挥其贯通文学、历史、哲学、宗教学、心理学的跨学科知识整合优势，引领人文学者打开思路，主动尝试交叉学科的思考，发现、提出和解决新问题，特别是关系到文史哲研究视野如何打通和重新整合的关键问题。

一个世纪以来的中国神话研究，将主要精力用于从古籍中寻找类似古希腊神话故事的工作，却完全忽略了一个根本性的问题：中国古人为什么不能研究神话？换另一种问法：中国古汉语中为什么就没有“神话”这个词呢？由于这样具有根本性的文化特质问题没有得到较早的提示，在学者中也得不到深入的思考和讨论。中国文化传统的最大特征就在于其完全的和弥漫性的神话特质。不仅遍布城乡各地的无数孔庙和财神庙，无言地见证了这个多民族国家的巨大造神能量，就连被西学东渐以来的现代学者视为“中国哲学”、“中国历史”和“中国科学”的许多根本内容，也离不开神话的观照。

参观北京故宫的游客，很少能够明白所谓“紫禁城”，原来就是纯粹的神话式命名！人们确信地上的皇宫对应着神话想象中的天上紫微宫，那是天帝位居天庭中央的统治标志，于是才会有人间的紫禁城这样的神圣化名号。大家都知道“天人合一”是中国文化的特质，但是大家往往都忽略了“天人合一”信念本来就是神话的观念，或者说是直接来自神话思维的信仰观念，它对于整个中国传统来说，具有文化基因的作用。就连自我标榜“不语怪力乱神”的孔圣人，其实也坚信“天命”，特别关注超自然的生物麒麟与凤凰之类的神话象征意义。当年一位楚国狂人甚至直接用“凤”来比喻孔子本人。今人只看到神话表现的一种形式是文字叙事，所以它就被归入现代意义上的文学。但是文化传统中还有大量以图像叙事和物的叙事来表现的神话，紫禁城、天坛、地坛、日坛、月坛等明清两代皇家建筑莫不如此，更不用说自古以来的“天子坐明堂”制度了。从古代的高频语词“真龙天子”、“龙凤呈祥”等，到今天的高频语词“龙的传人”、“巨龙腾飞”之类，离开了神话式的思考和观念，还谈什么中国文化？

再举一个工具书的例子，我们从中可以看出，神话对于中华文明的深刻渗透和全面覆盖，如何达到至深至广的程度。《说文解字》这部书，是大家公认的古汉语第一部字典。但是只要仔细阅读第一卷开篇的几个最重要的部首下面的字，就不难看出，这不是随意编排的工具书，其9000多字的编排顺序始于“一”而终于“亥”，分明体现着神话宇宙观的时间和空间秩序。至于为什么要将一、二、示、三、王、玉这六个部首的字排在字典的首要位置，其间的奥秘只能从华夏大传统的信仰基础和神话根脉上才能看得清楚，绝不是按照笔画顺序排列就能够解释的。许慎对许多汉字的解说方式，其间充满着神话观念与神话叙事，尽管他那个时代还没有“神话”这个词语。从认知人类学角度看，《说文解字》不用神话词汇而表达出的神话和信仰内容，对中国文化传统的神话性给出了生动的示范。“不识庐山真面目，只缘身在此山中”，中国古人不用讲“神话”这个词，因为他们原来就生活在神话所支配的观念和行为之中！从这一意义上看，象形文字作为文化的符号编码方式，本身就体现着神话观念的原型编码规则，这正是当代学者能够通过神话学的整合视角而重新进入中国传统的窍门所在。这也是《神话历史丛书》的编撰初衷：如何将局限于文学课堂的神话真正释放出来，使之成为重新贯通文史哲、反思中国文化研究的有效概念工具，引领学者超越传统的成见和现代的学科偏见，重新进入中国思想传统和历史传统。

《神话历史丛书》计划出20卷，分为中国神话历史和世界神话历史两个系列。世界神话历史系列，包括苏美尔神话历史、希腊神话历史、日本神话历史、韩国神话历史等，为审视中国神话历史提供世界文明及东亚文明的大背景参照。中国神话历史系列，包括一卷总论和各卷分论。分论以先秦两汉的重要经典为个案，如《尚书》、《论语》、《春秋》、《礼记》、《仪礼》、《穆天子传》和《淮南子》等，分别透视其所承载的神话历史与神话哲学之内涵，展示与以往不同的解读门径。我们希望各卷合起来能够构成一个相互关联和相互照应的学术整体，有助于加深对中国文化的发生及其特质的认识。

本丛书秉承了笔者一贯的研究风格（参见20世纪90年代叶舒宪与萧兵、王建辉合作主编的“中国文化的人类学破译”系列丛书），集中呈现笔者近年来的跨学科思考，并汇聚了一批具有新锐探索精神的青年学者（本丛书的作者都是有志于进行跨学科研究的人文学者，围绕着目前活跃于学界的几个学会——中国文学人类学研究会、中国神话学会等进行研究），力图从神话历史新视域解读中国文化的原型编码，从而呈现出具有规模性的人文研究和国学研究的创新成果。本项目的缘起，原本依托于中国社会科学院重大项目“中华文明探源的神话学研究”，又于2009年单独列为广东省文化强省项目，得到了广东省委宣传部和南方日报出版社的大力支持和资助。在人力、物力等方面，本丛书还得到了2010年新成立的上海交通大学文学人类学研究中心的鼎力支持。谨在此向广东省委宣传部、南方日报出版社和上海交通大学、中国社会科学院文学研究所表示诚挚的谢意。

2010年6月6日于北京太阳宫

目錄

编者前言

一万年前的地球变暖过程，让上升的太平洋海面将东亚洲大陆边缘的一块土地陷入大洋包围中，最终脱离了地球上最大的大陆——欧亚大陆，成为孤悬海外的岛屿——台湾岛。自那时以来，岛上就有人类生息的活动，由于处在洪荒草莽状态，即没有历史书写，也不为大陆的中央大帝国所关注。只有到了20世纪，在内忧外患叠加的现代政治风云激荡下，才出现了专门书写这个岛屿历史的新机遇。

国内外的台湾史著述，虽说不上汗牛充栋，也已经是20世纪的一个热门写作领域。荷兰殖民者眼中的福尔摩沙岛，日本殖民者眼中的新国土，郑成功视角的民族英雄叙事，大清王朝视角的王化南蛮政治叙事，1895年割让台湾之后的解殖民叙事，1949年国民党登陆后的白色恐怖记忆和“解严”以来的民主化浪潮等。自1949年到2009年，台湾岛和大陆隔绝了整整一个甲子之后，迎来了两岸“三通”和经贸、旅游、文化互动升级的历史新局面。也就在2009年初春，笔者获得台湾方面的延揽人才计划资助，到台中的中兴大学中国文学系任一学期的客座教授，促成了本人的第三次台湾之旅。

来台之前我正组织在北京的中国社会科学院博士研究生们研习“神话历史”新课题，希望引领大家走出纯文学本位的神话观，重建作为文化原型编码的神话观。来台中任教后也就自然萌生了一个学术设想：组织台湾师生呼应国际上人文学界方兴未艾的“神话历史”讨论，编撰一部独特视角的本岛神话历史。教学相长，在5个月的教学互动过程中，我通过在中兴大学所开设的两门研究生课程——博士班的“文学人类学”和硕士班的“神话考古学”，也趁到台湾大学、台湾暨南大学、台湾师范大学、佛光大学、东华大学、中山大学、逢甲大学、静宜大学等校讲座和交流的机会，跑遍了岛上的主要城市，对本岛的自然风土和人情世故有了多于一般旅游者的深度观察和理解。尤其是在各地走访和考察民间信仰情况，在城市和乡镇探查了近百座庙宇，其中最著名的莫过于台中大甲的妈祖庙、台北木栅的护国延平宫、台北官渡的黄帝神宫、花莲的西王母庙、高雄的孔庙等。并在老朋友原住民教授浦忠成引领下访问了一些原住民社区，甚至进入到排湾族原住民家中作近距离的访谈。

这半年来的所见所闻和客居生活体验让我明白，在隔绝半个多世纪之后，受到不同的地理环境和政治制度、意识形态的阻隔作用，大多数中国人很不了解台湾的社会和人心。随着大陆商人、访客和游客数量的激增，对台湾文化之奥妙的认识需求也会与日俱增。在一般性的以历史事件为主的台湾史知识之外，汉语读书界的读者大众急需一种对宝岛风土人情有较多关注的精神文化史方面的书，以便对当代台湾的社会现象多少有些深度历史透视的眼光。以上就是我们编撰这部《宝岛诸神》的初衷：为读书界提供一部略有深度解读台湾的文化读本。

在近现代以来走马灯一般的政权更迭表象背后，要想透视台湾社会特有的精神文化史方面特色，占据首屈一指位置的，显然应该是宝岛人民的信仰世界，那是一种拥有绝对多元融合性质的宗教和神话世界。我猜想，这一精神文化特质，正是使得台湾获得“人类学家的天堂”这一美誉的根本原因。有一次我特意邀请台湾中研院院士，中兴大学文学院林富士院长来我的“文学人类学”课堂上，为研究生介绍他的台湾乩童研究。林教授说他近年来已经调查和采访的乩童有600位之多。以我走访过的台湾寺庙的情况来判断，这个惊人的乩童数字并不显得夸张。因为台湾岛上各种信仰的庙宇有近10万所，多数的庙宇仪式上都可以看到乩童的通神活动。而在经历整整一个多世纪无神论教育的大陆，乩童和萨满早已在大多数的神圣场所中销声匿迹。至于台湾每一任新当选的政治人物都要去各种庙宇中进香和还愿的行为，就是放在全球政坛的范围看也会显得十分特殊。在台湾的大小庙宇中获得实地观察和体验的我，将一些在书本上无法得到的精神感悟和学术认识，分别写进在台湾完成的研究生教科书《文学人类学教程》的各章之中。那是我平生第二次在大陆以外的中国海岛上任教，前一次是上世纪末在海南岛的大学中文系里任教6年。

为了有助于岛外的人们更好地进入台湾人的精神世界，我拟定了一个写作提纲，共计30多个子题，自己在授课之余起草了前两个题目，其余作为作业论文分发给各位师生，根据他们个人的熟悉情况和知识储备，分别认领一个子题去分头写作。原设想的36个子题是：

1．玉山及其命名：从自然史到文化史

2．矮黑人：谁是台湾“先住民”？

3．原住民神圣叙事（上）：与南岛语族的文化联系

4．原住民神圣叙事（下）：口传史官制度

5．化外之岛的史前史（明郑之前大陆移民台湾的神话叙事）

6．平埔族神话历史：巴则海族，西拉雅族，邵族

7．台湾的女神信仰（母系社会、原住民、平埔族、汉人，日据时神道教）

8．荷兰、西班牙殖民者神话叙事

9．郑成功：从英雄到圣神

10．玄天上帝神话

11．王爷信仰神话（以蔡秋桐开篇）

12．瘟神信仰神话

13．妈祖信仰神话

14．保生大帝信仰神话

15．西王母信仰神话

16．三太子信仰神话

17．日本殖民者神话叙事

18．日本学者台湾探险神话

19．黄帝信仰与轩辕教

20．台湾佛教与寺庙

21．密宗信仰与实践

22．文昌信仰

23．孔庙

24．童乩

25．尪姨

26．巫师—法师：关落阴、牵亡、晋地府、扶箕

27．文学：王稼祥、叶石涛、李潼

28．文学：孤儿弃儿神话原型——吴浊流 骆以军

29. 艺术治疗实践：六脚侯氏绘画解读

30. 艺术：云门舞集

31. 当代政治神话

32. 法律：童乩断案

33. 民间演剧

34. 基督教与他文化互动

35. 天公（玉皇大帝）信仰

36. 现代美术本土运动——洪通

除了各章题目的设计，我还草写出一纸“课程作业说明”，希望研究生们本着学以致用的原则，围绕主题交出既有一定知识深度又兼具可读性的文章。

> “本着学以致用的宗旨，将课堂上所讲授的人类学田野调查方法、知识考古的推陈出新的再认知原则，落实到这次写作实习活动中。
>
> “学以致用，就希望能够群策群力，集合贡献出一本以‘台湾的神话历史’为主题的书，争取正式出版，有助于世界了解台湾，体会和感受台湾文化的特质与精神。
>
> “宗旨：发掘——台湾文化错综复杂交织的古层，引导——深度体认宝岛的知识读本。”

在这次“作业说明”的末尾，还特意提出5点写作上的技术要求，期盼能够最后编辑成一本有意思的学术读物，有助于消解两岸在文化方面的潜在隔阂，填补知识界了解台湾社会特点的巨大需求和阅读市场空缺。

第一，内容的学术性和探索性：不是一般性的知识介绍，不要泛泛平平的陈述，最好有独到的学术探索，发挥神话与文学的知识考古作用，尽量发前人所未发，鼓励能有自己采访的第一手资料。

第二，体现后殖民时代的新史学精神：批判和解构霸权论述，超越人云亦云的常识，发掘被压抑、被遮蔽的小历史，揭示被歪曲、被遗忘的真相。可从一个你所熟悉的庙、道士、巫师、童乩的故事讲起，上引下联，带出历史传承的脉络。

建议参考题目，如：“一个台湾畲族的家族史”、“原住民神话叙事中的郑成功”、“原住民神话历史中的日本人或荷兰人、汉人”等。

第三，形式的可读性和悬念递进：不是枯燥的纯学术论文，可由神话、故事、传说或文学作品引入，让一般读者和学者都能接受。介乎《达文西密码》与《熊图腾》之间。

第四，“小历史”写法：文学可参考韩少功《马桥词典》。史学参考林富士《小历史》。哲学参考彼得•金斯利《在智慧的暗处》。原住民神话历史，参考浦忠成《被遗忘的圣域》。还可参考各种“口述史”：道卡斯、西拉雅等。

第五，篇末请附上“延伸阅读的文献目录”，可引导读者进一步的研究和阅读兴趣。

当我在2009年7月20日离开台湾时，半数以上的研究生交出了各章论文。随后，在中兴大学中国文学系主任陈器文教授指导下，还有的同学陆续通过电子邮件发来文稿，也有的师生做了进一步的跟踪调研和改写，在2010年3月交来全部定稿。我根据这些交稿的内容整理、修改和润色，并按照章节重新编排后，就是目前呈现给读者的这部划分为21章的《宝岛诸神——台湾的神话历史古层》。还有几位作者的稿件字数过少，或有其他原因，最后未能收入本书。

如前所述，本书不是按照编年顺序而写的“历史”，而是通过一些重要的历史片段的横截面来展示台湾文化史的复杂层次性和台湾人精神世界多元性的学术读本。但愿此种编写的尝试能够对增进海峡两岸的文化交流和理解有所贡献。也希望日后还能有机会展开更加专业化的田野调研工作，完善和增补这一次的文化民族志写作的实验。

以下是全书二十一章的作者分工情况：

编者前言　叶舒宪
第一章　　叶舒宪
第二章　　叶舒宪
第三章　　林振耀
第四章　　康德民
第五章　　吴佳桦
第六章　　陈器文
第七章　　吴靖苡

第八章　徐欣怡
第九章　胡晏涵
第十章　王佩馨
第十一章　高于婷
第十二章　陈峻誌
第十三章　陈盈吟
第十四章　廖堂智
第十五章　黄敦厚
第十六章　黄敦厚
第十七章　吴思函
第十八章　石美玲
第十九章　陈昀瑜
第二十章　吴秋美
第二十一章　李霆威

对于本书的编撰和修订做出贡献的还有两岸的同行和朋友，如台湾中兴大学中国文学系的领导和办公室各位同仁、台湾考试院和“中国文化大学”的浦忠成教授、台湾政治大学高莉芬教授、台湾清华大学的杨儒宾教授、东华大学的刘惠萍教授、大陆的资深出版家李人凡先生、中国社会科学院文学研究所台港澳文学研究室主任黎湘平研究员、北京语言大学比较文学研究所黄悦博士等。谨在此一并致谢。

叶舒宪

2010年8月15日

●编者2009年在台东排湾族民居中留影

●日月潭边的邵族猫头鹰神话符号（叶舒宪　摄）

●日月潭畔文武庙（叶舒宪　摄）

●现代化艺术设计的中台禅寺佛堂（叶舒宪　摄）

第一章

神圣玉山：从自然史到文化史

台湾岛上最高的山峰有多高？它为什么会比雄伟的泰山还高一倍呢？

台湾主峰有多种命名，因人而异。原住民称『八通关山』，日本殖民者称『新高山』，汉人称『玉山』。山上山下皆没有玉，为什么要叫玉山呢？

台湾是一个高山之岛。拜地球上的欧亚大陆板块和太平洋板块相互碰撞所赐，就在两大板块交接地带耸起巍峨的高山，形成台湾岛独特的地质和生态史背景。其中位于岛屿中央偏南的一座最高峰，汉语名字叫玉山。大陆居民自古就有山岳崇拜的神话信仰传统，也有更加深厚的玉崇拜传统，但却对一水之隔的岛屿上高峰林立的状况了解不多，而对岛上玉山独秀的景致，何以成为台湾八景之一，就更加生疏。只是在流行的现代汉语中将居住在台湾山地的原住民族笼统称为“高山族”，又从流行歌曲里得知台湾岛标志景观有阿里山和日月潭而已。

从海拔看，3952米的台湾玉山，不仅以整整高出1倍的高度傲视1879米的海南岛主峰五指山，而且也高于相邻的菲律宾最高峰阿波山（Mt. Apo，又译阿婆山，海拔3143米）。与青藏高原以东的所有的高山相比都不逊色，比居五岳之首的西岳华山还要高出1800米。也就是说，将东岳泰山（1524米）和西岳华山加在一起，也还比玉山矮了将近300米。

“玉山”这个汉语名称，见于17世纪后期，是清康熙年间（1654—

●图1-1

●图1-2

●图1-3

●图1-4

台湾主峰玉山（图片均来源于百度图片网站）

1722）的事。1683年（康熙二十二年），清统一台湾，1684年设台湾府，属福建省，台湾正式被政府命名。康熙年间所编《台湾府志》中记述："玉山，在凤山县。山甚高，皆云雾罩于其上，时或天气光霁，遥望皆白石，因名为玉山。"可见"玉山"作为汉名，清初时已开始流通。其得名原因在于山顶白石的颜色，而非来源于山顶的积雪景色。

据"内政部"营建署玉山国家公园管理处《玉山回首》一书中叙述"玉山主峰"的情况：

> 玉山主峰位于本岛中心，居南投县信义乡，高雄县桃园乡及嘉义县阿里山乡之交界处，标高3952米，为台湾群山之首，东北亚第一高峰，北回归线横越而过，从平地以至于巅顶，可历经热、暖、温、寒不同生态相。

曹族称玉山为"Pattonkan"，传说其祖先原住于玉山之巅。而玉山之名，史籍上最早描述者，为清康熙年间（1697）郁永河所著《藩境补遗》一书之所云："玉山在万山之中。其山独高，无远不见。巉岩峭削，白色如银。远望如太白积雪。四面攒峰环绕。可望不可及，皆言此山浑然如玉。每暗霁，于郡城望之，不啻天上白云也。"清光绪年间（1875—1908）出刊的《云林县采访册》一书中云："八通关山又名玉山。在县治东一百余里。三峰玉立，高插天外。峰顶隐约云端，奇幻莫测。山无大树，草木出土，辄为寒霜冻枯。四时积雪，六月不开行。终日皆履雪地。即彰化志所称雪山也。"[①]

由此可知玉山原称"八通关山"，又称"雪山"。

笔者对这一段叙事做如下分析：如果是根本没有人类存在的自然景观，当然应该由先发现者给予命名。但是，在清代汉人给它"玉山"一名之前，早有曹族（今通称"邹族"）和布农族生活在玉山下面一带，他们的语言之中当然有更早的名称。八通关山即为"Pattonkan"之音译，但是为什么后来被改造了呢？雪山和玉山都更加符合汉人习惯。而"玉山"这个名称流传广远，"雪山"一名却逐渐被遗忘，原因何在？

①南投县：《玉山回首》，"内政部"营建署玉山国家公园管理处，1990年版，第96—97页。

“玉山”的命名更加吻合于华夏传统的山岳神话信仰。西周时代就有“群玉山”一名，《穆天子传》卷二：“天子北征东还，乃循黑水。癸巳，至于群玉之山。”郭璞注：“即《山海经（西次三经）》玉山，西王母所居者”。唐李白《清平调》云：“若非群玉山头见，会向瑶台月下逢。”

对于西方而言，一般认为玉山最早在西文文献中的书写名称是19世纪中期。1857年，一艘美国商船亚历山大号（USS Alexander）由安平离港，船长莫里逊（W.Morrison）看到高耸的玉山，便将其记录在航海日志中。驻台南英国领事Robert Swinhoe称引该日志时，使用了莫里逊山（Mt.Morrison）的名字，并由此通行于西方。这里命名的逻辑依据就是：英国领事将美国船长记录下的台湾主峰，用了该船长自己的名字来命名，根本没有考虑他们所“发现”的“新大陆”之山峰是否已经有本土的名称！将文字记录者认同为发现者，就像在天文学上，新的星体发现者之名往往就成为这颗本来没有称呼的新星的名字。若是虽发现，却没有文字书写的记录，那么还是不能算数的。文字书写具有立法的性质。谁书写就以谁的名字命名。这相当于国人说的空口无凭，以白纸黑字为凭。

不过，美国亚历山大号船长莫里逊（W.Morrison）的航海日志，是不是最早记录玉山的“外人最早之记载”，看来还需质疑。[①]因为自从荷兰人16世纪来台湾经营海运，加上西班牙人和葡萄牙人的染指，到美国商船亚历山大号用英文记载玉山的19世纪中期，足足有二三百年的光景过去。这些老牌殖民探险者不会那么粗心，连台湾岛上高耸入云的最佳高峰景观都没有注意到，甚至连一个称呼都没有留下来吧！

在汉语史料中恐怕难以找到此类记载。但是新史学提倡的“图像证史”方法可以带来“蓦然回首”的效果。向老牌殖民宗主国的老家去寻找当年殖民者绘制的地图，揭开了这隐藏的冰山一角。在17世纪荷兰画家约翰·芬伯翁（Johannes Vingboons）绘制的台湾手绘地图[②]上，不仅绘出台湾岛的西部平原和东部高山的总体风貌，还特意将岛上高山绘出并加以标识性的命名：

（约翰·芬伯翁）将航行者从船上所看到的台湾的阿尔

①南投县：《玉山回首》，“内政部”营建署玉山国家公园管理处，1990年版，第96—97页。

②1636年后抄绘，现藏于荷兰海牙国立总档案馆，VELH619-52，彩色。

卑斯山（Formosa Alps）的轮廓完整地表现出来，此外还绘有一个“皇冠山”（Kroonberch），画家注明，山上长年有雪。而这两座山，可能即今玉山和秀姑峦山。①

格斯·冉福立为荷兰海牙总档案馆地图室的地图历史学专家，他的这个判断虽然用了“可能”的推断语气，我们根据此山长年有雪和“皇冠”以及“福尔摩沙的阿尔卑斯”这样的命名逻辑看，可以给出较为肯定的解说：荷兰人对台湾主峰的称呼完全符合所谓的“化生为熟”式认知逻辑，即用自己所熟知的来命名自己所不知的。这种情况和清代大陆来的汉人用“太白积雪”或者“雪山”来形容或者称呼玉山，其实是一样的。

1895年甲午海战后，战败的大清王朝签订丧权辱国的《马关条约》，将台湾割让给日本，使得玉山也成为日本的新领土。最早到台的日人观测到玉山的高度超过日本的最高峰富士山（海拔3776米）。因此日本帝国的最高权力象征——明治天皇睦仁，在1897年6月28日下诏书将莫里逊山更名“新高山”，意指日本国土新的最高峰，并且在山上立神社“新高祠”。稍后，1923年亦将台湾第二高峰雪山命名为“次高山”，意指第二高峰。早在1868年明治天皇登基伊始，就颁行诏书表明“开拓万里之波涛，宣布国威于四方”的海外大扩张意图。非常希望效法西方列强殖民者的日本，将据为己有的台湾新国土上最高峰重新更换为日本名称，这一“新高山”的命名事件，不能简单当成把猫叫咪一类的琐碎小事。

根据日本海军的制度，重型巡洋舰可以山峰来命名，因此日本海军中也有命名为“新高”的战舰存在。有一说认为1941年12月2日下令攻击珍珠港的密电“一二〇八”（攀登新高山一二〇八）中的“新高山”就是指“玉山”，然而，日本海军通信符码表并无“新高山”一名，故此说尚无法确认。

二战结束，台湾光复。当时的国民政府于1947年12月1日宣布“新高山”重新改称汉名——玉山。于是，台湾主峰在半个世纪的时光里给日本人心目中的该国最高峰增添了高度和荣耀，也有50年

①格斯·冉福立（Zandvliet, Kees）：《十七世纪荷兰人绘制的台湾老地图》下册，江树生译，台北：汉声杂志社，1997年版，第29页。参看上册，第38—39页。

被换成“新高山”这个日本名字。在这一殖民者更名事件背后，还有微妙的日本人类学家的探查和解读叙事。其主人公就是被誉为台湾原住民研究第一人的森丑之助（1877—1926）。森丑是1895年台湾割让于日本后，以日本帝国陆军翻译身份，第一批来台湾的殖民官方学者。虽然他没有正规的学院派出身之学历，在一生的工作狂式调查研究中吃尽了苦头，在晋级和升格方面遇到极大阻力，但还是以天皇的忠诚子民意识在台湾的山山水水间奋力工作，为“日本人类学的荣誉”而锐意进取开拓。《南中央山脉探险》是森丑之助1908年12月进行的南中央山脉探险之旅的报告，是他在1909年2月4日生病住院日搁笔打住的。距今整整一个世纪过去了。从报告中可以了解殖民者的命名战略，从语言名称的符号变迁中解读历史沧桑的年轮，洞悉神话历史的制作与发明机制。

根据老子“有名万物之母”的认知逻辑，作为符号动物，人的命名往往是重要的政治行为。汉人的“玉山”，日本人的“新高山”，原住民的“八通关山”[①]（Pattonkan）或“达姆斯萨库拉巴山”[②]，哪一种才具有合法性呢？

命名的话语权力从来都是我族中心主义叙事：即无视我来到之前的一切存在和命名。一种类似开天辟地的“改元”意识非常明确。像英国殖民者踏上美洲、澳洲后命名的“新泽西”、“新奥尔良”、“新南威尔士”等没有什么不同。汉族呢？则有其“洪洞县老槐树”叙事、南京乌衣巷叙事等。顾颉刚《浪口村随笔》就对此类现象有所留意。

命名权是古今一切殖民者最喜好滥用的一种权力！《山海经》的禹、益命名神话就是典型的例证。[③]实际的占领如果不配合以语言词汇上的占领，那就是劳而无功，或者事倍功半，而反之则会事半功倍。所以殖民者绝不会轻易放弃其命名的权力。

“玉山”一名同样是华夏—汉文化的神话建构。世界许多民族有过山岳崇拜，中国更是自古而然。去攀登一下五岳就马上明白了。所有的著名高山都早已在远古时代就被神化和圣化，到了本土仙话兴起的时代，“仙”也就是住在高山上的修炼之真人。从李太白所谓“五岳寻仙不辞远”，到毛泽东的“天生一个仙人洞，无限风光在险峰”，大致透露着远古的山岳崇拜演化为神仙思想的轨迹。在这一演化过程中，道教

①森丑所称“阿里山蕃”即邹族的命名。

②林道生主编：《原住民神话·故事全集》第1卷，台北：汉艺色研，2001年版，第62页。

③叶舒宪：《山海经与禹益神话》，《海南大学学报》，1997年第3期。

无疑起到最重要的推动作用。由于道教系众神谱的至高天神玉皇大帝与人间最接近的位置就在高山之巅，所以按照道教神话想象所命名的高山峰巅就通常有“玉皇顶”之圣名。在历代骚人墨客们登高赋诗的雅兴渲染之下，在仙山升天和神灵下凡的第一站都是大山之峰巅，从而引发“人间能得几回闻”的飘飘欲仙之幻觉。

森丑之助登上玉山之巅后，也有个人感受的真切记录。当时他们匆匆赶下主峰，因为要在天黑前到达玉山主峰东侧有水源的宿营地。到达营地后蓦然回首：

> 天空没有云影，只有阴历十七日的一轮明月，从八通关那边的上空发出黄金色光芒。我斜躺着，让视线穿过附近的冷杉林，观察四周与上下的景物，感觉庞然大景观绝非尘世所能见到，也绝非人间所有！这里海拔高度是一万一千二百尺。①

文明人面对大自然的感受，往往会有相同的反应。刘勰《文心雕龙》所说“登山则情满于山，观海则意溢于海”的移情美感理论，应是普世性的。然而，书写一旦从自然转入人文方面，身份认同的问题就马上出现了。和森丑之助同行的有日本殖民当局派出的地理学专业工作者，他说：“新高山和荖浓溪溪畔间的地形观测资料，我想应该留给主任技师野吕氏向外界正式发表，我在此不提。现在我说明新高山山名的来历，以及四周邹族和布农族关于这座灵山的传说。”

> 大家知道“新高山”是明治天皇所命名的；欧美人士之间，这座山被称为Mt.Morrison；在汉人之间一直保留着旧称“玉山”。②

命名是文化认同的符号资源。书写神话历史的原型范式会因文化传统不同而大相径庭。森丑接着说：“布农蕃和阿里山蕃都有祖先曾经住过新高山的传说。传说的真实性可以存疑，但是作为一则故

①森丑之助：《生蕃行脚——森丑之助台湾探险》，杨南郡译注，台北：远流出版公司，2000年版，第358—359页。

②森丑之助：《生蕃行脚——森丑之助台湾探险》，杨南郡译注，台北：远流出版公司，2000年版，第359页。

事或昔日谭，他们所传的祖先来历，所涉及的空间宏伟，故事内容富有诗的想象力。”[①]日本学者这种文学上的赞赏，同时也是历史意义上的质疑！因为越是强调其如何“富有诗的想象力”，也就等于越是要剥夺其历史的“真实性”。好在这位自学成才的准人类学家富有“同情之理解”的精神，他在解构了原住民灵山信仰的神话可信性之后，还有一段移情式的感叹，略接近于吉尔兹等晚近人类学家所倡导的“从土著的观点看”（from the native's point of view）：“住在新高山周围的蕃人朝夕望着雄伟的山，自然地身心都投入到这座山的灵气，不知不觉中被这座山拥抱在怀里，所以相信这座山就是祖先的发祥地，祖先原来住在山顶，祖灵也永居于山顶。”[②]

“灵山”的说法，表明神话思维中山岳的神圣性质。这完全符合原住民以祖灵为核心的感觉方式及思维方式。从原型的意义看，“新高山”的名字也不是空穴来风。对于台湾宝岛，日本人觊觎已久。早在明万历二十年（1592），即哥伦布登上美洲后的100年，丰臣秀吉统一日本全国，经营海外，出兵侵略韩国，也在打我国台湾和菲律宾的主意。当时在日本海盗和商人那里，台湾被叫做塔加沙口，或做高砂、高砂国、高山国。可见，早在1897年明治天皇命名“新高山”之前的300年，台湾早已是日本人心目中的高山国了。新高山的名字不是完全虚拟出来的，而是沿用了日本人对台湾岛的称呼。

有50年寿命的短命名称“新高山”，随着日本殖民地的废除而被废弃了。那么1684年以来的“玉山”这个汉名，是否就会无争议地永久沿用呢？这关系到台湾岛的族群认同，需要看自古以来的原住民的意见，而不能简单实行少数服从多数的原则。原住民眼中的山，又是怎样的呢？文化多元背景上涌现出特色鲜明的当代原住民作家，虽然写作语言用汉语，其视角却是地道的原住民视角：如泰雅族的瓦历斯·诺干，其散文集题为《番人之眼》（1999），诗集《伊能再踏查》（1999）都很有“人类学写作”的他者话语味道。兹摘录几首，作为思考玉山命名权问题的参照吧。

①森丑之助：《生蕃行脚——森丑之助台湾探险》，杨南郡译注，台北：远流出版公司，2000年版，第362页。

②森丑之助：《生蕃行脚——森丑之助台湾探险》，杨南郡译注，台北：远流出版公司，2000年版，第362页。

《回答》（1990）[①]

山的声音是什么？
是巨木纷纷倒塌的声音？
是商人金币敲响土地的声音？
还是山是沉默的受害者？

进步的声音是什么？
是电视机占据了祭典节目？
是分批出售肥沃的田园？
还是预支青春痘岁月？

水电声音是什么？
是核废料沉埋海底的声音？
是一波波物质的浪潮袭来？
还是凝聚着资本家的尿毒？

开放的定义是什么？
是背弃母语朗读国语？
是抛弃传统典当传统？
还是肚脐以下开放人间？

历史的定义是什么？
是替统治者圆谎的工具？
是掌权者永远的告白？
还是记录人民的血泪？

回答我，呼应我
这是原住民族的呼喊

①原载于《自立早报》1990年7月13日，《伊能再踏查》，台中：晨星出版社，1999年版，第100—102页。

《山与原住民》（1990）①

山是大地的母亲
千百年的容颜
风霜雨雪刻镂着
多皱纹的河流
多胡茬的树林
多宽广的胸臆
山从来不见倒下

原住民是大地的流浪儿
千百年的历史
迁徙征战刻镂着
多疲惫的脚步
多紊乱的痕迹
多哀伤的眼神
原住民始终不消失

当流浪的孩儿重回母亲的怀抱
谁也不忍苛责流离的岁月
紧拥双手的母亲哪
再也不让孩子流浪

●台东排湾族村落壁画（叶舒宪　摄）

①《伊能再踏查》，原载于《台湾新闻报》1990年4月26日，台北：晨星出版社，1999年版，第66—67页。

《土地》（1988）[①]

在这块岛屿上，亲爱的祖先
从来不设栅栏或是门户
我们相信远来是客，于是
荷兰人来了，占据一块地；
西班牙人来了，占据一块地；
闽南人来了，客家人来了，
祖先一寸寸退离；
日本人来了，祖先只好
躲在森林里，避开取人灵魂的枪炮。
1988年的今日，
这是没有炮声的岛屿，
却有太多的不平，
原来是岛群的主人，
失去了自主性格，
生养我的土地，一如
百年，沉默无语。我知道
只有循着大自然的规律，
敬重所有生灵的命运，
爱惜大地上的自然物，
生活着，才不会有污秽；
生活着，才具有尊严。

2009年3月22日
草于台中中兴大学

①《伊能再踏查》，原载于《自立早报》1988年7月14日，台北：晨星出版社，1999年版，第47—49页。

参考书目和延伸阅读

[法]利奥塔：《后现代状态》，车槿山译，北京：三联书店，1997年。

[法]罗兰·巴特：《神话——大众文化诠释》，许蔷蔷等译，上海：上海人民出版社，1999年。

“内政部”营建署玉山国家公园管理处编：《玉山回首》，台湾，南投县，1990年。

格斯·冉福立(Zandvliet, Kees)：《十七世纪荷兰人绘制的台湾老地图》，江树生译，台北：汉声杂志社，1997年。

[日]鸟居龙藏：《探险台湾：鸟居龙藏的台湾人类学之旅》，杨南郡译注，台北：远流出版公司，1996年（2007年第八次印刷）。

[日]鹿野忠雄：《山、云豹与蕃人》，杨南郡译注，台北：玉山社，2000年。

[日]伊能嘉矩：《平埔族调查旅行》，杨南郡译注，台北：远流出版公司，1996年（2006年第六次印刷）。

叶舒宪：《后现代性与再启蒙》，《奶茶与咖啡——东西方对话语境下的蒙古文学与比较文学》，北京：民族出版社，2005年。

浦忠成：《被遗忘的圣域——原住民神话、历史与文学的追溯》，台北：五南图书公司，2007年。

陈奇禄：《台湾土著文化研究》，台北：联经出版公司，1992年。

王明珂：《华夏边缘》，北京：社会科学文献出版社，2007年。

[日]森丑之助：《台湾蕃族志》，台北：台湾总督府临时台湾旧惯调查会，1917年。

卫惠林等：《台湾省通志稿》，台北：台湾省文献委员会，1951年。

刘益昌：《台湾玉器流行年代及其相关问题》，《史前与古典文明》第三届国际汉学会议文集历史组，台北：中央研究院历史语言研究所，2003年，第1-44页。

方孝谦：《如何研究象征霸权：理论与经验的探索》（*How to Study Symbolic Hegemony: A Theoretical and Empirical Inquiry*），台北：“中研院”《民族学研究所集刊》第78期，1994年秋季号。

第二章

矮黑人祭——台湾神话历史之开篇

矮黑人是人类祖先走出非洲的第一批移民之后代吗？为什么他们的足迹遍及印度洋和东南亚，却在台湾岛上最终绝迹了呢？台湾岛上许多原住民族都有关于矮黑人率先生活在这个岛屿上的传说，这究竟是曾经发生的历史，还是莫须有的文学虚构呢？

第一节

引言：孔子为何向往“野人”

1995年，笔者第一次踏上台湾的土地。当时任教于祖国第二大宝岛的海南大学，为出席在台北汉学中心召开的中国神话与传说研讨会，从第二大宝岛的海口起飞，经过尚未回归祖国的东方之珠香港，飞往祖国第一大宝岛。会间结识了台湾大学人类学家尹建中先生，和同行的云南大学图书馆馆长李子贤教授一起，客串到尹先生的课堂去听讲，并获赠他编写的新书《台湾山胞各族传统神话故事与传说文献编纂研究》①。这一部布面烫金字的大书，是我的所有神话学藏书中印制最精美的一部。其中收录的日本人类学家采集的原住民神话故事，按照当时的民族学知识划分为九族，读后让我受益颇多。书中的神话叙事最具有吸引力的题材，莫过于住在山洞中能歌善舞的矮黑人……

台湾传说中的矮黑人，让国内学者容易联想到儒家圣人所推崇过的“野人”。

《论语·先进第十一》是上古儒家经典中较早提到“野人”的一篇。

> 子曰：“先进于礼乐，野人也；后进于礼乐，君子也。如用之，则吾从先进。”

孔圣人所说的“野人”是什么人呢？为什么说他们“先进于礼乐”呢？既然和儒家所推崇的“君子”构成对立面，那一定是比儒家君子们研习礼乐还要早的一批人。朱熹《论语集注》说野人“谓郊外之民”；君子“谓贤士大夫”。这是从空间处所上对人群的划分，也是古汉语中“野人”一词的通常理解。《仪礼·丧服》：“禽兽知母而不知父，野

①台湾大学考古人类学专刊第二十种，台湾大学人类学系印行，1994年。

人曰：‘父母何筭焉！’都邑之士则知尊祢矣。”这里把野人与都邑之士相对。贾公彦疏引《论语》郑玄注：“野人粗略，与都邑之士相对。亦谓国外为野人。”这就将野人的所指范围扩大到一切异国他乡之人了。范文澜、蔡美彪等著《中国通史》第一编第三章第五节：“农夫住在田野小邑，称为野人。”不过回味孔子原话，用了“先”与“后”这样的词语，实际提示出历史发生的时间顺序：是野人在先，君子在后。孔子的价值判断选择也是在先后之间展开的：“如用之，则吾从先进。”表明孔子自己在两种人之间的选择倾向，希望在礼乐习俗上遵从更早的野人。这究竟意味着什么呢？毕竟后人在价值观上大都与孔子的看法相左。如明代大学问家方孝孺《绿畴轩记》所云：“君子修德，以教野人。”

古往今来的注释家对此莫衷一是。有人以为“野人”是指华夏历史的三代以上，“君子”指三代以下。也有人提出，野人君子之分，相当于“先辈”、“后辈”之分，野人指五帝以上，君子指三王以下。这也是时间为标准的划分，似乎吻合孔夫子“好古”的心理。还有以等级地位划分的，将野人视为庶人或平民。如刘宝楠《论语正义》称：“野人者，凡民未有爵禄之称也。”有了在朝和在野之分，知识分子也有了进退自如的感觉。白居易《访陈二》诗：“出去为朝客，归来是野人。”这一语境中的“野人”，大有所谓闲云野鹤的自得其乐之意，并无贬义。

还有人说，应该从士人阶层的先辈后辈，去理解《先进篇》的语境。如包咸说：“礼乐因世损益，后进与礼乐俱得时之中，斯君子矣。先进有古风，斯野人也。将移风易俗，归之淳素，先进犹近古风，故从之。”[①]包咸从移风易俗的需要着眼，以为孔子遵从野人而不遵从君子，正是体现对礼俗古风之淳素境界的向往。

若不是站在孔子的厚古薄今立场，野人往往被看成原始、落后、缺乏教养的野蛮之人。如指传说中的有毛之人或半人半兽的形象，例如猩猩一类，或是用作蔑称，指未开化的民族。《尔雅翼·释兽二》“猩猩”条云：“荀卿曰：‘今天猩猩形相，亦二足无毛也。’既言二足而又言无毛，则去人不远矣，今人谓之野人。”可知今日湖北神农架一带流行的野人传说，早在先秦就有了类似的版

①程树德：《论语集释》，中华书局，1990年版，第737页。

本。《荀子·大略》："管仲之为人，力功不力义，力知不力仁，野人也；不可以为天子大夫。"杨倞注："类郊野之人，未浸渍于仁义，故不可为王者佐。"从荀子到杨倞，他们理解的野人显然和孔子观点相反。从夷夏之防的意义上区分文野，结果就是将中原帝国以外的族群统统归入野的一方。《吕氏春秋·恃君》："氐羌呼唐离水之西，僰人、野人篇笮之川，舟人、送龙突人之乡，多无君。"高诱注："西方之戎无君者。"这种传统偏见，从先秦延续到现代，几乎没有根本的变化。清顾祖禹《读史方舆纪要·云南七·车里等各羁縻土司》："野人者，在二长官司（茶山、麻里）界外，赤发黄睛，树皮为衣，夜宿树上，丑恶凶悍，逢人即杀，无酋长约束。"梁启超《〈西学书目表〉序例》："野人所知亦简，故苗、黎、番、回虽悍，人能制之。"这就是新派人士沿袭旧说，将苗、黎、番等人称为野人的例子。大陆人士古代称台湾岛民的通用语汇就是"番"。

只有等到文化人类学这门学科在20世纪成熟起来，"作为哲学家的原始人"和作为"生态人"榜样的原住民形象，才得以恢复他们当年在孔子心目中的正面意义。文明人有史以来的文野划分之偏见，也必须面临根本的转变。

不曾料到，当我们留意审视台湾史的时候，在扑朔迷离的古代文化源流线索中，"野人"的形象再度跃居前台，成为重构中国台湾神话历史线索时无法回避的开篇首要内容。2004年，台湾著名媒体《联合晚报》对该年度出现的重大新闻事件做总结，归名为"十大名言"。其中第三名言出自当时在"副总统"位上的吕秀莲。她因为说出"台湾的祖先是矮黑人"一句，而惹怒原住民，引起一系列抗议活动，酿成台北的政治风波。吕秀莲的话从何而来呢？她所说的"矮黑人"究竟何许人也，能够被追封为"台湾的祖先"？

20世纪前期，日本人类学者宫本延人对台湾赛夏族的调研指出，赛夏族人有着各种不同的祭典，其中最著名的是祭祀被称为"岱"的矮灵的祭典。岱，是赛夏族的传说中常出现的一种前住民的通称，他们是一群住在洞穴中的小矮人，很会使用巫术来作弄赛夏族人，但赛夏族人的祖先利用谋略引诱小矮人到断崖边，再推他们落入山崖，剩下的小矮人也全都逃走了。宫本延人判断说："这种被称之为岱的小矮人的传说，并不能将其视之为单纯的传说，而是有关台湾原住民族之间传承的意义。也可作为菲律宾和巴丹岛上矮灵传说的比较研究的材料。”①原来和台湾一水之隔的菲律宾岛屿上至今还存活着数万人口的矮黑人。

●台东海岸边的原住民族纪念石碑（叶舒宪　摄）

①宫本延人：《台湾的原住民族》，魏桂邦译，台中：晨星出版社，1992年版，第126页。

第二节

台湾矮黑人传说——是文学还是历史?

从人口普查登记的意义看，今天居住在台湾岛上的2000多万人中，并没有所谓“矮黑人”族群的迹象。也没有多少人敢说他在现实中亲眼见到过矮黑人。可是，如果要从台湾本土原汁原味的神话传说中寻找撰写台湾史的起点或原点，矮黑人却是挥之不去的第一种人类族群的身影。

从本书第三章所介绍的台湾原住民源流和第四章所讲的原住民史官制度，可以看出编撰台湾史的重要口碑材料，完全是在汉人移民来岛之前就已经传承很久的。原住民族的口碑传说，今天的学院派主流一般当作民间文学来研究。人类学家的视角与文学系师生们有很大的不同，他们希望从口传神话传说中找出真实的历史脉络和文化传承之线索。种种迹象表明，矮黑人很可能是这些脉络和线索中最古老、最神秘的一条古根。据赛夏族口传叙事：矮黑人是最早生活在这个岛上的“先住民”。赛夏人不但从矮黑人那里学习种植小米的技术，还在祭祀和歌舞等方面得到他们的教诲。

在1895年日本将我国的台湾变为殖民地之前，无文字的台湾原住民社会并不大为外界所知。明清两代以来的汉人文献，大体上毫无例外地将原住民视为野人，早期的称谓不是“夷”，就是“番”、“蕃”。清代文献中常用的称谓是“生番”、“土番”、“野番”、“熟番”等。[①]而各原住民族世世代代口耳相传的神话传说，只是在本族群内部流行。本族以外的人对此语焉不详，甚至一无所知。19世纪末年，随着日本殖民者而登上台湾岛的早期日本人类学家，在西方人类学家尚未进入中国版图境内作正式的实地调查以前，就发出了关于台湾原住民族的多种调查报告。其中有一部分是他们采集的原住民各族的口传神话，矮黑人

①王幼华：《清代台湾汉语文献原住民记述研究》（中兴大学博士论文），收入《族群论述与历史反思》，苗栗县文化局，2005年版，第21—30页。

传说及矮灵祭的仪式活动，从那时起便真正开始走出台湾的高山丛林，成为世界口传文化遗产中极为宝贵的一部分。

据1915年日本人类学家小岛由道、安原信三调查后编辑的《番族惯习调查报告书》第三卷赛夏族之记述，赛夏族所传矮人故事如下：

> 现在本族每二年举行一次叫pasta'ay（又汉译为“巴斯达隘”）的大祭，是为了要安慰叫做ta'ay（即宫本延人所称之“岱”）的矮人亡魂而举行。听说其由来是这样的：
>
> ta'ay是从前栖息于……半山腰岩洞内的一群矮人，他们身长仅有三尺左右，但是臂力强而擅长于妖术，本族很害怕他们。不过ta'ay能歌善舞，所以本族每年稻子收获举行祭祀时，都会邀请他们的男女一起来唱歌跳舞。……此外，相传ta'ay人本性淫荡，和本族一起歌舞时经常玷污本族妇女，而他们又善于隐身之术，人们因此不易追查到现场，唯有他们祭毕回去后，本族妇女突然腹部胀大，才知道被他们玷污了。本族虽然因此非常厌恶他们，但是ta'ay力强且又长于妖术，不容易敌对，只好无奈地忍耐着。直到有一年的祭祀，ta'ay的男女照例一起来到rarawayan（大隘社番名，在一百端之内），和本族的男女会合举行歌舞。有一个本族人恰巧看到自己的妻子正被ta'ay玷辱，他愤恨不已，想要杀死ta'ay，除去其患。他绞尽脑汁，好不容易想出计策。他带两三个壮丁在ta'ay回去之前，先到达singaw溪之岸边ay Loha'之处等待他们。岸边有一棵巨大的山枇杷树，树干向溪边倾斜，树枝伸展横跨在深渊上（番人称此地为kamlalazem）。Ta'ay每次往来本族时都爬上该树休息，本族壮丁们知道此事，所以用刀斧砍去树根的内侧（下面）一半左右，又为了不要让人发觉而把外侧（上面）半部留着原状。Ta'ay一行人祭祀完毕回来，这一天天气很热，所以一如往常大家爬到该树上纳凉。这时响起了声音，一女说：“什么声音呀？（kano:'）”一男回答说：“是大嫂膝盖的声音吧！（twanay o topot）”，话还没说完，突然“噼啪”一声树枝折断了，ta'ay一行人也就掉进深渊淹死了。那时坐在树根的两个ta'ay幸免于难，于

是就问一个本族人说："这奸计是谁设计的？"那人回答说："我不知道，但是依我推测，是你们之中有人经常对我们恶作剧，因此受到我族某人怨恨，以致遭到此灾难。"两个ta'ay人觉得很委屈，但是眼前寡不敌众，无可奈何，便想要遗弃该巢穴。本族人安慰并说服他们和从前同样留在原地，但是他们不答应，并且说："无论你们怎样留我们，我们也绝对不会留下，不过我们走了之后，你们因为不善歌谣，所以祭祀时必会遭到困难，因此，我们现在就教给你们。"然后他们就教授本族人各种歌谣，但是他们的歌谣太难了，大家都学不好，只有姓朱的一个人能精通，传承到今日。二位ta'ay人教授完歌谣后，即朝着东方离去。[①]

这是众多关于矮黑人传说的一种重要版本，其叙事脉络围绕着解说赛夏族矮灵祭祀仪式的由来。民俗学家可以将其归入"起源神话"一类。矮灵祭（Pas-ta'ai）可以分为：娱灵、迎灵、送灵三阶段，共持续六天。除娱灵这一段可供外人观看外，迎灵、送灵则不容许外人参加和观看。祭仪在农作物收成后的月圆前后举行（约农历十月中旬），每两年一小祭，每十年一大祭（在日本殖民统治时代因政府干涉，被迫改为每两年一次）。大祭的主要标志是有祭旗（Sinatun）的制作。祭旗是赛夏族的迎灵高幡，幡是一种旗帜，在赛夏族人心目中地位至高无上，严禁外人触碰，在仪式典礼进行中必须从头至尾保持高直竖立，否则族人以为将有灾祸出现。迎灵之际，族中三大姓氏各派一名年轻勇士合力撑拿祭旗绕场三圈。族人认为这样即可消灾去厄带来好运。按照台湾"中研院"专家李壬癸的看法，融音乐、舞蹈和仪式于一体的赛夏族矮人祭，是台湾岛原住民最古老的文化传承，特别是保留着关于小黑人由来及其最终覆灭绝种的传说。[②]赛夏族矮灵祭典上的歌词，经过林衡立（1956）、李壬癸（1993）和胡台丽（1998）等几代人类学家的反复调研、记录、整理，如今已经能够将15首歌词大意翻译呈现出来：

①台湾总督府临时台湾旧惯习调查会：《番族惯习调查报告书》第三卷赛夏族，台北："中央研究院"民族学研究所编译，1998年版，第11—12页。

②李壬癸：《赛夏族矮人祭歌词重探》，《中央研究院历史语言研究所集刊》，第六十四本第四分本，1993年12月版，第891—933页。

第一首，迎灵歌

（1）招请矮灵前来接受飨宴

（2）招请矮灵沿河边过来，老人用藤杖

（3）描述矮灵巡视谷熟的艰辛路程

（4）大概是为后到的矮灵在路上做标示

第二首，苧麻

（1）提到猎头和猎舍

（2）上山采果子以便招待到祭场来的矮人

（3）下雨要搭建小舍储存小米

第三首，矮人故居地

（1）教族人处处要小心，以避免遭遇危难

（2）祈望大家彼此友善，要节俭过日子

（3）请大家分享茅草的球根

（4）邀请矮人一起循迹去捕捉水獭

第四首，劝人要好好做人

（1）要成家就要善待对方，不要吝于施舍

（2）挖野菜，嫌对方偷懒

（3）劝人做事不认真就不会有好结果

第五首，耕种和矮人遇害的往事

（1）巡视稻田，谷子已成熟

（2）叙述深渊中激起水花，追溯矮人遇害的往事

（3）除野草（稗子），撒种子（小米），到后来有好收成就很高兴

（4）听到蝉声，久了只听到水泉声

（5）追溯矮人中计掉入漩涡中淹死的往事

（6）叙述赛夏族人在高声喊叫、砍伐树木的情景

第六首，祖先的传说

（1）叙述赛夏族的第一位祖先开荒辟地的传说

（2）祖先的媳婿是雷神，可惜不能和赛夏族人长相厮守

第七首，赛夏族和矮人之间的恩怨

（1）虽然赛夏族和矮人有恩怨，抛弃了矮人，但矮人仍然眷顾赛夏族

（2）虽然赛夏族曾害死了矮人，但矮人仍然眷顾赛夏族

第八首，金龟子

金龟受困，似乎在比喻人生旅途坎坷，又比喻赛夏族有逐客之意，但矮人却逗留不去

第九首，危难

叙述两族人交往的事

第十首，太阳照耀山猪肉榭

叙说矮人精巧，擅自在其住屋内编织

第十一首，过山香树

（1）这节似在影射矮人玷污赛夏妇女的事

（2）花落泉水中，其隐喻不明

第十二首，送灵

仪式结束，恭送矮灵沿着原路回去，在回去之前请享用一些

第十三首，归途

矮灵归途，正如来时一样，拿着藤杖沿河而去

第十四首，警告

（1）似乎在警告矮灵不要随意再来，不要随便进入赛夏人的禁地

（2）似乎在做同样的警告

第十五首，探榛

据说矮人忌榛木，“取榛木来以恐吓矮灵”，以断绝他们重返①

这些采集自仪式口传的歌词，作为第三重证据，表明赛夏族文化记忆中矮黑人早期生存在台湾及被灭绝的叙事。如果是孤证，可以不加考虑，或仅仅当作民间文学的想象去看待。但是事实表明这不是赛夏族人的独自记忆，而是台湾岛上众多原住民族的共同记忆。如果是凭借想象杜撰出来的虚构故事，那么大家为什么会不约而同地想象出同一个小矮人种族呢？排湾族的叙事将矮人称为Ngedrel，其体貌特征是极端矮小，只相当于成年人的一半高。其中一个版本的叙事出自kuavar社，其

①李壬癸：《赛夏族矮人祭歌词重探》，《“中央研究院”历史语言研究所集刊》，第六十四本第四分，1993年12月版，第891—933页。

中讲出了矮人生活的具体位置：

> Ngedrel是来自东方的tjaljagaduan，在kuavar社的下方居住了二年左右，后离去降到西方平地。他们身材颇短，出猎时捕获羌仔，以肩顶住而归，兽背便拖在地上。据说因此回到家时，猎物背部的毛皆磨秃。①

排湾族人对矮人的这个记述，其逼真程度具体到生活细节上，完全像是目击证人的证词，而不像虚构的故事。按照所谓眼见为实、耳听为虚的经验判断，排湾人确实曾经与矮人生活在同一生态空间中。

更有甚者，祖国的大陆一方关于东海之外的族群记忆中，自古就流传所谓倭人和倭国之说，一般认为是指日本列岛而言的。倭字和矮字，从字形上看就都能指高矮的矮。古代传说中的丑女，也叫“倭傀”，其相貌特色是矮小和丑陋，对应着台湾的乌鬼番传说。《文选·王褒〈四子讲德论〉》：“嫫姆、倭傀，善誉者不能掩其丑。”学富五车的唐代大学者李善为此句做注，也说不清楚倭傀的具体出处：“倭傀，丑女，未详所见。”祝廉先《文选六臣注订讹》：“‘倭’，音于内切，‘傀’，音古回切，疑即仳倠……《淮南子·修务训》：‘虽粉白黛，弗能为美者，嫫姆、仳倠也。’”从《淮南子》“虽粉白黛”却不能遮住其丑的说法看，倭傀或仳倠的肤色显然是深色的，这也和矮黑人的特征相吻合。仳倠的“倠”字从隹，这是古代造字者用来指代东夷人的符号，所以东夷又称鸟夷、淮夷、岛夷。现在还没有证据说古书中的倭傀或仳倠就是矮黑人，但是这种可能性也不能完全排除。大陆人对东海之外的印象和记忆，为什么一贯突出倭人矮小的特征呢？古代日本人的平均身高低于大陆人，可是日本人的文化记忆中也还有比他们更矮的小矮人存在。有的说法认为是矮黑人，也有的说法只知道是矮人，没有强调其肤色特征。如出生在我国台湾的日本作家、民俗学家茂吕美耶的《传说日本》一书，就介绍了北海道阿伊努人传说中的矮人族，称为Koropokkuru。这个词的日语意思是“款冬叶下的小

①台湾总督府临时台湾旧惯习调查会：《番族惯习调查报告书》第五卷排湾族，台北：“中央研究院”民族学研究所编译，1998年版，第131页。

人族”。相传很久很久以前，阿伊努人来到北海道时，就有一小人族，喜欢在款冬叶下避雨。起初小人族与阿伊努人和平相处，后来发生战争，小人族战败后向北迁移。关于Koropokkuru小人族的传说很丰富，突出两个要点：一是他们喜欢恶作剧，二是他们神出鬼没地在饥荒时帮助阿伊努人获取食物。

> 例如连续几天都是暴风雨，村人无法到山中狩猎，正担忧明天开始会食粮短缺时，就会有只小手悄悄打开窗户，送进鱼肉或果核。①

关于矮人族兼有善与恶两重性的叙述母题，和台湾的相关传说如出一辙。一位原住民学者田哲益，在台中出版了多卷本的原住民神话资料集成，其中的赛夏族卷写道：日本史前史提到日本有一种矮黑土著的原始住民，日本历史上称之为“土蜘蛛”，即矮黑人。有人说，可能因为他们喜欢住穴屋（洞穴），犹如黑蜘蛛从洞里出入一般，是日本的原始住民，身体黝黑，与台湾小黑人一模一样。印尼至今仍有住在地下窖洞的矮黑族。菲律宾的小黑人更活跃，在菲律宾小黑人则称呼为“Negritos”、“Ifugao”。台湾原住民指称的矮黑人名称虽然不同，但都指出矮黑人的共通点，即身材矮小，行动敏捷，肤色暗黑，毛发卷缩，善于使用弓箭，还会巫术，身上有彩纹，住在山岩石洞，是谷物的原有者。②田哲益所编的书题为“神话与传说”，他在此处所要说明的却是比较文化史的问题。

台湾的神话学家鹿忆鹿写道：“伊能嘉矩于1898年、1906年，鸟居龙藏于1901年、1907年，鹿野忠雄于1932年都发表了小黑人的相关论文，陈正希于1952年发表《台湾矮人的故事》。其中以伊能的影响最大，他在日本的《东洋时报》发表了一连串的文献，标题为“台湾的乌鬼番”。他指出台湾的土著各族之间，除了兰屿的达悟族（雅美族）之外，几乎各族都有他们的祖先与小黑人相处的故事，存在于泰雅、布农、邹、邵、排湾和赛夏等族的民俗信仰中，布农族和邹族更指出小黑人比他们早到台湾。③作为民间文学教授，鹿忆鹿不否认小黑人传

①茂吕美耶：《传说日本》，台北：远流出版公司，2007年版，第16页。

②田哲益：《赛夏族神话与传说》，台中：晨星出版社，2003年版，第78—80页。

③鹿忆鹿：《小黑人神话：从台湾原住民谈起》，《民族文学研究》，2004年第4期。

说具有历史真实性，但是仍希望从文学方面去探讨问题：“本文不从历史叙事的真实与否着眼，故以神话名篇，一并参考《山海经》的周饶国神话，希望从多方面来观察原住民小黑人神话的特点与涵意。”

2009年，台湾原住民的第一位文学博士浦忠成教授推出《台湾原住民族文学史纲》一书，其中也是将矮人传说当作无法证明的文学故事来看待的，并同原住民神话中的巨人族、食人族和地下人等形象并列为一章，题为“奇异的人与世界”。书中写道：“尽管考古学、语言学的调查研究都无法证实台湾矮人曾经存在，但是几乎所有的原住民族群部落都流传着有关于矮人的种种行事作为的口碑。依据相关口传故事提及的矮人形象，他们似乎不是同属于南岛民族的一支。也许他们是比南岛民族更早居住台湾的人种。这些在台湾土地上没有留下任何遗存的人种，后来究竟有什么样的遭遇？他们有没有后裔？难道如此广大的时空终究没有他们继续延续生命的地方？或者他们真是迁移到海外的世界？这些种种疑问，激起我们无边的想象。”①

想象可以无边，关于传说的真假，却顶多只有两种可能的答案。

对于台湾小黑人的问题，由于多数历史学家不去过问和深究，或者根本不屑于去过问。而文学家出于专业习惯不得不去一再过问，久而久之，在文学家和专业文学研究者众声喧哗的大合唱中，小黑人或矮黑人，终于从原住民族口碑记忆中活生生的人群，演变成为文学想象的形象塑造了！不是吗？一旦将矮黑人同《山海经》神话怪异形象及民间文学中的巨人族等相提并论，还怎么能够指望从中发掘什么真实可信的历史信息呢？

2009年春，笔者到台中的中兴大学中国文学系任教的第一周，在旧书摊买到的第一本书，就是王家祥的小说《小矮人之谜》。当时根本说不清楚是这部历史小说的文学性还是历史性因素吸引着我。作者王家祥是热心原住民权益和环境保护事业的文学人士，曾任《台湾时报》副刊主编。他发表过著名的台湾历史小说《关于拉马达仙仙与拉荷阿雷》，讲述原住民英雄领袖英勇抗击日本殖民者的事迹。王家祥给《小矮人之谜》写的自序题为“飞跃台湾人的心灵

①浦忠成：《台湾原住民族文学史纲》，台北：里仁书局，2009年版，第401—402页。

森林”。其中交代写作初衷的一段说：“小矮人对我个人的向往而言，是另一种生活方式。我们每个人皆不得不从出生便接受文明的好与坏，又时常会厌倦不得解脱。听闻台湾高山之中仍存在着完全与文明隔离的神秘隐形部族，在考古学和人种学以及原住民口传历史中，他们又那么真确地存在过。这便是小说作家绝佳的苦闷出处与题材。”①

尽管小说家王家祥相信小矮人确有其人，但是他所选择的写作方式却很不利于证明这一点，或者说会产生恰得其反的效果。王家祥接着说：“由于是以写历史小说的态度来写作，文中每一处引用的资料大抵是有出处的，不是凭空捏造的。因此，它不是冒险或科幻小说，请记住，台湾史前史的历史时空中确实存在过小矮人，因此，我只是为小矮人找回他们在台湾人心中的历史地位。”②看到这样为小矮人的真实性而打造的文学作品，再回头审视2004年吕秀莲说的“台湾的祖先是矮黑人”，这个说法的由来问题就完全明晰起来了。吕的说法既然不是她的独创观点，怎么还会引来原住民的愤怒及舆论界的强烈反弹呢？那是因为她并非在写小说，而是试图澄清一点历史事实，却又缺乏论证的过程和确凿的证据。

小矮人在台湾当代知识界的文学化命运，同时也是其非历史化的命运。虽然原住民中的布农族和邹族明确承认小矮人比他们更早地生活在台湾岛上。但是按照“历史科学”的标准，民间口碑传说毕竟无法变成合法的呈堂证供。只有充分转向后现代新史学的立场，文学和历史之间的截然分界才会被打破。这也就意味着，从历史叙事的意义上，小矮人曾经存在于台湾，这已经是无法否认的。而若是着眼于新史学家所强调的一切历史都是“神话历史”，则小矮人当之无愧地充任台湾史上的“先住民”。除了台湾本岛的祭典仪式和口碑资料，环顾其周边，小矮人在非正规史料中居然表现得无处不在似的。既然台湾岛以北的琉球、日本，台湾岛以南的菲律宾和印尼都有记述矮黑人的口碑，这里面或许透露着南岛语族人群的史前大迁徙的信息，既显得神秘莫测，又有十足的学术探索空间。

综合来自各方的材料，我产生了一个朦胧的推测，魂牵梦绕般挥之不去：小黑人或矮黑人的终极发祥地无疑是非洲。他们是在数万年前走

①王家祥：《小矮人之谜》，台北：玉山出版社，1996年版，第2—3页。

②王家祥：《小矮人之谜》，台北：玉山出版社，1996年版，第3页。

出非洲的史前人类中，第一批先东进后北上，辗转抵达东南亚和东亚地区的移民人群。现今依然生活在菲律宾岛屿上的矮黑人群落，是这一场史前人类跨海大迁徙的壮丽史诗所遗留下来的极有说服力的“人证”！而在台湾诸多原住民口碑中的矮黑人，当然不是凭空想象出来的文学作品塑造的形象，而是保留着已经在台湾被灭绝的先住民群体的异常珍贵的文化记忆。我在中兴大学为研究生讲授文学人类学课程的一学期里，多次在课堂上表示，希望能写一篇《台湾小黑人祭》，凸显这一族人在文化传播方面的重要意义。并能够从后殖民主义的批判立场，像赛夏人的矮灵祭典精神那样，表达出对已经逝去的、处在极为弱势和极为边缘地位的人类文化的深切缅怀。

有班上同学看我信誓旦旦的表态，以为这位来自北京的教授因为研究神话而“走火入魔”了。我知道他们心中不解的是：为什么执意要为这些莫须有的传说人物写祭文呢？自幼在台湾长大的人，谁会在意从小就耳熟能详的民间奇异传闻，并将其变成历史呢？我的回答很简单：假如矮黑人真的存在过，大概不会是在本岛土生土长的，他们是遥远的史前文化传播的携带者和见证人。以他们的极度边缘化的弱势群体地位，不可能有掌握文字和书写权力的人为他们写正面的“历史”。他们跨越大洋的万里迁徙和适应新生态环境的高度生存智能，将随着他们在各个岛屿上的相继灭绝而永远地失落！

●台湾台东卑南遗址石板棺墓区（叶舒宪　摄）

第三节

灭绝之谜：永远的矮黑人

2009年12月18日，当我告别中兴大学5个月后再度来到台中，出席“新世纪神话研究之反思”学术研讨会时，看到主办方请来台湾原住民的资深学者杨南郡先生做主题演讲《踏查半世纪——台湾矮黑人的来历、迁徙与传说》，会议论文册上附录一张照片，是杨先生2005年8月与一位汉名叫高栋的原住民合影。高栋60岁，身高仅仅相当杨的胸部，约1.3米左右，如同成人与儿童站在一起。这是否能算是残存的矮人之活的证明呢？

目睹矮人与正常人身高上的强烈反差，再去读排湾族的如下矮黑人叙事，就容易看明白，那叙事与其说是文学的，毋宁说是纪实的：

> Ngedrel往昔曾栖息在现时的龙凿庄方面。他们身材矮小，身高不过我们一半，但其力甚强。曾经有kulaljuc社民到龙凿附近，初次遇到此Ngedrel时，不知其为成年人，以为是孩童。问道：“你的父亲到哪里去了？”他不答，靠近再问，他竟回答说：“我就是父亲。”①

翻检清代编修的地方志，也能够看到关于台湾矮人的明确记载，但没有指明其肤色。如清康熙五十八年（1719）修撰的《凤山县志》番俗篇有一记载：

> 由淡水入深山，番状如猿猱，长仅三四尺，语与外社不通，见人则升树梢，人视之，则张弓相向。

①台湾总督府临时台湾旧惯习调查会：《番族惯习调查报告书》第五卷排湾族，台北：“中央研究院”民族学研究所编译，1998年版，第132页。

这里的“番状如猿猱”说法，自然会使人想到本章前面引述的古籍《尔雅翼》说野人像猩猩一事。看来古往今来的叙述者都会将他们少见多怪的对象加以兽化或妖魔化的表现。只有透过重重偏见和歪曲，才有可能多少窥见一些真相。排比各种叙事材料，还是作为仪式叙事的赛夏族矮灵祭最为真切，而且文化蕴含丰富。从人类学的分类看，赛夏人的矮灵祭属于典型的“赎罪型”仪式，该类祭典的观念基础是，人的杀戮同类之行为，是一种难以饶恕的罪过，会招致冤魂野鬼的凶狠报复。只有采用庄重严肃的祭祀仪式，虔诚无比地向亡魂谢罪，方可获得原谅，避免遭遇现实中的各种灾祸。

据日本人类学家古野清人的考察记述，赛夏族人在用诡计害死矮人之后，使得这一种族几乎蒙受灭绝之灾，从此便从台湾大地上销声匿迹了。为了安慰这些矮人的亡魂，请求他们的原谅，以免使自己的农作物遭灾减产，赛夏族人才将原来每年举行的收获祭改为每两年举办一次的矮灵祭。赛夏族人这一祭典改变的具体开始年代，尚不得而知。[①]借鉴人类学家对“仪式的固定性”（ritual fixity）的认识，可给台湾的历史书写带来新的落脚点。

关于赛夏族矮灵祭仪式所体现出的古史意义，一位叫洪英圣的记者做出实地考察后，谈出他的体会。洪英圣著《台湾先住民脚印》一书，第四篇介绍赛夏族文化，围绕着的核心是一种特殊的种族记忆内容，那就是该篇副标题所示——“矮黑人的见证者”。洪英圣将矮灵祭所包含的复杂精神蕴含做出独特概括，叫做“爱他，敬他，却杀了他，只好祭拜他”。赛夏人通过举办祭典，表现出他们又怕又爱的矛盾心态。他们祈求矮灵原谅的那一份真诚，使得调查人洪英圣做出判断：“这一幕幕都重现了古史，也是台湾失踪的原住民——‘矮黑人’中最值得也最真实的一刻。矮黑人对赛夏族而言，成了台湾先住民中最珍贵的‘回忆’了。”

这位记者根据实地观察所得，接着写道：如今，矮黑人的洞穴依在，赛夏族赵巨河指出，该洞在山上，洞口离地约五公尺，附近有许多百步蛇盘踞，又传说有魔咒，赛夏族人都不敢靠近，祭拜矮灵时只能在对岸的山头朝它膜拜，不能靠近。[②]从这个案例中可以引发的一

①古野清人：《台湾原住民的祭仪生活》，叶婉奇译，台北：原民文化，2000年版，第288页。
②洪英圣：《台湾先住民脚印》，台北：时报文化，1993年版，第104页。

个学术问题是：在没有文字记载的情况下，有没有可能重构失落的历史线索呢？站在法国年鉴学派以来的新史学立场上，问题的答案就是肯定的。

关于矮黑人存在过的证据，既然不是孤证，就可大体确认其传说分布的广泛性：不仅居住在台湾岛北方的原住民（新竹县五峰乡赛夏族），还有中部原住民的证词：南投县日月潭邵族袁家第七代头目袁福田从老头目那里听说，在日月潭光华岛东南方潭底的山壁洞内，住着一种高二尺半到三尺的矮人。“日本人兴建水库之前，这些小黑人经常从壁洞出来玩，后来小黑人又开始挖山洞，把挖出来的泥土，搬到今天日月潭西侧头那边堆放，以免泥土太靠近河岸，被河流冲刷，造成淤积。”[①]据说搬运泥土的小黑人多达100多人，又在洞口出出入入，远远看去，很像“黑蚂蚁”，所以邵族把他们叫做“乌狗蚁”。据日本文献，日本人看见日本的矮黑族从洞口进出，有如“蜘蛛”一般，所以日本人把古代日本矮黑族叫做“黑蜘蛛”。台湾的邵族把台湾日月潭的矮黑族形容为“黑蚂蚁”，实在生动而贴切。[②]如果依照邵族的说法，日月潭矮黑人的灭绝或失踪就在日本殖民时代，直接原因乃是日本人兴修水库，湮没了矮黑人世代居住的洞穴。

和赛夏族讲的矮黑人灭绝原因相比，哪一种更可信呢？从总体上看，历史因果分析若能够采取多因素论观点，将避免独断式的单一因果论。如果矮黑人真是最早移民台湾岛的先住民，他们经历多年的繁衍生息，人数不会很少，居住地也不会局限于岛上某一两个地方。所以说，矮黑人不可能在一个地域性的族群冲突中就全部灭掉。岛屿上自古就有人类不同种族和族群彼此间的生存竞争，随着外来移民的增加，尤其是掌握先进武器的殖民者到来，竞争更会显示出残酷性。在《续修台湾县志》中，有一个记载说：“乌鬼，蕃国名，红毛奴也。”红毛是指荷兰殖民入侵者。日本人类学家伊能嘉矩在1900年8月28日的日记中，归纳了类似的文献记载后，得出一个推论：“乌鬼蕃曾经被荷兰人当奴隶奴役过。”[③]从后殖民立场反思这一重要论点，综合已有的各种假设，我们对矮黑人绝迹于台湾的时间和主要原因的认识，能否超越前人？

1492年以来，美洲印第安人如何面临灭绝的厄运，不是已经归罪于

①洪英圣：《台湾先住民脚印》，台北：时报文化，1993年版，第54页。
②洪英圣：《台湾先住民脚印》，台北：时报文化，1993年版，第56页。
③伊能嘉矩：《台湾踏查日记》下册，杨南郡译注，台北：远流出版公司，1996年版，第462—463页。

殖民入侵了吗？澳大利亚塔斯马尼亚岛的原住民，百分之百地灭绝于殖民者的屠刀和他们带来的瘟疫。台湾岛难道能够成为例外吗？不难设想，当淳朴的矮黑人面对荷兰和日本入侵者的洋枪洋炮时，会发生什么事情，更不用说外来者带来的致命病菌了。红毛以矮人为奴隶一事，原来只是“露出水面的冰山一角”，其背后的潜在叙事，尚有待于福尔摩斯一般高明的侦探来探索。这样看，我们还有必要为主动承担杀害矮人罪责的赛夏族开脱一下。

胡适曾引用清代考据学家的一句名言，叫“据供定罪，犹恐未真”。在历史法庭上，对于控辩双方的一面之词，都不宜轻信。赛夏人和矮黑人交往过，冲突过，杀戮过，这些情况，从他们的矮灵祭的仪式叙事看，都无可怀疑。但是他们不可能在全岛的范围里彻底消灭一个捷足先登的智能种族。赛夏人用永远的赎罪祭典，述说着的只是他们在一次地方性局部冲突中的暴力之罪。而真正导致矮黑人灭顶之灾的元凶，还完全不为人所知呢。

海岛上发生的历史事件，异常生动地展演着老子《道德经》第三十一章所启示的亘古哲理：

胜而不美，
而美之者，
是乐杀人。
夫乐杀人者，
不可得志于天下。
…… ……
杀人众多，
以悲哀泣之。
战胜以丧礼处之！

老子此话的大意是：暴力取胜者，不需要赞美之。如果赞美，就是以杀人为乐。以杀人为乐者，可以赢得战事，却不可能赢得人心。杀人太多，必须以悲悯的泪水为逝者送终，虽然打了胜仗，也要用丧礼来追念逝者。

赛夏族矮灵祭原来表述着和老子同样的重要人生哲理——“战胜

以丧礼处之”！

多亏赛夏人的赎罪祭礼，虽然如梦如幻，毕竟为全世界留下了台湾矮黑人永远的身影。

●1920年赛夏族矮灵祭图画

●台东史前博物馆矮人祭展区

参考书目和延伸阅读

[美]沃尔夫：《欧洲与没有历史的人民》，赵丙祥等译，上海：上海世纪出版集团，2006年。

叶舒宪、彭兆荣、纳日碧立戈：《人类学关键词》，桂林：广西师范大学出版社，2004年。

[瑞士]雅各布·坦纳：《历史人类学导论》，白锡堃译，北京：北京大学出版社，2008年。

David C. Rubin. *Memory in Oral Traditions*. Oxford: Oxford University Press, 1995.

Jack Goody. *The Power of Written Tradition*. Smithsonian Institution Press，2000.

Philip Jenkins. *Dream Catchers*: *How Mainstream America Discovered Native Spirituality*. Oxford University Press, 2004.

[日]伊能嘉矩：《台湾踏查日记》下册，台北：远流出版公司，1996年。

王家祥：《小矮人之谜》，台北：玉山社，1996年。

洪英圣：《台湾先住民脚印：十族文化传奇》，台北：时报文化，1993年。

[美]赫屈：《文化与道德：人类学中价值观的相对性》，于嘉云译，台北：时报文化，1994年。

赵福民采编：《赛夏族十年大祭：民国七十五年矮灵祭南北两祭团采访录》，台北：中国技服，1988年。

林淳毅：《看赛夏，祭矮灵》，台北：常民文化，2000年。

朱凤生、日智衡、赵山富：《赛夏族文化特展：以“巴斯达隘(矮灵祭)”祭典活动探索赛夏族文化精髓》，台北：顺益台湾原住民博物馆，2001年。

潘秋荣故事采集，赖英泽绘图：《赛夏族“巴斯达隘”传说》，文鲁彬(Robin J.Winkler)英译，台北：新自然主义，2002年。

郑依忆：《仪式、社会与族群——向天湖赛夏族的两个研究》，台北：允晨文化，2004年。

胡台丽：《赛夏矮人祭歌舞祭仪的“迭影”现象》，台北：“中研院”《民族学研究所集刊》，第79期，1995年春季号。

胡台丽：《燃烧忧郁》，台北：张老师文化事业股份有限公司，1991年。

第三章

原住民与南岛语族的文化联系

猎头是怎样的一种习俗？为什么台湾原住民中会保留着这种奇特而惊人的习俗？台湾的猎头习俗是否与南太平洋岛屿的同类习俗有文化上的联系？语言、神话和习俗上的关联是否意味着文化源流上的关系呢？

第一节
引　言

南岛语族是世界上现今唯一主要分布在岛屿上的一个大语系，当中包括约1300种语言。其分布于东达南美洲西方的复活节岛，西到东非洲外海的马达加斯加岛，南抵新西兰。至于我国台湾，则位于南岛语族人口分布上的地理最北端。整个语族东西的延伸距离，超过地球圆周的一半，总人口数大约2.5亿之多。绝大多数南岛语族居住在东南亚的菲律宾、印尼、马来西亚，新几内亚以东的太平洋岛屿。

对这个族群的认知，一般都认为是有着一个原来的起源点，然后经由不断地移民使南岛语族遍布太平洋、东南亚甚至远至非洲的马达加斯加岛。而这个族群的起源可以算是人类学者一个热门的研究。对于起源地也是众说纷纭，有说密克罗尼西亚、西新几内亚，甚至起源于广西、贵州、云南、中南半岛等说法都有，当然也有提出台湾是发源地，更有东南亚是发源地的说法。而关于这项研究也不断有学者以不同的角度作为研究切入点，如语言、考古甚至基因分析。

但是无论发源地在何处，只要这一语族整个曾是源自同一个起源的话，他们在文化上或多或少都会有着同样的特点。对台湾原住民来说，笔者认为是幸运的，他们虽然很多被汉化，但至少有官方机构来研究采集资料保存。所以在此尽可能从手头上可以找到的资料，从台湾原住民的口传叙事当中探寻其和其他南岛语族文化上的联系。

第二节
始祖神话

在台湾原住民中没有或是几乎没有发现创世的神话叙述，也就是说原住民并没有宇宙生成的观念，最多的是人死后变成星星以及人性化的太阳、月亮。但是原住民神话或口传叙述当中就有很多关于他们祖先的诞生即始祖神话。按荣格所说神话叙事包含的不仅是故事或是单纯的幻想，同时还能在无意识中传达远古的共同记忆。在台湾原住民中的始祖神话都有不少差异，尤其对于自己的祖先由来各自都有说法，像邹族的口传叙述就有说到他们是来自阿里山、阿美族是在现今花莲港那地区、赛夏族是来自大霸尖山、达悟族是来自兰屿等。但除此之外还有一些在叙述中地域名称不明显，但是却较有共同性始祖神话叙事。

在达西乌拉弯·毕马采集的台湾与原住民九族的创始神话或口传叙述中普遍看到的是石头或竹子裂开，人从里面诞生。举布农族的一则为例：

> 太古时代有一座高山，顶上有巨石突然裂开出现了很多人，布农族就是他们的后代子孙。①

又一则泰雅族的为例：

> 很久以前，大霸尖山的山上有一块巨大的石头，被一只灵鸟推开以后，大石头里面出现了一男一女。②

①达西乌拉弯·毕马、达给斯海方岸·娃莉丝：《布农族神话与传说》，台北：晨星出版有限公司，第33页。

②达西乌拉弯·毕马：《布农族神话与传说》，台北：晨星出版有限公司，第31页。

这样的类型在台湾原住民神话或口传叙事都有，只是细微部分有差异。另外的竹生神话按达西乌拉弯·毕马所言这样的类型不单在台湾，甚至在马来半岛的西曼（Semang）族、苏门答腊的土人、菲律宾苏禄土人、婆罗洲土人、岷答那峨岛土人、密克罗尼西亚的培雷娃土人等都有竹生的神话故事。关于其他东南亚以及密克罗尼西亚有竹生神话这样的叙述，达西乌拉弯·毕马参考简荣聪的《台湾卑南族的竹生信仰》，笔者无法找到此资料，但有这样的记录，故提及以便为后续研究做个提示。

对于其他南岛语族是否有石生的神话口传叙事，笔者手头上的资料没有发现。但却在马林诺斯基的《南海舡人》一书中发现线索。马林诺斯基在《南海舡人》中有对初步兰人神话这样的记述：

> 这些神话描述的事件，发生于刚有人从地底来地球上住的时候。人间以前就存在于地下某处了，因为在博约瓦人从地底冒出来的地面上时，已经什么都有了，他们已经具备了巫术了，并有社会区分，遵守一定的法律、习惯。①

对此种神话的叙事，马林诺斯基在转述时说，对他人来说也许只是传说或故事，但对土人（指新几内亚南岛语族住民）而言，这些确是真实发生的事情，甚至有土人会指出那是他们父祖辈时的事情，并指出故事发生的地点。这点台湾原住民亦如此，他们的口传叙述和一般我们认知的神话不同，神话对我们来说时间地点是不可考，但原住民们坚信这些叙述是真实的。也同样地，在达西乌拉弯·毕马采集的原住民神话以及口传叙事中，台湾原住民对于他们口传叙述当中，被我们视作为神话、幻想的故事时，他们能够明确地指出口传叙事里发生的地点、该事件的遗迹等。二者都有这样的共通性，笔者认为可以视为一种共同的信仰所致。

话说回来，以上的初步兰人起源神话说了人是从地底出来。而台湾原住民神话中人自石头诞生的神话有两个类型，一个是石头变化成人，另一个是石头裂开，裂缝走出一男一女（有的是二男一女）。这样的石头裂开有人出现，又和另种起源神话类似，那就是地上裂开（山崩地裂）人从地底冒出来。这些都叙述着有同样或类似人类诞生的神话，而

①马林诺斯基：《南海舡人》，台北：远流出版公司，第345页。

原住民或土人们认为就是真的。还有一个类型就是，笔者在马来西亚有位老师是在做马来亚史研究，曾提及马来人流传下来的马来亚史中提到的马来人的起源，是从海底走到地面上。如此可以看到南岛语族们的共性。

另外值得玩味的是，马林诺斯基说了人从地底冒出来，已经具备了一个完整的社会条件、文化背景。而在台湾原住民的口传叙事的翻查中发现，原住民接触他们以外的族群，除了著名的矮黑人以及后来出现的汉人、日本人、荷兰人以外，还有着女人国、村、部落和地底人的记录。这个地底人的神话，马林诺斯基就认为土人们的冥界的观念是属于这一个系列中的，而同样达西乌拉弯・毕马在分析阿美族的地底人的叙述时，也特别解释到原住民的宇宙观分三层次：地下、地上、天上。除此其他原住民的地底人或海底人的记录就不单如此，他们都从地底人、海底人得到生活上的技能和礼俗，其中以达悟族的最为详尽。在达西乌拉弯・毕马的《达悟族神话与传说》中，他引用了余光弘和董森永合著的《台湾原住民史雅美族史篇》一段很长的叙述：

> 两兄弟在山上捡木柴……出现一个人，穿着漂亮的礼服和丁字裤，手上带银手环，理着达悟的锅盖头……那个人说："我是从地底下来的"……地底人解开带来的食物，里头有小米饭、芋头、猪肉。两兄弟就问地底人说："这是什么东西，可以吃的吗？"地底人说："这是小米饭，你们吃吃看。"两兄弟尝过觉得很好吃，就对地底人说："这小米种子可以给我们带回去种吗？"地底人说："可以。"
>
> ……地底人打开一块石头，把地底世界显露给他们看……主人（地底人）把地底世界的一切的事物、祭仪向地上人说明：一、水渠……二、主屋（四种主屋）……三、工作屋……四、凉台……五、猪圈、羊槛、船屋……六、织布……七、船……八、雕刻……九、藤帽、盔甲、盾牌……十、烧陶……十一、石灰和槟榔……十二、招鱼祭……十三、处理飞鱼和鬼头刀的方法……十四、种小米的方法和收获祭……十五、结婚仪式……十六、妇人生产仪式……

十七、如何埋葬死人，又如何驱鬼……十八、械斗……十九、一夫一妻制……二十、祭祀宰猪羊……廿一、尊敬领袖……廿二、尊敬辛劳者……地底人预备芋头、小米、猪肉和一束芋头种苗作为礼物。然后地底人带他（地上人）到上面的世界去。

此后他对父母兄弟讲许多有关地底世界的故事，家人觉得新奇并说："很好，我们可以学习他们的文化。"后来他们搬下到domakavat居住，迁居后他们的生活、风俗习惯都仿照地底人的方式，他们开始造船，捕鱼，又举行招鱼祭仪式，捕抓飞鱼。他们的生活慢慢改善，人口也慢慢增多。[①]

其他原住民对地底人的叙述大都大同小异，只是他们不是学习而是从地底人身上偷取小米，除了赛夏族例外。赛夏族没有关于地底人的记述，但是有海底人相关的记载，就是赛夏人的织布技巧是从海底人学来的。从这些叙事看来就和初步兰人一样，只是初步兰人是从地底出现而原本就会各种技能，风俗习惯还有禁忌，而台湾原住民则是从地底人身上学习到技能以及风俗祭祀。因此可以看出二者对自己族群的技艺来源是相似的，当然还有另一个来源就是矮黑人。

●台东史前博物馆的招贴画（叶舒宪　摄）

①达西乌拉弯·毕马：《达悟族神话与传说》，第136—142页。

第三节
矮黑人

关于矮黑人或小黑人的记录，最多并且与小黑人关系最密切的就是赛夏族。赛夏族从矮黑人学到许多生存的技能，但是因为矮黑人的好色使赛夏族将他们杀死。其他原住民对矮黑人的叙述，就没有谈及他们学到生存技能，但同样记录了矮黑人性淫的特点。另外，也有许多关于原住民们和矮黑人之间的战争而且矮黑人十分善战的叙述。其中泰雅族就有一则说族人猎头的目标就是矮黑人。

从这些叙述还有一些考古发现，证明了矮黑人曾经在台湾生存，而且他们比台湾现在的原住民还要早就居住在岛上。但是也许是赛夏族的设计屠杀，使他们灭族。不过在菲律宾也发现了到今天仍然存在的矮黑人。在陈鸿瑜著的《菲律宾史》就写着：

> 根据古代班乃岛的文献，在十三世纪中叶印尼苏门答腊的室利佛逝的势力曾到达婆罗洲岛……岛上十名马来酋长携带眷属、战士和奴役逃离婆罗洲，航抵班乃岛。当时班乃岛是小黑人居住，双方经过交涉，由马来人以黄金购买岛上的平原地带，小黑人则退至山区居住。①

或许在南岛语族遍布东南亚之前，就有着这么一个族群散居在一些岛上。如同达悟族能够与巴丹岛来往一样，矮黑人也能够来回菲律宾与中国台湾。而且矮黑人能够散居在马来半岛、印尼、中国台湾、日本等地，或许他们也有一定的航海技术。

另外他们是原来就住在台湾这个岛上，那么他们能教导赛夏族如何生存在台湾是必然的。南岛语族的食物一般都是热带岛屿上能够

①陈鸿瑜：《菲律宾史》，台北：三民书局，第6—7页。

种植的植物，当然他们也会捕鱼和打猎，而主要的食物是芋头，这个在台湾原住民当中达悟族表现得最明显。他们吃芋头类等淀粉食物都是能够适应热带岛屿生态的植物，其他如香蕉、甘蔗、椰子等，唯独没有小米、粟等也许需要较大土地的农作物，当然印尼、马来半岛、婆罗洲等土地大的地方除外。很可能当台湾原住民尤其赛夏族到台湾岛时，并不会耕种小米。赛夏族的口传叙事讲到了，赛夏族从矮黑人那里学到种粟、农耕、唱歌跳舞、祭仪等。再加上各个原住民都有自外来人或神得到小米或粟的记述，可见台湾原住民原先并不会或没有耕种小米的习惯。

●雅美族木船（叶舒宪　摄）

第四节
猎　头

在台湾原住民的叙述中可以发现，原住民是有过猎人头的习俗。邹族、泰雅族、鲁凯族、排湾族、阿美族、卑南族、布农族都有关于猎头行为的记录，但是对于猎头目的的说法却不尽相同。一是成长以及英勇的象征；二是占卜判断事情的作用；三是祭神、祭祀。

阿美族关于猎头的叙事都有个共同点，就是两兄弟不小心误杀了他们自己的父亲，并且把头割下。但是接下来没有解释就转至母亲对两兄弟说，既然猎了自己父亲的头，那么就去猎其他人的头排满整张草席。[①]而泰雅族认为能够猎头的人是勇敢的，这样才有资格文身、黥面。另外，泰雅也有叙述说只有猎头后再黥面，才有资格向女性求婚。孩子弑杀父亲，在弗洛伊德学派，是说孩子对父亲占有母亲的怨恨引起，而孩子能够弑父象征着孩子长大。所以笔者将阿美族的弑父后开始有猎头行为，表示着孩子转换为成人的过程。这样的情况并非独有，婆罗洲的伊班人就有着这样的特点。

笔者认识来自婆罗洲沙巴（Sabah）的卡达山人（Kadasan），他曾对笔者说过关于猎头的习俗，主要是在成人仪式之前或之后，参加成人仪式的孩子必须到敌对部落中猎取一个人头，如此才能被承认已经成年，而且猎头象征着英勇的行为，得到的头颅越多越能证明其英雄的身份。也不单阿美族、泰雅族、伊班人将猎头视为英雄行径，其他台湾原住民或同样有猎头行为的部落，就算没有明言，将猎头视为英雄行径是不言而喻的。而同样的遍布在婆罗洲的沙捞越、文莱以及加里曼丹西部的伊班人（Iban），也同样拥有这样的习俗。而在海顿（Alfred G. Haddon）写的《南洋猎头民族考察记》中提及婆罗洲的土人（文中未言及是哪个族群）猎头的目的：

①达西乌拉弯·毕马：《阿美族神话与传说》，台北：晨星出版有限公司，2003年初版，第322—324页。

> 猎取人头的主要动机之一是在取悦女人，这是少有疑义的。据说有些部落里面，一个青年人在他可以结婚以前，必须取得一个头盖，而且由他自己斩获的一个人头，似乎是一个青年人用以使他所选中的处女欢悦自己的一个极普通的方法。一个青年男人有充分的胆力去做猎人头的事实，很可以显示他的保护一个妻子的能力。①

另外海顿也提及除了婆罗洲人，在托列斯海峡（Torres Strait）②西方的一些部落中，一个已经猎取到人头的青年，他们马上会得到少女的结婚提议。③

除了英勇、成年、求婚的作用外，猎头也有着占卜和判断是非的功用。在泰雅族的叙述中，就有因为部落人口太多而分为两部分，一部分留居在山上，另一部分就到平地。但是因为双方不断争论何人到山上何人到平地，而且发生欺诈行为。最后决定猎头评断是非，这是泰雅族猎头的由来，但是如何用猎头来判断是非并无解释。④不过原住民的占卜方式很多，却没有以人头做占卜。而在海顿的《南洋猎头民族考察记》中对在新几内亚的厄剌勃岛和墨累岛的土人，对人头功用做出一番叙述。这些土人在亲人死后变成干尸，就会将头颅取下然后串起。如此一来就会变成拥有占卜能力的“索古”，一旦发生偷窃或巫术害人，可以用“索古”反复念段咒语。接着就会听到一种蚱蜢叫“启多多”的叫声，就会指引方向到犯人屋子。⑤

再者就是以猎头来祭神或祭祀。在台湾原住民中邹族和排湾族，有以猎头方式来祭祀或祭神的仪式。邹族的出草叙述中提及族民以馘首为乐，起先是砍羊、狗、猴的头，后来觉得砍人头更好玩，所以就有了猎头的习俗。另外就是邹族在祭神时要唱歌，可是在宰羊、狗、猴后唱的歌并不好听，最后就杀了个劣童以其头祭神，歌就唱得好了，所以认为神也喜欢猎头。还有就是洪水泛滥，在杀了个人将他头祭神之后，变得

①海顿：《南洋猎头民族考察记》，上海译文出版社，第351页。

②位于新几内亚的美拉尼西亚岛和澳洲之间的海峡。

③海顿：《南洋猎头民族考察记》，上海译文出版社，第351页。

④达西乌拉弯·毕马：《阿美族神话与传说》，台北：晨星出版有限公司，2003年初版，第363－364页。

⑤海顿：《南洋猎头民族考察记》，上海译文出版社，第94－96页。

风调雨顺，因此就有了以人头祭神的习俗。[①]而排湾族则在五年祭中的第五天，出去猎取敌人的头颅，然后倒放在庭院正中央。以此祈求来年是个好年，而结束五年祭。[②]

海顿指出婆罗洲的克阳人猎头的习俗源自神话叙事。克阳人以前只是用杀死的敌人的头发装饰他们的盾牌，但是一次有个叫多刚的准备攻击敌对的部落时听到一只青蛙在叫，青蛙教他将敌人的人头取下，然后他们的部落将会丰收以及没有疾病痛苦。多刚起初不信，但是有个老族人说他梦见部落丰收的样子，所以他们攻击敌对部落之后将敌人头颅割下，带回部落用篮子装着。之后他们发现部落的耕地大丰收，原来有病的族民变得健康。他们将那些头颅悬挂，并且在下方点燃火堆使他们温暖，这就会让所有事情变得很开心。[③]可见克阳人没有像台湾原住民们盛大的祭典，但是这种在悬挂的头颅下方点火可视为祭拜的方式。在后续海顿也记录了如果克阳人抛弃这些人头的话就会被报复，除非用某些巫术的手段安抚他们。

无论出草或猎头有如何多的目的，其中最根本的就在于英勇的象征。因为无论是台湾原住民或其他南岛语族都好，猎头最基本的理由就是战争。有了战争才会有馘首的习惯，如此一来会认为得到的头颅越多越英勇的习俗是肯定有的，再由这里不断发展出不同的馘首信仰。但是从得到的资料中看到，除了厄刺勃岛和墨累岛是以死去亲人的头颅制成占卜用具外，其他的求婚、祭神、求丰收，背后都有部落与部落间战争的叙述。这个或许是南岛语族猎头习俗的源头。

但无论是达西乌拉弯·毕马所采集的台湾原住民的叙事或者其他南岛语族中关于猎头或所谓的出草都有共同的特点，就是猎何人的头、敌对部落是谁皆不提。达西乌拉弯·毕马将战争与出草（猎头）的叙事放在同一个章节，除非是该叙事主要讲到因为发生战争而有猎头行为，才会出现被猎头者的身份。如果是单纯言及猎头行为的话，被猎头者身份是不详的。同样的情况也发生在海顿采集的资料中，被猎头者的身份是不明，而笔者那卡达山友人在讲述祖先

①达西乌拉弯·毕马：《邹族神话与传说》，台北：晨星出版有限公司，2003年初版，第314—319页。
②达西乌拉弯·毕马：《排湾族神话与传说》，台北：晨星出版有限公司，2003年初版，第160—162页。
③海顿：《南洋猎头民族考察记》，上海译文出版社，第356—358页。

行为时，也未曾说过被猎头者或敌对部落是什么人。无论是台湾原住民或婆罗洲原住民、托列斯海峡西方的一些部落中，对于猎头、出草行为就像是到某个地方取回一件东西而已，而不是视为一种杀敌、争斗的行为。或许他们将猎头行为当成了一种仪式，对方为何者不重要，重点就是在猎头的过程和结果以完成整个仪式。同时被猎头一方也有这样的观念，所以他们很可能认为那不是个被杀的行为，而是完成一个仪式的过程。像海顿所记录的部落的猎头行为中就提到，被猎头者的头颅放在家里就像是家里的一分子，它会协助主人进行些巫术的仪式，而贸然抛弃反而会遭到头颅的报复。所以笔者认为台湾原住民与其他南岛语族拥有这样的观念和信仰，形成了在叙事中谈到猎头时就像是取一件东西，如此这般的叙述方式。

●泰雅族女性文面

第五节

语言与基因

一直以来学者们不断从各个角度研究南岛语族的发源点，同样提出的论述也常争论不休。台湾学者凌纯声以中国史书里提及南方人特色的角度推断，认为台湾原住民是中国古代百越之一，并且以《临海水土志》来证明台湾原住民与古代闽越人是同一文化系统的民族。这样的说法在当时相当大胆且有创见，但是从语言学角度很容易发现民族之间的语系不一样，而且相同文化特质也无法证明就是同个民族。不过李壬癸认为相较于早期一些学者认为的密克罗尼西亚是为发源地，更有根据。

李壬癸在《台湾南岛民族的族群与迁徙》一书中，认同荷兰学者柯恩（Hendrik Kern）[①]以语言古生物学的角度，来探索当时散居的各个南岛语族所用的词汇的词源。并以南岛语民使用词汇的词源（古南岛语）为亚洲地区的陆地、海里动植物名词，以及拥有“向海”、“内陆”的相对用语为根据，推断南岛语民的发源地应为大陆或大岛。并以此更进一步指出泰、高棉、越南都含有不少借自南岛语的词汇，断定南岛语族发源地为中南半岛沿海一带。[②]以语言的分布和溯源是可以发挥的，但是也因为语言的变化不定，使研究成果往往争议不断。像柯恩提出的“泰、高棉、越南都含有不少借自南岛语的词汇”，但是李壬癸认为柯恩并没有举出实际例子，说明泰、高棉等地是受到南岛语民影响而使人难以信服中南半岛为南岛语族发源地的原因。

而近年又有新的研究方向，以分析基因的方法来探索南岛语民的

①在原书中李壬癸将柯恩名字缩写成H.A. Kern以及在批注中写成Kern Hendrid。结果发现无法以此名字找到此人，后来在网站Britannica Online Encyclopedia发现Hendrik Kern这个名字。再以此名查询终于找到这位荷兰语言学者，全名Johan Hendrik Caspar Kern，通称为Hendrik Kern。故在此更正。

②李壬癸：《台湾南岛民族的族群与迁徙》，台北：常民文化出版社，第48—49页。

发源。或许这样的研究太新，笔者难以发现关于这方面的资料。后来在一本介绍性的书籍《发现南岛》里头，发现关于南岛语民基因调查的一些介绍。书中提及“中央研究院”主题计划的英国遗传人类学者梅尔顿（Melton）利用台湾原住民的血液检体分析阿美、排湾、布农和泰雅族四族与其他东南亚以及大洋洲南岛语族的粒线体DNA基因序列，来探索南岛语族的起源和迁徙。结果发现我国台湾原住民与菲律宾基因序列相似，认为台湾为一个遗传独立区域，太平洋地区的南岛语民是从台湾扩散出去的。除了梅尔顿之外还有一些学者也是从台湾各个原住民的粒线体DNA基因序列做研究，发现排湾族与其他东南亚以及大洋洲南岛语族的基因序列相似，认为是由排湾族扩散出去的。

但是此书编辑也提出了，粒线体DNA变异速率太快，每个细胞有超过数千个粒线体，而同一个人体能够拥有两种以上不同的粒线体DNA序列。所以以粒线体DNA序列是可能无法确实显示族群遗传的属性。

另外在2000年7月，华裔科学家宿兵和金力等人在《美国国家科学院》杂志发表一篇研究报告，以分析东南亚、台湾、密克罗尼西亚、美拉尼西亚、波里尼西亚地区的男性Y染色体。发现东南亚的染色体和台湾、密克罗尼西亚、波里尼西亚相似，但台湾和密克罗尼西亚、波里尼西亚之间却有着极大的差异。按资料显示，台湾原住民普遍出现的Y染色体形态是H6至H12；密克罗尼西亚、波里尼西亚南岛语族是H1、H5、H6，而美拉尼西亚的南岛语族普遍出现的男性Y染色体则是H1、H5、H7；东南亚地区的南岛语族却拥有前二者的形态。[①]即是说，台湾和密克罗尼西亚、波里尼西亚的南岛语族的染色体形态几乎是不相同的，但是东南亚的南岛语族却同时拥有前二者染色体形态。因此宿兵和金力推断东南亚为南岛语族发源地，在迁徙过程分了两支路线，一支北上至台湾；另一支则往东迁移到密克罗尼西亚、美拉尼西亚、波里尼西亚地区。

照《发现南岛》的编辑认为，这样的研究缺陷在于分析的量不足，因为宿兵和金力每个地区只采集了数字和对原住民的染色体多分析。但是东南亚为发源地的说法不是符合了原住民口传叙事里祖先外来的说法吗？台湾原住民很多始祖故事中除了在台湾某地诞生外，几乎所有原住

①经典杂志：《发现南岛》，台北：经典杂志出版社，第49－50页，其中就引述宿兵和金力等人在《美国国家科学院》杂志所发表的一篇报告中的资料。

民都有从南海来到台湾的说法。尤其卑南族有两则叙述就说了，马来半岛发生洪水，族民坐竹筏迁徙到台湾，[①]另则说卑南名字来源为马来半岛有岛名槟南，岛上人民喜食槟榔族群故名槟南，后来辗转被译为卑南。[②]而槟南正是现在马来西亚的槟城岛，即是在郑和航海图上命名为槟榔屿的地方。

●排湾族图腾木雕
（叶舒宪　摄）

①达西乌拉弯·毕马：《卑南神话与传说》，台北：晨星出版有限公司，2003年初版，第58页。
②达西乌拉弯·毕马：《卑南神话与传说》，台北：晨星出版有限公司，2003年初版，第100页。

第六节 结　语

若说神话与口传叙事是一种无意识的古老记忆，那么透露出来的很可能是一个民族最原始的历史。台湾原住民为南岛语族的一支是共识，他们的叙述表现了他们的文化历史，除了在台湾岛上的历史外，就是古南岛语族的文化历史。因此部分文化行为可以和现在所认知到的南岛语族们有所关联，但是在细微部分上就有着差异。

在此用了台湾原住民的神圣叙事或者口传叙述中的始祖神话、矮黑人、猎头行为与其他南岛语族作个联系，挖掘二者之间的共性。但是这里还有一个很大的课题并没有探讨到，那就是原住民的巫术思维。例如对灵魂的信仰在研究台湾原住民文化信仰就是个很大的议题，他们相信灵魂的存在而衍生了一系列对灵魂的叙事，包括会吸食人类灵魂的精灵（鬼怪）的叙述。这种吸食灵魂的精怪在台湾原住民口传叙述里通常是鸟的形象，但是同样的在马林诺斯基所采集到的新几内亚南岛语族口传叙事中就有会吸食人类精气灵魂的飞妖。这些飞妖根据马林诺斯基所采集的资料，都是由人变成或修炼而成；马来西亚地区也有着白天是正常人，到夜晚时就只有头部脱离身体飞到外头吸食精气的鬼怪死罗蛮（Si Loban）。另外南岛语族并非没有神明，但是比起神明他们更多的叙述都在祖灵身上。这些祖灵是实实在在影响他们的生活，而他们也是如此坚信着。另外原住民们这样的信仰灌注在生活上，形成一种巫术的生活方式，无论是在咒语、生活、口传叙述里，在我们眼里是多么的可笑或愚昧，但是对南岛语民来说那些是真实的。这样的观点马林诺斯基在考察新几内亚南岛语族时就已经表述过了，这象征着南岛语族们的生活形态，而台湾原住民也是如此，这是二者在巫术思维上最大的共同特色。

无论南岛语族发源地为何处，他们这样的生活形态对自然敬仰、戒慎恐惧，使他们能够活在大自然中，并且取得平衡。但是方法却会因为环境改变而有些差异，因此在寻找台湾原住民与其他南岛语族文化上的共同处时，只能试图举出类似或看起来好像是的共同点，因为不能保证类似而实际上是完全不同的事情。而这篇文章仅能够做到的就是始祖神话、矮黑人、猎头行为的比较而已，但希望能够成为一个参考的例子。

●雅美族贝珠项饰（叶舒宪　摄）

参考书目和延伸阅读

书籍

达西乌拉弯·毕马：《泰雅族神话与传说》，台北：晨星出版有限公司，2002年初版。

达西乌拉弯·毕马：《赛夏族神话与传说》，台北：晨星出版有限公司，2003年初版。

达西乌拉弯·毕马：《邹族神话与传说》，台北：晨星出版有限公司，2003年初版。

达西乌拉弯·毕马、达给斯海方岸·娃莉丝：《布农族神话与传说》，台北：晨星出版有限公司，2003年初版。

达西乌拉弯·毕马：《排湾族神话与传说》，台北：晨星出版有限公司，2003年初版。

达西乌拉弯·毕马：《鲁凯族神话与传说》，台北：晨星出版有限公司，2003年初版。

达西乌拉弯·毕马：《卑南族神话与传说》，台北：晨星出版有限公司，2003年初版。

达西乌拉弯·毕马：《阿美族神话与传说》，台北：晨星出版有限公司，2003年初版。

达西乌拉弯·毕马：《达悟族神话与传说》，台北：晨星出版有限公司，2003年初版。

陈奇禄：《台湾土著文化研究》，台北：联经出版事业股份有限公司，2003年初版第四刷。

李壬癸：《台湾南岛民族的族群与迁徙》，台北：常民文化事业股份有限公司，2003年第一版第四刷。

童元昭：《群岛之洋——人类学的大洋洲研究》，台北：台湾商务印书馆股份有限公司，2009年版。

鹿忆鹿：《洪水神话——以中国南方民族与台湾原住民为中心》，台北：里仁书局，2002年初版。

陈鸿瑜：《菲律宾史》，台北：三民书局股份有限公司，2003年版。

经典杂志：《发现南岛》，台北：经典杂志出版社，2001年初版。

[英]海顿（Alfred G. Haddon）：《南洋猎头民族考察记》，上海：上海译文出版社，1989年版。

[波兰]马林诺斯基：《南海舡人——美拉尼西亚新几内亚土著之事业及冒险活动报告I、II》，于嘉云译，台北：远流出版事业股份有限公司，1991年初版。

[美]道格拉斯·奥力佛（Douglas L. Oliver）：《太平洋岛屿原住民文化》，张慧端校译，台北："行政院"原住民委员会，2000年版。

第四章

原住民口传史官制度

没有文字的台湾原住民社会中居然有史官制度，这是怎么一回事呢？口传史官的职业特点如何，他们的文化记忆是否精确可靠？口传史官的叙事为什么离不开神话？

“任何历史都取于其历史目的。一般而论，文献愈是私人的、地方的和非官方的就愈是难以幸存。正是因为历史的构成本身就是一张绵密的权力网络，权力网络的通路最后都来到一间隐秘幽暗的密室，在这间不为人知的密室里，历史正被巨大的权力网络录进一个巨大的录音机，并按照自己的意愿来塑造过去。”

——瓦历斯·诺干

第一节 引　言

台湾原住民[①]，一个热情、充满活力的名字。只要曾经居住在台湾这块土地上的人，几乎都会对这样身份的族群感到印象深刻。运动员、歌手、作家、演员，他们用不同的身份表现出对生命的热爱、乐观的天性、以及一种压抑不住的骚动，为这个压抑化、制式化的社会注入强大的能量。

然而，讽刺的是，在众多原住民论述当中，诸如“乐观”、“幽默”等特质的背后，却隐藏着这个社会对这族群长久以来的漠视与欺压，所不得已而产生的生活模式。他们用近乎嘲讽式的态度来看待自身的处境，在博取同族之间的一阵灿烂笑容之后，获得新的动能，继续面对这不公义的大环境价值观而奋斗，试着能从中开辟出一条道路。如何在台湾百家争鸣的文化现象中，认识自己的文化身份，建构文化身份，这成了现代原住民知识分子极力探求的重要课题。目前在台湾，文化根源的探求，其目光大多集中在以“语言”为主体进行重新反思与塑造，文化身份的问题因此被凸显出来。原住民族开始重视自己的历史、

①台湾原住民指的是在汉族人、荷兰人、西班牙人、日本人抵台统治前，更早活跃于台湾的种族概称。目前，原住民族约有49万人，占全台湾人口总数的2%，经台湾当局认定的原住民族有：阿美族、泰雅族、排湾族、布农族、卑南族、鲁凯族、邹族、赛夏族、雅美族、邵族、噶玛兰族、太鲁阁族以及撒奇莱雅族及赛德克等14族。此外还包括了曾经活动于台湾东西岸近海平原，然现今全然汉化的平埔诸族。

祭典，进而与其他同为少数的原住民族凝聚在一起，形成了一个有力量、有危机感的整体，而不再是被主流论述者操控其价值观。那个形同散沙的14族，看似各自独立，实质陷入被文化潮流分化的窘境。

以语言为主的文化寻根运动，在台湾虽然已经开始活跃，但是时间并不长。光复后的台湾原住民文化保存运动，事实上乃是以“族群分类、习俗记录、语言分类、音乐搜集、祭仪或宗族制度之了解，甚或是政府行政措施的平骘等”[①]为主要研究目标。然而，原住民文化中缺乏文字[②]的记载，致使口传历史成了最主要的文化脉络根源，此一事实显示了两个重点：首先，要研究原住民的历史，最直接的方法就是从文学资产中探索，经由对于这些文学作品中丰富的形象、表达出的情感与风格特色，才能抓紧这个民族的文化命脉。我们可以说，只要能在原住民文学中获得成果，其他方面的文化，例如祭仪、制度、音乐等，必定能用一致的结论去统合，收到更有效的成果。其次，口传历史的“载体”，也就是各部落中的耆老、巫师等仍然保留了先民记忆、能够以部落语言沟通的人们。在记录这些口传历史时，最直接面临的问题就是如何将这些“历史”化为可以记载下来的“文字”。目前，台湾的原住民历史学家、原住民文学家，他们采用一套所谓“原住民汉语文学”的方式，以汉语为主，专有名词或汉语缺乏的语汇，则以罗马拼音组成。经过他们不断的努力，口传历史的记录已有一定的成果。然而，部落耆老们凋零的速度很快，愿意继承他们事业的年轻人也越来越少，导致原住民口传历史的保存工作愈显急迫。

在原始部族中，掌握历史知识的人，往往需要具备一定的神圣性，能与天地精灵沟通，传颂祖先的故事。因此，口传历史中“史官制度”围绕着原住民文化中非常重要的核心人物，他们代表了一个部落文化精华的累积与酝酿，更是与自然沟通时重要的中介。原住民口传历史的保存工作中，“史官”的存在又是什么样的面貌呢？台湾原住民族里面，各自存在着一套类似的口传方式，将部落

①巴苏亚·博伊哲努：《台湾原住民的口传文学》，台北：常民文化事业，1999年版，第15页。

②布农族的传说中曾经有“兄弟二人带着祖先遗留下的宝物躲避洪水，保管文字的哥哥竟然让文字被大水冲走”的记录，而后新的证据显示布农族的确存在着以象形符号记事的证据，然而流传下来可以操作这套符号的布农族人已经不复存在。

的历史与传说保留了下来。最常见的就是部族中的长老，将这个家族，或是整个族内的故事，于一天结束之后，偎着营火，向族中的年轻人娓娓道来。原住民族借此凝聚部族中的向心力，体认荣誉感，强化部族成员中的团结。一般说来，头目、族长、巫师、祭司都具备了“史官”功能，将史料用口语的方式传播到下一代。然而，严谨的“史官”阶级则并不常见。本文以邹族语群的两支部族——邹族与鲁凯族为例，对原住民口传史官制度进行探究。

●排湾族民宅立柱（叶舒宪　摄）

第二节
邹族传统中的史官制度

邹族（Tsou）也称为曹族，传统语言为邹语，分布于南投县、嘉义县和高雄县境内，人口约6000多人。邹语中，邹的意思是“人”，表示了邹族人的自称之词。邹族的部落制度特殊，有着一套完整的口传历史系统，使得邹族的历史得以延续。

一、社会组织

邹族的社群聚落乃是以一个部落或大社为核心，邹语称之为hosa。围绕着hosa，附着许多规模较小的亚部落或小社——denohiu。邹语中，denohiu的意思是“暂居于社外”的意思，象征着这些小社单纯为了农猎或是征战的需要而设，不久便会返回大社的意思。

Hosa的组织严密，依照其性质的不同，一种是以人为中心的阶级组织，另一种是以物品、地点为中心的圣域组织。

（一）阶级组织

阶级组织中，为首的领导者是酋长peongsi，其下依地位高低为：征帅euozomu、裨将maotano、刑官panatao、男子hahotsngu、妇女mamespingi以及孩子o'oko。另外，部族中还有一支不完全隶属于酋长下的长老会组织mamameoi和巫师joifo。

酋长peongsi以下的成员关系紧密，拥有各自的权利和义务，氏族长老借其长年累积下来的经验与智能，作为peongsi的智囊与咨询，处理族内要务。巫师joifo对部族成员的生活困境、身心不安与灾厄疾病，进行卜算和禳祓。

（二）圣域组织

邹族传统中，族里hosa的中心，会有一个专门属于男子的集会场所，邹族人称之为kuba，以kuba为中心，衍生出了一套完整的社会组织。Kuba中一定具备的物品：敌首笼、燧器袋、木盾、雀榕、木槲等，还有围绕着kuba的核心神祇“社神”也是这个组织中重要的信仰中心。当族中需要占卜、施行法术的时候，都以这个组织为主，可以将这个“圣域组织”视为祭仪和神灵的系统。

邹族人便以这两个平行且紧密结合的组织强化了族人间的联系。他们以hosa为中心，进行农耕、渔猎、保护家园的工作。因此邹族在面对他族挑衅时，曾有过辉煌的战功。在社会制度上，虽然邹族与鲁凯族都有阶级性的社会制度，但是除了peongsi是世袭产生之外，其他各部都是以族人的才能为考量依据，唯有天赋优异的邹人才能获选。此外，长老会mamameoi的长者任用的标准是族中最有智能的人方能胜任，并非以年龄作为唯一的标准，这是和大部分台湾原住民族有着显著不同的地方。

二、口传文学传统

邹族用口语传播其民族历史文化的制度，是有其特殊性的。邹族青年15岁左右会离开氏族的房舍前往男子会所kuba，进行狩猎与战争的训练，并且学习使用与制造渔猎器具及武器。晚上则由长老成员讲述故事，给予训诫勉励。卫惠林曾表示：“曹（邹）族为一热心保持其历史传承之民族。部落之长老有一种习惯，每日晚间必于其男子会所，围炉讲述其部落沿革、与外族之争斗、英雄事迹、氏族祖先、迁徙历史等，以授敬候末座之青年。轮流讲授、互相补充、娓娓不倦，至通宵达旦。”[①]长老组织mamameoi扮演了重要的历史传承角色。这是邹族部落中男人的专利，所以邹族的核心历史是由男子进行诠释。然而，女性也不是没有机会接触到部族的历史。各家氏族中，也会讲述到部族历史演变，这时对象便不只是氏族中的男性，故事内容则以各氏族的祖先、迁移事迹为主。

“围炉夜话”不只是汉族的传统，邹族人的一生几乎都是围绕着火

①卫会林、余锦泉、林衡立等：《台湾省通志稿·同胄志·曹族篇》，台湾省文献委员会，1951年版。

堆，将知识、历史与传说传承给年轻一辈的人。火在邹族人的心目之中是十分崇高的。男子会所kuba中，有一堆终年不熄的炉火。而每个氏族家中的炉火也不能让它熄灭，附属于其下的小氏族会前来取火。此外，仓储、畋猎、征战、丧葬，都离不开火。然而，特别的是，在对邹族人采访的过程中，耆老们认为口传历史的过程不必非得依附着火堆才能进行。但是烤火这样的行为会使人们的心神宁静，同时可以将族人聚集在一起，共享火堆的温度，似乎是让口传历史较易流传下去的一种情境。

此外，根据卫惠林的观察，他认为虽然邹族讲述历史的时候，常会提到天神hamo和女神nivnu，然而故事本身与祭仪和咒术等超自然现象并无任何联系。讲述神话的时候不特别具备神秘性，聆听的群众也往往不受限制。然而，邹族女性常会发生围炉夜话时被支开处理杂务的情形，也许在核心的思维中，某些部族的历史存在着以男性立场为主的话题。

综观以上两点，我们可以发现，邹族虽然没有“史官”制度的流传，但是部族中的长老用彼此相互补充的方式，将历史与传说完整地保留了下来，同时以部族精神中心baku为主，将文化的种子传播给部族的青年男子，以此一代传一代，绵延不绝。然而目前的邹族文化已经面临崩解的边缘，崩解力量主要来自耆老的凋零、传统会所功能的消失、农猎文化的彻底改变，以及外在文明的输入淡化了邹族人历史保存的迫切性。①

①巴苏亚·博依哲努：《库巴之火》，台北：常民文化事业，1999版，第213页。

第三节

鲁凯族传统中的史官制度

鲁凯族（Rukai），传统语言是与邹语为同一脉的鲁凯语。鲁凯族的族群主要分布在台湾南部中央山脉以西的高雄县茂林乡和屏东县雾台乡山区，以及台东卑南乡。以前鲁凯族人自称“泽利先tsa-risen”，意为“住在山地的人”。鲁凯族群可以分为三支：

（1）大南群：又称东鲁凯群，以台东大南社为中心，包括台东县卑南乡的大南村。

（2）隘寮群：又称西鲁凯群，以屏东雾台为中心，包括屏东县雾台乡的好茶、去露、雾台、佳暮、大武。

（3）下三社群：又称浊口群，位居高雄浊口溪沿岸，包括高雄县茂林乡的茂林、万山及多纳。

一、社会组织

鲁凯族的部落是由几个贵族家系与平民及佃民所组成，由部落中势力最强、家世最久的贵族宗家来担任部落最高首长，再从贵族旁系或佃民领袖中选出次级的领袖来担任部落各级之责任领袖。鲁凯族的头目是太阳之子，因此太阳是部族中崇高地位的象征，代表了无上的荣耀与权力。

鲁凯族的社会阶级总共分为四个等级：

（1）大头目：是部落的大地主，拥有土地、猎区、河流。代表部落参与外社的公共事务。平日以收纳赋税为主。

（2）贵族：为大头目的近亲。可以耕种土地不必纳税，也可以沿用贵族的名字。

（3）士：为有特殊功绩的平民或有特殊才能的村民，如雕刻匠、打铁匠。头目会赐予他某些权利，如戴羽毛、有阶级的花环。

（4）平民：多为佃农，向大头目租地耕作。平民有向头目纳税的义务，纳税的内容不是金钱，而是自己耕作收成的小米、花生之类的食物，或是狩猎的肉品。

鲁凯传统社会阶级严谨，世袭的贵族与平民的社会地位分明。设置在头目家的聚会场所则是部落的经济及行政中心，举凡祭仪、会议、表扬、赏罚，都在这里举行。部落中附属的林田地、渔场、猎区都是部落的公有财产。

这4个阶级中，最特别的莫过于"士"了。鲁凯族中存在着一个特殊的制度——史官。史官正是士阶层的一员，掌握了部族中的所有历史，同时也需要熟知各项礼法与仪式规范等，是鲁凯族里文化传承最重要的一环。

二、口传文学传统

提到鲁凯族的史官，就不能不提到奥威尼·卡露斯（Auvini. Kadresengan）。他的汉名是丘金士，鲁凯族好茶村人。他有着极为特殊的身份，他的舅公是鲁凯族前任的史官Apagau. Dromalalhathe，自幼便从他的口中听闻了许多鲁凯族的历史与礼仪，1990年重返好茶村，戮力保存鲁凯族文化，对鲁凯族石板文化研究付出了很大的心力。他曾出版《鲁凯童谣》、《云豹的传人》、《野百合之歌》、《诗与散文的鲁凯——神秘的消失》等书，内容以鲁凯族口传历史为主，用他所听闻、记忆深处最直白的方式写成，读来有着亲切的浪漫感受，更有粗犷的自然体验。奥威尼叙述自己的创作"用些可能是很粗俗的文字且很不恰当的拼图方法"将鲁凯族的口传文化呈现在大家面前，但我相信这是最恰当不过的保存方式了。

关于鲁凯族史官的故事，奥威尼在《云豹的传人》中记载了一段关于其舅公曾经参与过的故事。故事的大意是：在旧好茶古代聚落的北方山顶上，有一块长方形的护神石，名叫"大玛乌纳勒"。这块石头已经有七八百年的历史了，是两兄弟从希给巴里基（shikipalhichi）带着家属迁移到古茶布安之后，为了保障全家族的健康以及心灵有个寄托而特地立起来的。

据史官说，这块石头是负责阻挡日落点吹来瘟疫的台风，所以朝向日落点。有一回，日落点刮起了不明的瘟疫之风，只要家中有一个人感染到，很快就传染给全家人，一下子就蔓延到了整个聚落，将近三分之一的年轻人就这样丧生。当时的祭司巴拉卡赖认为守护神大玛乌纳勒被敌人阴险地动了手脚，把守护神的脸转向了大卡拉乌苏，才产生这场灾难，于是提议调整方向。自此，古好茶聚落每年举行两到三次的隔离祭拜仪式，第一次为驱除病魔，第二次为驱除老鼠。如果一年中还会流行其他的疾病，还可以再举行一次。

奥威尼·卡露斯在文中表示：

> 时代渐渐改变了，大玛乌纳勒供用的价值意义随着时代渐渐地被否定或取代；然而我们现代人，要保护而且保留文物，并非只看它的样式而已，更重要的是沉思它对时代的意义，因为文明的物质观太强烈，常常阻碍并污浊我们的思维，往往看不清楚文物对人类的精神面有何等的意义。假如以现代人的眼光来看文物，就是天使下凡到人间，我们也不会认识。[①]

对于口传文化、口传历史的失落，奥威尼·卡露斯同样发出了喟叹。失落的不仅是时代、人物的凋零，更难以挽回的是对于过往语境的陌生与漠视。原住民族的口传历史的保存，需要投入更多的人力与心力。

①奥威尼·卡露斯：《云豹的传人》，台中：晨星出版社，1996版。

第四节
结　语

原住民族口传史官的制度保留了口传文化下历史记忆的直接样貌。我们发现史官在部落中的地位很高，或者是直接由地位高、有智能的人做历史保留与传承的工作。此外，部族中，每当酋长或是巫师要下决定的时候，所依靠的历史判断，其来源仍然以史官的认定为主。也就是说，史官间接地参与了部落政治的运作。因此，身为史官，必须要诚实正直之外，还必须要有一副清晰的头脑；记忆好之外，还要准确地将历史表达出来。在部落中，这样的人天赋异禀，受到族人们的尊重。

然而我们也发现，史官的地位似乎不具备宗教性色彩。在历史的传达上，原住民族似乎认为保留历史的真实性比宗教性来得重要。也许是因为口传历史中，有很大一部分是日常生活中都能接触到的事情，包括部族间的战争、迁徙等。此外，虽然原住民族当遇到灾异或是病痛的时候，总是会求助于巫师、祭司这一脉的系统，然而，在其他日常生活中，邹族在baku中传递历史的长老中，巫师这些职业的人几乎是缺席的。似乎，原住民族对于巫师的观感是畏惧大于尊敬。类似的情况，有人记载了平埔族害怕观音等汉人觉得和善神明的塑像，他们认为神祇也许会在他们身上降下不知名的灾病。

口传文化史官制度的保留在当今台湾不太受重视。现实中整体原住民文化保留还需要再加把劲。许多保存下来的口语资料，其中以诗歌为最多，虽有内容，却早已无法确定其意义了。[①]保存原住民族

①刘炯锡提及，1997年接触都兰部落的阿美族人的歌舞时，发现了一则歌谣，有歌词却没有任何意义，耆老的解释是："反正高兴就唱，歌词的意思不重要，歌词没什么意思。"类似的歌曲也发生在台东县卑南乡鲁凯族达鲁玛克部落，一首被称为"巴油池之恋"的歌曲，部落住民也无法解释其歌词的具体意义。

口传文学与文字记录传统，对原住民族而言有其积极的正面意义：除了改变过去统治者所刻意扭曲的历史之外，还能增强原住民族对自己文化的接续，提升原住民族的文化自信；踏实地将部落集体认同凝聚起来，能帮助原住民族实现自身文化身份的定位与认同。

●台湾史前人类佩玉复原模型（叶舒宪　摄）

参考书目和延伸阅读

尹建中：《台湾山胞各族传统神话故事与传说文献编纂研究》，台湾大学人类学系印行，1994年。

朱凤生：《赛夏族神话故事及习俗》，新竹县：新竹县文化局，2005年。

［日］小林保祥：《排湾传说集》，谢荔中译，台北：南天书局，1998年。

［日］小川尚义、浅井惠伦：《原语による台湾高砂族传说集》，台北"帝国大学"言语学研究室，1935年。

小岛由道编著：《番族惯习调查报告书》（第1—5卷），台北：台湾总督府临时台湾旧惯调查会，1915—1920年。

瓦历斯·诺干：《番人之眼》，台中：晨星出版社，1999年。

瓦历斯·诺干：《伊能再踏查》，台中：晨星出版社，1999年。

瓦历斯·诺干：《台湾原住民史·泰雅族史篇》，台北：台湾文献馆，2001年。

孟慧英：《彝族毕摩文化研究》，北京：民族出版社，2003年。

曾建次编译：《祖灵的脚步——卑南族石生支系口传史料》，台中：晨星出版社，1998年。

潘秋荣：《小米·贝珠·雷女——赛夏族祈天祭》，台北县政府文化局，2000年。

Janet B. Montgomery. *Among the head hunters of Formosa.* London: T. Fisher Unwin LTD, 1922.

第五章

郑成功：从英雄到圣神

我们熟知的民族英雄郑成功，为什么在台湾人那里被视为神灵？外来入侵者日本人和荷兰人，又是怎样看待郑成功的呢？文学在使历史人物神话化方面，发挥着怎样的造神作用？

第一节 引言

郑成功，对多数台湾人而言，是再熟悉不过的名字。虽然依据史料记载，他真正停留在台湾的时间只有一年多，然而这位开台的英雄，在这短短的时间内将其足迹留在台湾各处，并显示其有别于一般人的“神力”，在各地留下了许许多多的传说轶闻。在各地的庙宇中，或主祀或陪祀，亦多有香火以为祭拜。[①]这样的现象，反映的是这位历史人物，在特定的时空因素与政治背景中，所象征的精神意义。

他在早期渡海来台的汉人心中，因统治权的开创与奠定，使得汉人在这块岛屿的政治地位正式被确立。加之民族情感的联系，于是渐次地构筑出属于这些在台汉人们心中的神话传说。又由于郑成功政治生命及处境与自大陆溃败来台的国民党当局相似，于是在长达30多年的时光中，“郑成功”这个人物及其所代表的价值信念，成为了当局大为歌颂与赞扬的对象。于是，“郑成功”的正面形象，深植于多数的岛民心中。民间传说之起源难考，而当局就着传说而兴起的纪念活动，却更加巩固郑成功在在这块岛屿上的神圣地位。神圣地位的推高，加深了其神话性的意蕴。于是，在台湾，除了原住民绮丽的神话外，渡海来台的汉人也在这里，传唱着属于他们精神上、情感上的英雄神话人物——郑成功。

在台湾民间的信仰对象的分类里，郑成功往往被归类在“土生土长”的台湾神明，[②]意即他有别于渡海来台的先民，将原来在中国的信仰神祇带至台湾延续香火。而因他在台湾的功绩，于多重机缘及条件

①有关台湾祭拜郑成功庙宇之调查研究，可参见蔡相辉：《清代台湾之郑成功祠祀考》，《台湾文献》，1984年9月，第35卷第3期， 第37—50页；傅朝卿：《台湾祭祀郑成功庙宇的调查研究》，《台湾文献》，2000年6月，第51卷第2期，第245—266页。

②郑志明：《神明的由来》，嘉义县：南华管理学院，1998年版， 第372页。蔡相辉、吴永猛：《台湾民间信仰》，台北县：空大出版社，2001年版， 第114页。以“台湾新祀神”归类。

的聚合中，成为民间信仰的一部分。依据研究，在台供奉郑成功的庙宇曾多达100多座[①]，而如此一位由人而为神，且在历史的脉络中并不算久远的人物，却能在短短的300多年间，深入岛民的信仰中，实为值得探讨的问题。本文欲自史实之文献记载以及神话传说为材料，梳理出郑成功“英雄—圣神”之历程与其内在原因及其所表征的意蕴。

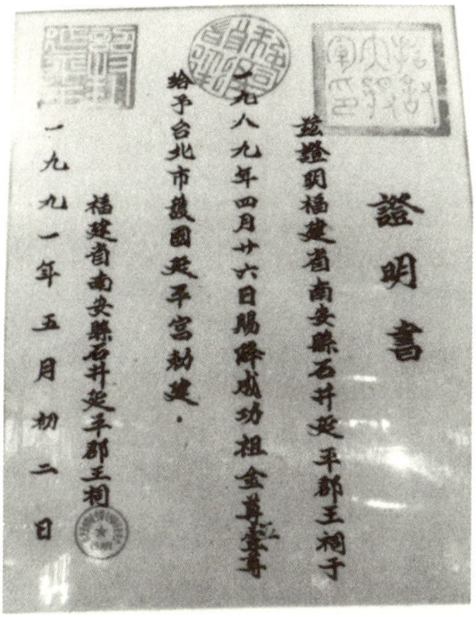
證明書
茲證明福建省南安縣石井延平郡王祠于
一九八九年四月廿六日賜降成功祖金尊
給予台北市護國延平宮勅建。
福建省南安縣石井延平郡王祠
一九九一年五月初二日

●台北护国延平宫接受福建南安县延平郡王祠郑成功祖金尊的证明书（叶舒宪　摄）

①此数据参见傅朝卿：《台湾祭祀郑成功庙宇的调查研究》一文，当时统计全台有114间供奉郑成功的庙宇。

第二节

英雄圣化的背景——始祀之源

郑成功，原名森，字明俨，号大木，明隆武帝赐姓朱，名成功，故有国姓爷的称呼。在在台汉人的叙述视角中，他是驱逐荷兰人，收复台湾的民族英雄，也因此有“开台圣王”、“开山圣王”、“国圣爷”、“国圣公”等名号。而这些名号的背后，其实表征着这位英雄人物的背景，以及民众对他的认识与价值信念的赋予。

有关郑成功一生系年的事迹考订，在此并不详加复述，然而由这些历史的记载中发现，不论就其生命历程，抑或是人格特质，他都符合了传统中国人对于“英雄”的定义。如自幼好学，聪颖过人，师承名门，具有深厚的国学功底，因不愿见明室败亡，大好江山被异族占领，投笔从戎，英勇善战，然却因时运不济转而以台湾为基地。入台时以其智能与谋略，战胜荷兰人，并在此设置一府二县，辟土地，兴建设，加惠于民。[①]这是一般书籍中，言及郑成功一生所评述的视角，即典型性的英雄人物。智仁勇皆在其生命的历程中一一展现，在其身后有人为他盖庙立祠，以感念其德，似乎也是再自然不过的事了。而这也是郑成功由一个现实中的人物，转变为神祇的第一步。另外，对郑成功的信仰，不仅仅只是在一种感念、感佩前人的传统思维下而得以绵延不绝。在信仰的背后成因中，实际具备着一定的政治意义与时代性。因他在政治层面上具有一定的指针性，而在在台汉人的心中则表征着同属于自身血脉的精神意义，而这皆是其得以深入台湾民间信仰且历久不衰的原因。故此节即由这两部分以讨论郑成功信仰中由英雄到圣化的背景及其内在呈现的民族叙述、政治叙述与视角。

①此段对于郑成功生平之简历，参考蔡相辉、吴永猛：《台湾民间信仰》，台北县芦洲市：空大出版社，2001年版，第114—115页。

一、祀之源——以人为本位的祭祀观[1]

郑成功39岁去世后，随他来台的官兵，便在东安坊（今台南）建“开台圣王庙”供奉他。而依据《明史》亦有“太祖以功臣配享太庙”[2]的记载，可见依据明代的立法，在功臣死后立庙是一个惯例。清朝占领台湾后，改称为“开山王庙”。光绪元年（1875）敕封为“延平郡王”，官方便建祠以祀，此即为台南市的“延平郡王祠”。[3]《台湾通史·宗教志》：“顾吾闻之故老，延平郡王入台后，辟土地，兴教养，存明朔，抗满人，精忠大义，震曜古今。及亡，民间建庙以祀……”[4]连雅堂在这段文字中，大体已表述了当时人民何以替郑成功盖庙立祠的原因，所谓的“辟土地、兴教养”就是郑成功将台湾这块岛屿系统化地建制，包括在政治上的行政区域的划分，与土地的开垦，并且将中国大陆文化正式地植入台湾。而“存明朔、抗满人”即是站在汉人的角度，来看待这位誓死保卫民族气节的民族英雄，以言其功绩。通过这两方面事实的建业（建业是就着在台汉人的角度而言）与价值信念的认定后，这位开台圣王，毫无疑问地应为人所敬仰，而其死后，则更应为后人所信仰。

郑成功死后由其部属在台依据明制建祠祭祀，所反映的实可推至自孔子以来，以人为本位的祭祀观发展而来的一种信仰模式。意即，人们对于有功于社会国家、造福百姓乡里的人物，因肯定与感谢其在世的事功，便会立庙以祀之。[5]此即《礼记》所载：“夫圣王之制祭祀也，法施于民则祀之，以死勤事则祀之，以劳定国则祀之，能御大灾则祀之，能捍大患则祀之”。[6]然而溯其源流，在原始的神话思维中，亦有对已逝的人或在世的人的崇拜与信仰，其往往

①“以人为本位的祭祀观”一语参见蔡相辉、吴永猛：《台湾民间信仰》，台北县芦洲市：空大出版社，2001年版，第66页。

②《新校本明史·礼四·世界志第二十六·功臣庙》，“中央研究院”汉籍电子文献，第50卷，第1304页。

③有关郑成功供奉的经过，参见董芳苑：《台湾人的神明》，台北市：前卫出版社，2008年版，第337页。

④连横：《台湾通史（中）》，南投市：省文献会，1982年版，第648页。

⑤此概念参见蔡相辉、吴永猛：《台湾民间信仰》，台北县芦洲市：空大出版社，2001年版，第66页。

⑥郑玄注，贾公彦疏：《礼记注疏》，台北：商务印书馆，景文渊阁四库全书本，第46卷，第20—21页。

肇端于对于一世族祖灵的敬畏、感念及对其统治者所表征的神性的尊崇。这样的心理模式，在孔子时将其转变为人文化的祭祀观后，加入了理性的思考，祭仪成为一种祭祀者本身透过祭祀而提示自己应效仿前人的仪式。宗教性的意味被一层层地削弱，而是成为了一种以佩前德的仪式。而郑成功死后，其留在台湾的兵卒替其立祠以供，若置于整个中国祭祀源流的脉络下，客观言之，则实肇端于此。然而这样因其功而在死后入祠、为后人感念的体制，使这些有功者得以享人间香火的同时，亦渐渐推高了其有别于一般人的神性地位，由人而为神也成了自然的事了。

二、信仰的巩固，汉人统治权的建立——政治性的神话

郑成功的始祀之源毫无疑问是由于明制之传统，以其功而祀之。然而，何以在台湾，这样的信仰在他身后的300多年里依然不坠，这样的人物依然常怀人民心中，这样的信仰依然现身在各大庙宇中，实待探讨。

依据谢宗荣《台湾传统宗教文化》在“台湾社庙与神祇发展的背景”中分析台湾社庙与神祇得以发展的背景，包括有经济因素、政治因素、自然环境因素、社会族群因素等四类。[①]而若此视角以观郑成功的信仰，实亦包举此四项。首先就经济与自然环境而言，郑成功在台湾期间，开垦屯地，使得原本许多未经开发的地方，因军队的进驻，而多了得以农耕的地方，并且将明代的政治经济制度施行于台湾。在汉人的角度而言，农业的发展与兴盛，加以制度化的种种措施，无疑使得生活较之以往更为优渥。然而，这内在的联系都源自郑成功的身份——汉人。意即，虽然许多宣扬郑成功的书籍上言其与原住民相处良好，但不论是依据史实或是传说故事中，都不难看出郑军与原住民曾经有过许多的交战。毕竟在当时，汉人的思维是以自身的族群为正统，故以“番”称原住民。对郑军而言，原住民毕竟是“非我族类”的一群，所以这些措施的设立对于汉人是利益居多的，但对于原住民而言，这是另一个外来集团再次削弱他们在这块岛屿的地位。故在社群意义上，对在台汉人而言，郑成功的信仰是同一族群精神意义的奠定。而社群价值观的认定，

①谢宗荣：《台湾传统宗教文化》，台中市：晨星出版社，2003年版，第32—36页。

又往往与政治有着密不可分的关联。

郑成功战胜荷兰人，登陆台湾，确立了在政治上台湾与中国大陆开始有了“正式”且是“官方”的联系。“国姓爷”是民间对郑成功的另一个称呼，然而这个称呼的背后，实已代表着特定的历史背景与观点，意即在政治与历史的统系上，标榜与承认着的是明室为主的汉族子民为依归。所谓的“不信中原不姓朱”①，既以国姓爷称之，则在血脉上，在政治的体系中，在历史的正统性上，都依此中原为据。然而，在特定的政治时空下，这些民族意识、民族气节，正统的标榜，往往是政府所须极力操作以提振民心、教育人民思想的一种“教化方式”。

依《由屈原到郑成功：台湾端午古典诗的主题演变》此篇论文的研究所言，由台湾的古典诗中发现，在1949年后，台湾的端午节加祀郑成功，这样的现象，在一定的意义上，表征了郑成功所代表的政治意涵。②郑成功与当时的国民党当局一样，兵败而退居台湾，并以台湾为“复兴基地”，其心之所系，眼之所望，依旧是对岸的巍巍山河。这种壮志未酬而在现实的世界又不得不避居此方寸之地（相较于中国大陆）的无奈，使得当局看待郑成功颇有同病相怜之感。于是由当局举办并有意识地引导写作与定题的方式，在“诗人节”以全台联吟写作的方式，将端午节、屈原与郑成功三者并列。③写作与吟咏的对象既为郑成功，则歌颂的主题就不外乎是中原血泪、光荣民族、以其义伐不义等内容，而这实是以古言今，作为当时当局施行政策性教育的操作方式。这样政策性的宣导，亦落实于公民的教育中，如1966年由“国立编译馆”出版，并用于全台所有“国小”三年级学生的国语课本中的第十八课便是《郑成功》，④郑成功之于台湾历史的重要性，的确有列入为教科书中的必要性。然而由其排序的主题以及内容来看，具有意识形态的政治性宣扬，实大于历史性的客

① “不信中原不姓朱”一语参见汪荣祖：《郑成功父子与台海风云》，《历史月刊》，2008年6月号，郑成功逝世三百周年专辑，第46页。

②此研究发现参见廖藤叶：《由屈原到郑成功：台湾端午古典诗的主题演变》，《历史月刊》，2007年第233期，第44—49页。

③此材料与观点参见廖藤叶：《由屈原到郑成功：台湾端午古典诗的主题演变》，《历史月刊》，2007年第233期，第44—49页。

④ “国立编译馆”：《国民学校国课本初级》，台北：台湾省政府“教育厅”，1966年版，第54—56页。

观陈述与介绍。然而，由当局强化这位历史人物的视角以观，则在一定的意义上当局叙述出的“郑成功”，正是他们在现实政局失落下的一种自我投射，以及自信重建的过程。故对于当时的当局而言，“郑成功”信仰的推崇，亦可谓为是自身心理的安慰。

而依据《郑成功庙多成因之探讨》中作者的研究，发现在台湾尚未解严前，对于郑成功的叙述与评价多是正面的，然而在解严之后，不论是民间传说或是对于历史史实的研究上，对于郑成功的评价开始“多元”了，不再是单一正面的评述，而是出现了不同的声音。在宗教信仰上，包括对于他神性的质疑；在历史的角度，探析他对台湾的利与弊；在民间传说中，出现了金门人认为金门无树全因郑成功所致等观点。而这些声音的出现，皆是在1987年解严后，反共立场的淡化下，“郑成功”所背负的历史意义渐次消逝后才有的现象。[①]故关于郑成功所有神性的传说究竟从何而来，虽难以探源，然而就其身份——民族英雄的确立与宣扬其种种过人的事迹等，无疑是由当局扮演着幕后的推手。这样正面形象的塑造，深深烙印在多数台湾人民的心中，而这亦是其由一个现实人物，转而为人们崇拜、景仰甚而信仰的原因。而在一定的时间向度中，亦是拉长并确立了他得以广入庙宇而为神的原因之一。

①以上研究成果参见王丽秋：《郑成功庙多成因之探讨》，《北市教大社教学报》2005年12月第4期，第131—146页。

第三节
圣化后的神话——民间传说的神性形象

有关郑成功的传说，广泛流传在台湾的每个角落，不论是因其传说而有的相应地名，或是搜罗于各地的故事集中，都不难发现这位开台圣王的丰功伟业与神力盖世。传说的附会，在一定的意义上，令这位英雄人物的形象增色不少。首先在宗教信仰的层面，使其异于常人的神性与神秘性得以更加确立，故信之仰之，则变得理所当然；而就汉人社群而言，透过对于这位圣王传说的传诵，亦在其心中确立了一精神意义的表征，与情感归趋之所在。在上一节的论述中，是就现实层面，以言郑成功之信仰在台成立之缘由，而本节则欲就以下几个流传于台湾各地有关于郑成功的传说所塑造的这位开台圣王形象，以析其中在台汉人在构筑出属于国姓爷神话下所蕴藏的心理与情感归趋。

一、鲸的化身——台湾的象征[①]

郑成功是鲸的化身，是民间对他的一般认识，而他与鲸相关的传说，亦贯穿了他的一生的重要时刻，包括生与死，以及对在台汉人十分重要的国姓爷登陆台湾。

郑成功出生在日本的平户，据说由明天启四年（1642）的七月十二日起，日本肥前海前，就有大鲸涌入，奔腾而至，直至七月十四日，郑成功的母亲在分娩时，忽然梦见一只大鲸冲入怀中，且当时红光直射入天，邻居以为失火，前来抢救，才发现并无失火。而郑成功，就在这样不凡的天象下诞生了。[②]这样的叙述，符合了英雄的诞

①有关郑成功为鲸之化身，以及鲸与台湾之间的关系，参看杜正胜：《台湾心台湾魂》，高雄市：河畔出版社，1998年版，第27—31页。

②有关郑成功出世时的传说参见李登财、刘还月：《神佛正传与祭拜须知（秋之卷）》，台北市：常民文化，2000年版，第145页。

生必定异于常人，而他一生与海与台湾有着密不可分的关系，似乎也由于其是鲸的化身有关。据《重修台湾府志》引《台湾志略》之语：

> 郑成功起兵，荼毒滨海，民间患之。有问善知识云："此何孽，肆毒若是？"答曰："乃东海大鲸也"。问何时而灭？曰："归东即逝"。凡成功所犯之处，如南京、温、台并及台湾，舟至，海水为之暴涨。顺治辛丑攻台湾，红毛先望见一人冠带骑鲸，从鹿耳门而入；随后，成功舟由是港进。癸卯成功未疾时，辖下梦见前导称成功至；视之，乃鲸首冠带乘马，由鲲身东入于外海，未几，成功病卒，正符"归东即逝"之语。则其子若孙，皆鲸种也。癸亥四月，鳄鱼登岸而死；识者知其兆不佳。至六月，澎师战败归诚，亦应"登山结果"之兆焉。①

这段充满神话性的叙述，实则说明了郑成功在民间传说中鲸的形象。而在民间亦流传在郑成功逝世时的前一晚，有人看见一位将军骑着鲸自鹿耳门出海西去。②这样以鲸化身为人，而归去时又化为鲸的形象。使得郑成功的身份，带着神话的色彩，意即，其有别于其他人，他是来自自然界动物神性的显化，且特别是以"鲸"为表征的动物，其所内蕴的意涵，正与其一生与台湾紧密相扣。

"鲸"在台语里称为海翁，又可称为"鲲"，古代鲲岛是台湾的雅称，因其横亘于太平洋，形状似条大鱼而得名。③而在台南安平外海，早期亦由于泥沙淤积加上地理与天候的因素，因此，出现了如大鱼浮出于水面的沙丘，当地人便称这样的沙丘为"鲲鯓"，故有所谓的一鲲鯓、二鲲鯓……故鲸与郑成功的联系中似乎也隐喻了开台圣王与台湾这块岛屿冥冥之中不可切断的缘分。以郑成功为例，可透视台湾神话历史建构的传统文化机制。

二、命中注定——壮志未酬

一般谈及郑成功，除了言及其如何建设台湾、爱护兵民外，通常亦

①范咸纂辑，陈伟智点校，台湾史料编辑委员会编辑：《重修台湾府志（下）》，台北市：文建会，2006年版，第741页。

②李登财、刘还月：《神佛正传与祭拜须知（秋之卷）》，台北市：常民文化，2000年版第154页。

③林衡道口述、杨鸿博记录：《鲲岛探源（册一）》，台北市：青年战士报，1983年版第7页。

会提到他矢志复明的决心，以及他对明室的一片忠心与节义。郑成功会来到台湾，亦无非是因其欲存明朔，故希冀以此为基地，期能有朝一日得以完成反清复明的大业。因此有关郑成功的传说，亦在一定的程度上，表征着如是的信念。

话说，当年郑成功兵败退至厦门时，即梦见一老者告诉他，他会“死在泉城”，并且告诉他如果恢复大明，则要在台湾取得三样宝物，分别是玉印、粟仓还有乌杉柴。于是隔几天，在何斌送来台湾地图后，郑成功便决定举兵征台。船至鹿耳门，因海口泥沙淤积，船只实难以登陆。而此时郑成功便摆起香案，向天祈祷，表示若大明气数已尽，则即让军船永沉大海，然而若尚有希望，期望天能帮助他，使船只能顺利上岸攻城，取得三宝。祝祷方毕，海上潮水旋即上涨，顺利助船只上岸，打败荷兰人，取得赤崁城。来到台湾后，郑成功心中一直心系着三件宝物的事情。有一天打鼓山不知何故忽然发出巨响，郑成功问了军师后方知是山川社神在欢迎郑成功。于是郑成功摆起祭坛，祈求天地能助他早日觅得三宝，以寻得恢复明室的希望。此时忽然一阵狂风，一老者便现身在郑成功的面前表示，玉帝顾及郑成功一片忠心，特命老者送来五毒七煞旗，助其在取三宝的过程中，若遇艰险，则可摇此旗，让敌方中疫而亡。得了天神与五毒七煞旗的郑成功，对于复明之事更加有信心了。一日，他见一山头上有奇异云彩，便想或许宝物即在此山中。前去察看的兵卒皆言山中有一洞穴，欲入便晕眩难以站立，于是郑成功觉事有蹊跷，便亲身前往。他一到洞口，一老者便前来相迎，问郑成功昨晚睡的是什么床，郑成功答是“石床”，于是老者便言：“天命不可违，国姓爷将玉误认为石，就再也没有机会拿到玉印了。现下，只好将这条玉带送给你了。”郑成功听到自己再也没有机会拿到玉印十分失落，叩谢老者后旋即离去。之后他在佛陀的指引下，找到了粟仓，佛陀并告知郑成功不可多取，不可取走粟仓。而在行往阿里山的途中，与当地原住民发生了激战，郑成功便以五毒七煞旗来克敌。到了阿里山发现了三棵乌杉紫，于是郑成功便命兵卒劈砍，然而不论如何，都难以砍下，凡砍下的树身，隔日便又恢复原状。于是郑成天又再次求助神灵，当晚便有仙人前来托梦，表示这三棵乌杉是修炼多年的神木，一般人若砍伐则必伤了自己，只因郑成功是明朝忠臣，得天之庇佑方不致受伤，而若欲砍下，则亦应设坛祭拜。隔日，郑成功便设坛祭三棵乌杉紫，表示奉先帝之遗命，欲复明室，希望神树能自行倒下。忽然三棵神木中最小的一株应声倒下，郑成功见状，大感失望，因这似是难以成功的预兆。不久，郑成功便因病而逝于赤崁城中。[①]他死时想起了在厦门时仙翁的预示“死在泉城”，而泉与砖为同音，原来是言其将死在砖城之中。[②]

这个故事中，三件宝物，实别具象征的意味。首先玉印，在中国历来就是国家的象征，然而郑成功却在一开始便将玉误认为石，这也隐喻了他虽因忠心得天之庇佑，然而毕竟他只是“功臣”而非“天子”，故难成大业。于是，象征着天子的玉，无法被臣所识，复国之社稷的心愿，便难以实行。粟仓，得佛陀之指引顺利取得，然而佛陀亦言明，不得运走，不得多取，只能取兵卒足食的分量，同样的，这亦不属乎郑成功，而只能视为一种援助。乌杉紫是建造宫廷时所用的木材，然而，在郑成功的祝祷后，倒下的却只有其中最小的一株，神木的意志，预示着郑成功的不能成功。其中，台湾的神明给了郑成功五毒七煞旗克原住民，这应是站在汉人的角度所做的叙述，郑成功得天之统，要完成宛若天命般的任务，因此所谓的“番”，若阻了郑成功的去路，则在必要时，是可以受到“惩罚”的。而一开始的“死在泉城”，却暗示着郑成功一生的句点即在台湾台南。观其一生，复明之志未能成全，然而却因此志，误打误撞来到台湾，成为在台汉人的开台圣王，而造成了其志在彼，而其功在此的景况。于是，传说故事，增添了奇幻的神秘色彩，以郑成功欲觅三宝而来到台湾，再透过寻觅三宝的过程来阐说其一生意志与命运之间的冲突与无奈。

由此叙述的视角仍可看出，在台汉人在创作属于这位英雄的神话的同时，或许是有意识的，或许是受传统文化的造神机制影响，无意识地加入了所谓“身份”与“命运”之间的必然关系。郑成功的忠诚，无疑在必要的时刻，透过祝祷可以得到适时的帮助，故其祝祷的主题无不以恢复明朝为出发点，并再三强调他的赤胆忠心。但这样的帮助，仍然有限，故或由于其自身的局限（以玉为石），或由于神灵的预兆（未倒

①郑成功的死因历来有诸多说法，包括：他是因闻其子郑经与乳母私通而气急、得到传染病、积劳成疾等，在此不予以讨论。

②本段之传说故事皆取材于凌性杰整理撰写：《国姓爷传奇》，收录于许贵文总编：《在梦境的入口——高雄民间故事集》，高雄市：高雄市文化局，2007年版，第71—83页。

下的乌杉柴——大明气数已尽），都再次地暗示他命中注定壮志未酬。传说故事，虽未必合于史实，然而却在一定的意义上将郑成功多舛而又充满理想的一生做了适当的诠解。

（一）神力过人——剑至泉出

台中县大甲的铁砧山，因早期在山上遍布一种叫蓬草的药草故又名蓬山，而又因山上有许多的相思树，所以每到了清晨与傍晚时，在台湾海峡便可看见这个山头耀着银色的光芒，故又名银砧山。来过铁砧山的人，肯定会看见一个伫立在南皮上的“剑井”，相传是郑成功领军至此时，与当地的平埔族有过一番的激战，后因地形不熟而被平埔族困在铁砧山上，而水源也因此断绝。时值端午，天气闷热，军队又因缺水而难以再战，于是郑成功便向天诚心祝祷，然后拔出剑，往地上一插，泉水就从地上源源不绝地涌现，而平埔族人也因见了郑成功的神力，害怕他们有神灵相助，于是不战而逃。①以上，大抵为剑井由来传说故事。

然而，此说事实上亦真的只是“传说”，因较可信的说法，应是当时郑成功的分支军队行经至此，因缺水，会勘地形后，在此凿井。②而依据大甲当地耆老的口述，当地居民，实知道郑成功并未来到铁砧山，而是由其军队的支部来到这里。因为当时的郑军实分水路和陆路，郑成功本身是走水路，而来到大甲的这批军队，则是由五甲上岸，走陆路而至。当时的大甲并没有汉人，只有平埔族，所以在大甲顶店有“番社仔”即是平埔族当年居住的番社。郑军至此便与平埔族相互攻打，最后平埔族不敌，只好跑到山上去，而郑军便一路追赶，然追至铁砧山后，才发现被平埔族给困住了。到了晚上，被困住的郑军，只能就地扎营，面临无水可用的窘境。却发现有人在此耕作的迹象，有耕作则必有水源，四处搜寻后，才发现泉水。而事实上铁砧山有泉水的地方实有十余处，故并非是郑成功在此插剑，方使泉水涌出。③

①有关铁砧山名称的由来以及剑井的传说参见姜义镇：《台湾的民间信仰》，台北市：武陵出版社，1997年版，第56页。

②有关剑井的由来参见姜义镇：《台湾的民间信仰》，台北市：武陵出版社，1997年版，第57页。

③有关当地居民的讲述，参见胡万川、黄晴文总编：《大甲镇闽南语故事集（一）》，丰原市：中县文化，1995年版，第80—87页。其中《剑井的故事》由雷养德采录与初步整理，李长讲述，杨允言整理，采录时间1993年10月15日。

由传说与事实的对照中，不难发现，其间的相互出入，然而却亦更突显出，人们将许多与郑成功有关系的人、事物，皆化归在郑成功一人身上，并依此创造出具有神话色彩的传说故事。意即借由一个表征性的人物，在其原有的丰功伟业与象征意象下，人们会为他筑出一座座充满神话色彩的堡垒，以此强化他的神秘性与神圣性。而就人们而言，这样故事的流传，在一定的时空意义下，亦是强化自身信仰与信念的叙述。

（二）邪不胜正——重炮袭妖

台湾，有许多地方与这位开台圣王的传说有着密不可分的关系，而这些传说亦仍广为流传，如台北县的莺歌与宜兰外海的龟山岛亦源自郑成功的到访。传说在郑成功还未至此时，一天忽然来了一只大鹦鹉和一只鸢，两只大鸟幻化成石头，分立两座山顶。一开始居民不以为意，只是到了晚上总是听到凄厉的叫声，让人害怕。但忽然一天，两只大鸟开始作怪，从嘴里吐出毒气，将居民吞没，这件事情轰动了整个北台湾，从此大家都不敢从这里经过。一日，郑军行经至此，也因被大鸟吐出的毒雾吞没而损失了部分士兵，此时方知是两只大鸟在作怪。郑成功知道后，十分生气，一开始派遣士兵前去攻击，但依然被大鸟吐出的毒雾吞没而失踪。于是，郑成功便以大炮攻击，鹦鹉妖石的头和鸢石的嘴，就这么被打掉了，它们再也不能作乱了，并且形成了现在我们所看见的莺山和鸢山。三峡镇的员外陈嘉猷还作了一首诗："山分两翼似鸢形，雾喷高岗不见青。先说延平施炮击，至今得免损生灵。"感念郑成功击败鸟妖为地方带来平静与平安。而在宜兰外海的龟山岛，亦是郑军的船至此时，有一龟精吐出毒气，欲将军队吞没，同样在国姓爷大炮的重击下，而化为我们今日所看到的龟山岛。[①]

在这两则传说中，体现的是郑成功的英勇，以其正气，击退妖怪，并因此造福地方，保护百姓，照顾军旅。在情节的安排上，则由一般人先前往攻击无效，然而只要郑成功一击便马上命中，来突显其克妖除魔的盖世神功，如此，广为人们所感念，亦是再自然也不过的事了。另外，由郑成功神力所致相关的动物传说，亦十分多，如铁砧山的无尾田螺，就是因为郑军当时缺粮，但吃了田螺后肉却可以一直再生，却无尾

①两则传说故事与资料皆参见林藜：《台湾民间传奇11》，台北县：稻田出版有限公司，1993年版，第203—210页。

而来的。[①]

这些遍布在台湾大小乡镇的传说，究竟是人们为了感念这位开台圣王而在无限幻想中罗织出他的绝妙神迹，抑或是统治者有意地制造出的政治神话，实已难加考证。然而，从这些传说中，所塑造出的郑成功，是在现实人格外亦有着一种超乎常人的神性色彩。不论是就其出生，或是在人世的种种经历，似乎总是有一超自然的力量在冥冥中运作着。作为开台圣祖，其虽未如一朝一代的国君般有着以天之名的神性感通，然而，因其忠诚，因其欲复明室而得天助，故每每遇到危难时，只要这位开台圣王“诚心祝祷”，便会马上应验。若就创作故事的人或群众的心理层面来看，其中所隐含的思维，乃与原始人类，将统治者作为神的代言人有着异曲同工之处。意即借由赋予郑成功感通的能力，来表现其在一定程度上，异于常人的神话意味，并且以类乎神圣性的代言人的身份，来救济台湾岛上的苍生百姓。就大明社稷而言，郑成功因其身份而局限了他的能力，故未有视玉为国之表征的智能。然而，若就在台汉人的角度以观，这位建设台湾，确立汉人统治地位的国姓爷，却无疑是他们心中的王，于是，台湾的山川之神欢迎他的到来。于是，在这块英雄本想暂居的岛屿上，却长久流传着有关他的传说轶事。

①有关郑成功神格化与之相关的动物传说之研究可参见蔡蕙如：《与郑成功有关的动物传说之研究》，《历史荟刊》，2006年12月，复刊第8辑，第167—179页。分析主题包括因为壁虎要警示郑军荷兰人要来而鸣叫，故台湾只有浊水溪以南的壁虎才会叫及国姓螺、和饭鱼等传说。透过这些动物传说以言郑成功有神力。

第四节

神话而神化——系统化的庙宇经营

台湾郑成功的信仰，得以一直绵延不绝，而且历久不衰的原因之一，亦由于社团的支持——“全台郑氏宗亲会”的努力。这个社团定期在春秋二季举办祭祀活动，祭祀仪轨庄严完备，更突显郑成功神明之定位。[①]亦会办理以郑成功为主题的文化活动，并将郑成功的信仰发扬光大，如至郑成功的故乡捐建牌楼，并至日本寻访郑成功的出生地，以及至金门举办超度活动。[②]而由其出版刊物亦可以看出这样的民间社团对于郑成功的景仰与信服。郑成功之于这个组织而言，其所有的功绩，更加倍地受到称颂，更有甚者，试图再将郑成功之背景予以“美化”。而这样的现象透过由该会理事长出版的书籍中不难看出，其内容的叙述实欲将郑成功包装得更为完善。[③]包括对其父郑芝龙的生平，给予了正面性的评价，如“少年志高，智勇兼备，身材魁梧，魄力强盛，善拳击剑术，通商海谋略，乃明末清初之一代枭雄者也”[④]，而这实与一般人对于郑芝龙的认识是有落差的。另外郑成功之母应为日本人田川氏，是一般人所知的，然而在文中亦会强调田川氏实是由中国泉州翁翌皇与日本人田川氏所生，后来郑母从母姓，故为田川氏。[⑤]这种由宗祠性结合宗教性所出版的叙述，必然地将其信仰的对象全然地美化、圣化。站在信仰的角度而言，这实无须过度地批评。然而，若从历史叙述的视角来看，不免依旧有着希冀这位开台圣王有着正统的汉家血缘的思维。这样

①依庙方提供之资料表示，每年举行春秋两次盛大的祭典。春祭举办在农历的正月十六日上午十点，秋祭则在农历八月十六日上午十时。祭典的仪式是依照明朝古制进行，包含主祭、与祭、陪祭等，均着长衫，叩钟擂鼓后，行上香礼、迎神礼、初献礼、亚献礼、终献礼、撤馔礼、送神礼、望燎及三次三跪九叩大礼。

②郑万进总编：《功盖千秋延平王郑成功》，台北县：郑万进，2008年2月版，第123页。

③郑万进总编：《功盖千秋延平王郑成功》，台北县：郑万进，2008年2月版，内容包括郑成功的一生事迹，还有他的丰功伟绩、受人景仰及郑氏宗亲发展概况。

④郑万进总编：《功盖千秋延平王郑成功》，台北县：郑万进，2008年2月版，第23页。

⑤郑万进总编：《功盖千秋延平王郑成功》，台北县：郑万进，2008年2月版，第25页。

的现象反映了：迄今郑成功在部分台湾人的心中，仍有着其神圣不可侵，且将他奉为圣神的信仰，且其信仰的背后，亦同时包含着一种血脉的认同。而这样的信仰，由对于人的信仰渐次地转化为将他视为神的崇拜。[①]故在笔者探访“彰化郑成功庙”时，不难发现郑成功的神格地位，于此是毋庸置疑。而以下则为笔者于庙中所见之材料，其中所透露的是，对郑成功的信仰在台湾民间信仰的架构中何以确立其神格性地位。

一、传世真经的出现——教化众生

台湾民间信仰的特色之一，是儒释道不分，亦即不论是仪轨、经文、宗教旨意等，在台湾的民间信仰中，三教的特色皆可融于一炉之中，并依据信众的需求而变化出多彩多姿的信仰模式。在彰化的郑成功庙中，主殿前现今放置着《开台尊王五常真经》[②]，除了“经文”外，亦于附录处录“开台尊王铁砧山母子泪”（歌文）。在首页，即印有“本尊三百三十多年内幕印证传音精密。本殿监护中好的表达。书印成册。广为传布。对众生宣扬。”这段叙述中透露出了经文的性质与目的，它是具有一定神秘性与在宗教上的神圣意义，而其宗旨正是为了能行教化于众生而显化并流传于世。此《真经》就如同其他在台的众神祇一样，传达该神祇欲给世人的警示，如有《玉皇真经》、《北斗真经》、《济公活佛救世真经》等，这些书籍于一般的寺庙皆会放置，供给信众取阅。“真经”是亘古不变的常道，也是高灵、神祇透过各种不同的方式留传给世人的箴言。因此，在一定的意义上，它虽广传于人间，然而却非来自普罗众生之中，而是由更高层次的灵或是神祇给予的指引，进而由这指引在一定思想架构的阐述中，以安顿人心，规范社会。《开台尊王五常真经》亦是相同的模式，所谓的“传音精密”，即是在神秘之中，透显着来自郑成功这位神明的神圣指引。

①依笔者自身之观察，当局虽在一定的时空中给予人民郑成功是民族英雄的教育。然而，对于一般民众而言，较之于妈祖、玄天上帝、关公、三山国王等，一般民众并不会特别至以郑成功为主祀的庙宇祭拜，或将其视为心中的主要信仰。

②以下简称《真经》或经文。此经文于何时始传，殆不可考，然据该册之末页，可知其放置于各地郑成功之庙宇以为赠送。

就经文的形式而言，在经文的开端即仿佛经之格式，有所谓的“开经赞”；在结束时亦有“完经赞”，并在完经赞末，以三称“玉封 广惠尊王”为结①。此即透过形式的确立，以彰显其正式与庄严性。据庙方人士以及经文末页云，此经平时除供给信众拿回持诵外，也会在每年农历七月郑成功生日当天的祭祀中，配合仪式诵念。

再就经文的内文以观，与台湾民间信仰中众神祇的经文大抵相同，融合儒、释、道的宇宙观、人生观，带着教化的旨意，以为劝世。同时并配合该神灵的职司与背景，在内容上相应的表现出神灵欲传递到人间的讯息。郑成功就其一生而言，所崇尚的信念应以儒家为主，其师为明末大儒钱谦益，从史料的记载，其一生所奉为圭臬的无非就是所谓的忠孝仁义。而这样的思想理念与人生观亦充分反映在这部经文之中，故经文有言：

> 夫仁者人也。人与天地而立，而为三才。禀阴阳而长、而生两间。天以仁覆之，万类以永生。地以仁载之，万物以长育。人以仁修之，万善以圆归。……既仁且智，由德立功。何灾不灭。何福不臻。仁格天地。仁动鬼神。②

经文的内文一开始即言“仁”，其后则分别为“义、礼、智、信”即所谓五常。然而较之一般以儒家思想为宗的书籍，所谓的《真经》为了更能达到宗教上惩恶扬善的目的，所以会加入若未行正道，则将恶果祸衍子孙的因果观。如言：

> 无礼则危。痛乎今之日。朝失其政。家失其教。民失其行。道德日薄。礼教日衰。婚姻不正。濮上私订。临丧不慎。鼓乐相娱。祭祀不诚。肆饮乱德。事上不忠。昧心取物。长幼失序。狎亵邪淫。……造成孽海。案积功曹。灾害并至。殃危孙子……③

①《开台尊王五常真经》，1999年翻印，第9页。于嘉义县开元殿、彰化市郑成功庙、彰化县郑茂圯等处赠送。

②《开台尊王五常真经》，1999年翻印，第1—2页。

③《开台尊王五常真经》，1999年翻印，第5页。

这种由自身之错而殃及子孙的因果报应观，实已与佛教之思想相联系。且亦因这种现在为害、不知何时祸至的玄秘体系，使得神祇在人们命运的惩戒上，有了一定的权威性。而郑成功既已为神，则亦应帮世人指引一条如何脱离苦海的康庄大道。故有“由义可以成神，由义可以作佛”[①]之言，只要由自身之努力修行即可成为神、成为佛的指导，亦与郑成功本人由人而为神相关。由上，可知开台尊王“经文”的出现，在一定的意义上，表征了郑成功神性信仰的定位与确立。

二、祈福禳灾——庇佑入伍子弟

在台湾的民间信仰中，众神各司其职，因此面对现实生活的各种疑难杂症及五花八门的人生难题，都可以找到相应的神灵，以兹解决问题。而郑成功的信仰，在一定的程度除了外在政治因素的提倡外，一般民众对于其开辟土地之功亦怀着感念的情感。而时至今日，其庙宇依旧香火鼎盛，除了有了组织化的社团——郑氏宗亲的大力支持外，一般民众的心中，在现实人生中遇到什么样的困难应该求助国姓爷，即为此神祇在信仰上的定位。

在彰化郑成功庙的“国姓爷庙简介”宣传单中，写到1985年，当时庙宇的炉主郑木传先生之女郑嫣俐，不慎由四楼跌落，情况严重，送至医院。后来是由家属祈求国姓爷的庇佑，至隔日凌晨三点，小女孩转醒并渐渐好转，家属认为这是国姓爷的庇佑，亦是平日有烧香的结果。故与大多数的神灵一样，庙方所要传达的旨意是，若平时向国姓爷多烧点好香，遇到危急时便能得到国姓爷的庇佑。而若就职司，则因郑成功宿有善待军旅之美称，因此若家中子弟，即将入伍当兵，则亦可至开台圣王的庙中，祈求在军中能够平安顺利。另外，沿海的住民，会祭拜国姓爷希望他能保佑平日出海时的安全，以及渔获的丰盛。

①《开台尊王五常真经》，1999年翻印，第3页。

第五节
结　语

郑成功之所以由一现实中的人物在圣化后具备了神格性的意蕴，固然由于明制之因，与后来当局具有一定的意识形态政策性宣扬也有关。然而关于郑成功的传说遍布台湾各处，其中实蕴涵着民间神话性的叙述，透露着在台汉人在透过构筑这位开台圣王的神话时，实将其渡海来台移民者的种种不确定性与不安全感，依托在这位开启并确定汉人统治权的英雄上。由郑成功是鲸的化身与他来到台湾后在地神灵的帮助，来说明他与台湾这块土地密不可分的关系。在一定的意义上，这样的传说背后所表述着的，实是许多在台汉人情感上的慰藉与证明自身与这块土地内在的相系——得到土地的认同。

因此在郑成功由英雄转变为圣神的路径中所反映的，实是在台湾多元族群中，由中国大陆移民至台湾的这群人心中内在的情感血缘的联系与政治统治权确立的安定感。所谓的开台圣王的历史叙述，正是这样一群人心中的历史文化认同。就着甫至台湾的国民党当局而言，这样一位指针性人物的称颂与神化，借以标榜着民族气节与汉人在这块岛屿的正当性。故郑成功不再只是郑成功，透过传说的叙事流传，透过政策性的宣扬，他成为来自中国大陆移民者（唐山过台湾、国民党当局来台）心中与这块土地连系的定心丸与证明，这样的证明，似乎成了一种人之于己身与这块岛屿的自我认同。然而不得不承认的是，在一定的时代洪流中，强势族群的传说与价值观的传唱淹没了其他族群的声音。所以在近期出版的书籍中，对于郑成功个人及其信仰，已开始反思其表征着属于汉民族沙文式的思维。[①]这样的批判，在一定意义上，呈现的是生活在这块岛上的子民们，开始以更开阔的心去看待本岛的历史，这亦是对于一直以来握有历史叙述强势主群的反思。台湾为多元族群的社会，故对

①如董芳苑：《台湾人的神明》，台北市：前卫出版社，2008年版，第336—338页。

于同一人、事物站在不同立场下，而发出不同的声音是常有的事。只是应该注意每个声音其背后所表征的叙述与立场，进而反思。

故不论郑成功的功与过为何，历史评价为何，其信仰的成立究竟是当局有意的政治操作，抑或是来自民间的力量。然而就着整个岛屿的神话而言，其在一定的时代向度中，他的神功妙绩，实抚慰了来台汉人，这群移民者内在许多不确定与不知该何去何从的彷徨心灵，而这样心灵慰藉的意义，实已大过了其在史实上的功过论断。郑成功的神话，实记录了多数来台汉人，那段辛苦开垦、努力求生度日的生活，郑成功的传说故事亦是来台汉人集体的神话历史记忆。

附录：

●图5-1　彰化郑成功庙外观 1917年建立

●图5-2　庙门左侧郑成功像 壁上之画实具神话意味

●图5-3　庙门　由内向外摄

●图5-4　庙鼓

●图5-5　主殿　远摄

●图5-6 主殿 近摄

●图5-7 《开台尊王五常真经》封面

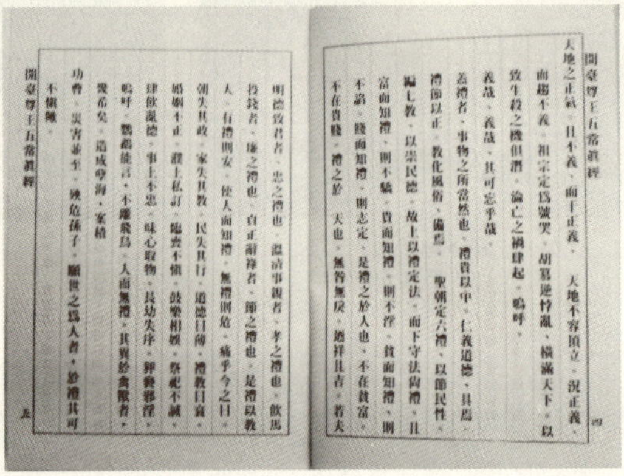

開臺尊王五常真經

天地之正氣，且不義，而干正義，天地不容頂立，況正義，
而趨不義，祖宗定爲號哭，胡寬逆悖亂，橫滿天下，以
致生殺之機俱潛，淪亡之禍肆起，嗚呼。
義哉，義哉，其可忘乎哉。
蓋禮者，事物之所當然也，禮貴以中，仁義道德，且爲
禮節以正，教化風俗，倫焉，聖朝定六禮，以節民性，
編七教，以崇民德，故上以禮定法，而下守法尚禮，且
富而知禮，則不驕，貴而知禮，則不淫，貧而知禮，則
不諂，賤而知禮，則志定，是禮之於人也，不在貧富，
不在貴賤，禮之於 天也，無咎無戾，適祥且吉，若夫

四

明德致君者，忠之禮也，溫凊事親者，孝之禮也，飲馬
投錢者，廉之禮也，自正蔚猝者，節之禮也，是禮以教
人，有禮則安，使人而知禮，無禮則危，痛乎今之日，
朝失其政，家失其教，民失其行，道德日薄，禮教日衰，
婚姻不正，謹上私訂，臨喪不慟，鼓樂相娛，祭祀不誠，
肆飲亂德，事上不忠，昧心取物，長幼失序，鄙褻邪淫，
嗚呼，鸚鵡能言，不離飛鳥，人而無禮，其異於禽獸者，
幾希矣，造成孽海，家禮
功費，災害並至，殃危孫子，願世之爲人者，於禮其可
不慎歟。

開臺尊王五常真經

五

●图5-8 《开台尊王五常真经》内页

●图5-9 《功盖千秋延平王郑成功》封面

●图5-10 《建庙八十周年纪念特刊》封面

按：感谢庙方人员准予拍摄以上照片，热情赠予资料书籍。

宝岛诸神 台湾的神话历史古层

参考书目和延伸阅读

书籍

郑玄注，贾公彦疏：《礼记注疏》，台北：商务印书馆，景文渊阁四库全书本。

“中央研究院”汉籍电子文献：《新校本明史》。

“国立编译馆”编：《国民学校国课本初级》，台北：台湾省政府教育厅，1966年。

连横：《台湾通史（中）》，南投市：省文献会，1982年。

林衡道口述、杨鸿博记录：《鲲岛探源（册一）》，台北市：《青年战士报》，1983年。

林藜：《台湾民间传奇11》，台北县：稻田出版有限公司，1993年。

胡万川、黄晴文：《大甲镇闽南语故事集（一）》，丰原市：中县文化，1995年。

姜义镇：《台湾的民间信仰》，台北市：武陵出版有限公司，1997年。

杜正胜：《台湾心台湾魂》，高雄市：河畔出版社，1998年。

郑志明：《神明的由来》，嘉义县：南华管理学院，1998年。

《开台尊王五常真经》，1999年翻印。于嘉义县开元殿、彰化市郑成功庙、彰化县郑茂圯等处赠送。

李登财、刘还月：《神佛正传与祭拜须知（秋之卷）》，台北市：常民文化，2000年。

谢宗荣：《台湾传统宗教文化》，台中市：晨星出版社，2003年。

向阳：《台湾的故事》，台北县：群策会李登辉学校，2004年。

范咸编撰、陈伟智点校：《台湾府志（上）》，台北市：文建会，2005年。

范咸纂辑、陈伟智点校，台湾史料编辑委员会编辑：《重修台湾府志（下）》，台北市：文建会，2006年。

许贵文：《在梦境的入口——高雄民间故事集》，高雄市：高雄市文化局，2007年。

董芳苑：《台湾人的神明》，台北市：前卫出版社，2008年。

郑万进：《功盖千秋延平王郑成功》，台北县：郑万进，2008年。

期刊、论文

蔡相辉：《清代台湾之郑成功祠祀考》，《台湾文献》，1984年9月，第35卷第3期。

傅朝卿：《台湾祭祀郑成功庙宇的调查研究》，《台湾文献》，2000年6月，51卷第2期。

傅朝卿：《台湾祭祀郑成功庙宇的调查研究》，《历史月刊》，1999年9月，第50卷第3期。

王丽秋：《郑成功庙多成因之探讨》，《北市教大社教学报》，2005年12月第4期。

廖藤叶：《由屈原到郑成功：台湾端午古典诗的主题演变》，《历史月刊》，2007年，第233期。

蔡蕙如：《与郑成功有关的动物传说之研究》，《历史荟刊》，2006年12月，复刊第8辑。

汪荣祖：《郑成功父子与台海风云》，《历史月刊》，2008年6月号郑成功逝世三百周年专辑。

第六章

玄天上帝：从大陆到台湾

发源于大陆武当山的玄武大帝神话信仰，是在何时和怎样传播到台湾的？玄武大帝有哪些神迹？祭拜玄武神的台湾著名庙宇有哪些？每年的礼仪节庆活动是怎样的？

第一节 引　言

台湾民间信仰与寺庙奉祀的神明如妈祖、观音、开漳圣王、保生大帝、关帝爷、玄天上帝、清水祖师、法主公、瘟神王爷、福州临水夫人等，多来自大陆东南沿海地区。郑成功（1624—1662）为明朝大将、海上称雄之际，将明代帝王独尊的玄天上帝奉祀入台，以强调奉明正朔，永怀乡土之意。郑成功在台湾的经营，使玄武别开一境，成为台湾海域的航海神及早期移民的乡土神，全台奉祀玄天上帝的庙宇全盛时期有400余座之多，至今享有信徒香火的庙宇仍近300座。郑成功时期因“天关地轴”之说，台南府祀拜玄天的“大上帝庙”最为隆重。清朝中后期迄今，分火中心因“受天宫”崛起而移至台湾中部，香火最盛。

第二节

从玄武、真武神到玄天上帝

当我们探讨神的历史时，实际上是叙述“人如何在历史中因应自己的需要而形构神”的概念，以民间信仰常见的现象为例，台中市南区热闹繁华之地奉祀关帝爷的“醒修宫”，庙楹联柱上形容关公：“汉封侯宋封王明封大帝　儒称圣释称佛道称天尊”。事实上，关羽败走麦城为孙权所杀，从汉到隋朝三四百年间，默默无闻，直到隋文帝（581—604）时发生玉泉山显灵事件，此后步步高升，并受三教推崇。[①]“醒修宫”短短的两句楹联说出了一个真相：神的能耐与名号是随着历史的变迁而变迁的，只要人们愿意，神不会消逝，每一代每一阶层的人都会创造适合他们自己的神意象。推原玄武崇拜，起于原始方位星辰信仰，秦汉间跻身四灵即青龙、白虎、朱雀、玄武。然而早期神灵，具有超自然的性质，未必有人形化、人格化的机会，四灵中的青龙、白虎、朱雀始终止于泛泛的灵性力量，维持其神圣的单纯，未能从原始崇拜的对象演化为宗教信仰的对象。

●图6-1　1993年9月29日发行的青龙、白虎、朱雀、玄武四灵邮票（绘图者：林磬耸）

①饶宗颐认为关公显灵传说与其家乡解县之盐池经济有关。见饶宗颐：《关公传说与三国演义》，台北：汉忠出版社，1997年版，第359—362页。

同属四灵中的玄武，却机缘奇特，以丰沛的动能变化发展，其间转变的历史关键之一，是当时被称为真武神的玄天上帝屡次显灵，阴佑明太祖（1368—1398）却敌建功。太祖取得天下后，即敕封真武为上帝公及玄天上帝，御题“北极殿”匾额一方①，这是民间解释玄天上帝庙称作“北极殿”的由来。再者是明成祖朱棣发起靖难之变，自侄儿之手夺得皇位后，大兴土木，“北建古宫、南修武当”，敕封武当山为大岳、玄岳，地位在五岳诸山之上。永乐年间，通往武当天柱峰70公里的神道两旁，丹墙翠瓦，宫观、庙宇、经堂、道房多达两万间，在云封雾锁中矗立起玄天上帝的殿堂，殿堂中供奉着与明成祖自己面貌肖似的玄武神坐像，将玄武神推上了顶峰。玄天上帝在明代成为独尊一方的护国神、家喻户晓的驱邪神，地位更见显赫。

①林衡道：《台湾地区神明的由来》，台中：台湾省文献委员会，1979年版，第126—129页。

第三节
天关地轴与梦为北斗

明白玄天上帝在明代朝廷及闽南百姓信仰上的地位以后，才能解释郑成功在台湾广建真武庙的缘故。台湾民间宗教学者蔡相辉说：

> 从精神上言之，玄天上帝为明朝最重要祀典，祀之即有奉明正朔之意；从实质上言之，玄天上帝为闽南百姓所崇奉之航海守护神，明郑既以水师抗清，子弟多为闽南籍，奉玄天上帝可予这些子弟兵精神上莫大之鼓舞与安慰。[①]

北港奉祀妈祖“朝天宫”的正厅庙柱，题有“朝政重明禋，海邦奉祀；天心怜涉险，湄岛扬灵”的对联，将此联移作台湾民众对玄天上帝的崇拜同样贴切。更重要的是，郑成功奉祀玄武神，尚有一

●图6-2　武当山金殿所供奉的玄武铜像，重达6吨

①蔡相辉：《北港朝天宫志》，云林：北港朝天宫董事会，1989年版，第9—24页。

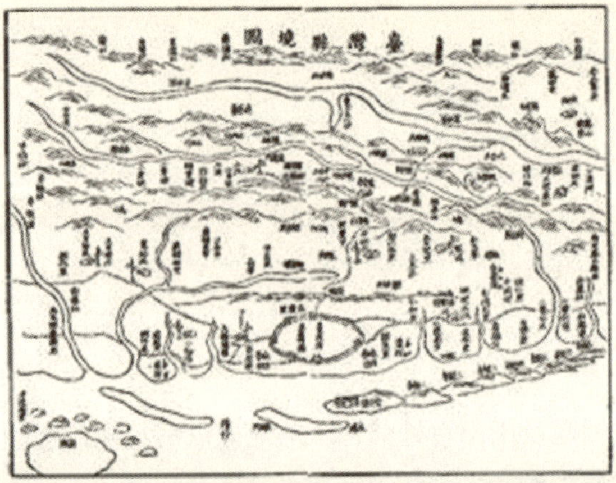

●图6-3　台南安平七鲲身为天关，鹿耳门北线尾为地轴，酷肖龟蛇

番地理风水的考量。据王必昌《重修台湾县志》所载，郑成功创建的真武庙计8座，其中以台南府东安坊所祀“大上帝庙”最为隆重，有“天关地轴”之说。台南安平镇七鲲身的地理形势险要，左脉自东南而来，西转下海，连接七屿，势若贯珠，酷似长蛇；右脉在鹿耳门之北，沙屿横亘，水浅径狭，舟船触礁立刻粉碎，如踞海之龟：

> 后人据神异传，谓真君仗剑，追天关地轴之妖，冠履俱丧，伏而收之。天关龟也，地轴蛇也。邑之形势，有安平镇七鲲身为天关，鹿耳门北线尾为地轴，酷肖龟蛇，郑氏踞台，因多建真武庙，以为此邦之镇云。[①]

天关地轴在地理上成为蟠踞险要的好风水，许多具有隘口之势的地点，多以龟蛇口视之。台湾北滨公路从头城一直到兰阳溪口的海岸线，是宜兰人津津乐道的“龟蛇拔海口”，龟山岛伏于海口波涛中，是玄天上帝派来镇守宜兰的守护神，又宜兰罗东运动公园北面方位，用大理石排成一条弯曲的蛇行，以此代表宜兰的地杰人灵，[②]陈淑均记宜兰乌石港口的真武庙也特别提出“龟蛇把口”的地理形势：

> 真武庙，俗呼上帝庙，在乌石港口，距厅北三十里。按北方元武七宿，其象龟蛇，而（噶玛兰）厅之形势，北有龟屿在

①王必昌：《重修台湾县志》卷六，台湾文献史料丛刊，台湾：大通书局，1984年版，第176—177页。
②吴明一：《宜兰风水典故大译码》，台北：《联合报》，1998年10月23日。

海中为天关，南有沙汕一道，蜿蜒海口为地轴，故堪舆家以为龟蛇把口之象，土人因建庙以镇之。[1]

与台南七鲲身取义相同，龟、蛇旋绕拥护，素来被行家视为人文胜地。在杭州湾北岸，浙江澉浦靠海之处，澉浦海堤后有青、长两座山，挡住滚滚而来的钱塘潮，流传伍子胥收服龟精蛇怪，变成两座大山，“青山乌龟长山蛇”这句话，同样是以海口附近山势，拟似乌龟与蛇为澉浦增添想象。[2]

除了地理因素外，蔡相辉还认为：郑成功本人心理上对北极星存有一种偏执：妈祖信仰早期源自福建莆田船家，后因宋室南渡，南宋政府多从浙、闽、粤等地征召兵源，莆田从军者日多，常建立战功，妈祖显灵事件随莆田军人的征战而传播、推展，妈祖亦不时受到朝廷的诰封，终于成为普及民间的信仰。明郑既以玄天上帝为海上守护神，却忽略闽粤两省信徒颇多的妈祖信徒，清廷掌握了明郑水师多是莆田人，因而利用民众信仰妈祖的心理，对明郑官民发动心理攻势。这个谋略的运用，由清水师提督万正色开其端，施琅（1621—1696）总其成。施琅原是明郑水师将领，本身是晋江县人，家族传统信奉玄天上帝，[3]却因施琅梦见自己是“北斗第七星”，引发郑成功的疑忌之心，施琅的侄儿施德馨述说：

郑成功托故明藩封栖海上，素悉公（琅）英明，欲倚以为重，追入海，礼遇初甚渥，凡君事必咨商。及有人告以：公（琅）尝梦为北斗第七星者，郑心忌之。[4]

很难想象施琅叛离郑氏是因做梦遭忌，也有可能是施氏后人为施琅叛节的开脱之词。台南延平君王祠藏有郑成功披发仗剑图像一幅，“披发仗剑”的模样，明成祖图谋天下时早已装扮过。郑成功如法炮制，其中称王称霸的心理不难揣摩。当时地方人物志常提到

①陈淑均：《噶玛兰厅志》卷五，台湾文献史料丛刊，台湾：大通书局，1994年版，第221页。

②王从仁：《玄武》，台北：世界书局，1995年版，第153—156页。

③《泉州府志》卷六十一，施济民（施琅祖父）传：“万历间，值年荒，有告匮者，辄取麦分给之，升合不留。……妻许氏，同心行善，虔祀北斗。”

④方鼎、朱升元：《晋江县志》，台北：成文出版社，1967年版，第126页。

“虔祀北斗”、“梦为北斗”之事，显现的不仅是北斗信仰，更是“显灵”、“神助”之类的奇迹心理，在中国争霸史上蔚为风尚。施琅叛离郑氏成为清廷水师提督后，攻台之时，散布妈祖灵异事迹，宣称有神兵导引，战舰得以深入水道顺利登陆。又称说当时天旱缺水，军士们干渴难忍，天妃庙前土井涌出大水，源泉足供全军4万多人饮用，众兵入庙谒见，只见妈祖脸汗未干，衣袍半湿，知道是天后显灵助战云云[①]。妈祖的显灵说，对明郑的水师产生心理冲击。这场军事战也是心理战，以国家部队技巧地收编民间信仰，清廷又数次提升妈祖的神格位阶，赐封妃后等具官方意义的象征头衔，果然得以笼络民心，发挥难以抵御的神话力量。

①周于仁：《澎湖志略》，台北：台湾银行经济研究室，1958年版，第34页。

第四节
上帝公的出身传说

清统台湾以后，为压抑明朝后人的故国之思，铲除反清势力，入关第一年（1644），即敕封关公为“忠义神武关圣大帝”，与文圣孔子并驾齐驱，加意崇奉关公以取代同样具有武神色彩的玄天上帝，放任戍台军兵占住明郑时代最受崇信的玄天上帝庙，重新编造上帝公的出身原为屠户。[①]

上帝公成为屠户的保护神，是相当晚起的说法。与屠户相关的剖腹情节源自《北游记》玄天出身志传，文中说：玄武渐入仙道，但未除五脏之秽，于是找两个瞌睡虫钉在身上，让他睡去，剖肚神将玄武当胸一剖，取出肚肠，换上一件仙衫作肚子，一条飞带作肠子，待玄武醒来，自觉身轻，道心更见坚定，修成仙体，称为玄天祖师。祖师脱下的肚肠，成为龟怪与蛇怪，在人间作乱，被祖师降服。但在清施鸿保《闽杂记》中，上帝公是五代时泉州人士，张姓，以杀猪为业，母亲喜吃猪肾，每杀猪一定留下猪肾孝敬母亲，母亲过世后便洗手不再屠宰，得观音显灵点化，忏悔杀生过多，罪孽深重，便在洛阳桥畔以屠刀剖腹洗罪，河水一时尽变黑色，上帝公一直洗到河水澄清，才把内脏放回肚腹中，这就是俗称“放下屠刀，立地成佛”的由来。又或说玄武晚年悔悟杀生，放下屠刀前往武当山求道，途中看到产妇辛苦，动了恻隐之心，为产妇清洗奸布，突然看见河中浮现“玄天上帝”字迹，这才知道妇人是“观音大士”显灵。不料原先丢在河里的肠胃，肠变成蛇，胃变成龟，祸害人间，玄武亲自下凡来收妖，请保生大帝帮忙，借到“伏魔北斗七星剑”，与龟蛇大战，龟蛇皆被制服。可是玄天上帝收起七星剑，龟蛇又作怪，只好把龟蛇踩在脚下，从此龟蛇便效忠于玄天上

①陈益源：《台湾民间文学采录》，台北：里仁书局，1999年版，第108页。

帝，[1]民间因此以上帝公为屠宰业的守护神。推溯传说的源起，不无清人为了贬低玄天上帝地位而编造的可能。

作为台湾民众海神及乡土神的玄武信仰，虽然在政治力量介入时或有一时的起伏，在民间却不可能完全消失，又因玄武扫荡妖魔富于战斗力的形象，在日据时期，被选作凝聚民族精神的象征。以宗教结社为名的革命团体天地会，即以崇奉玄天上帝为题，联络志士：

> 我国最早的革命团体，就是天地会，这是陈永华秉承郑成功的遗意而创立，当明室沦亡，大陆志士随郑成功入台，陈永华借歃血订盟方式组织了天地会，用“神道说教”方式，从事严密组织，推进革命工作，……以崇奉玄天上帝为题，联络会友。[2]

明永历十五年（1661）陈永华随郑成功赴台统领勇卫，以祀祭玄天上帝相互联络。成立于道光年间（约1850年）的嘉义县竹崎乡“真武庙”，即流传日据时期日本兵强行霸占庙地，上帝公幻化为一条大蛇，出现在一棵荔枝树上，引发枪支自动射击，杀死了日本兵的传说。此后零零落落发生数起借用神佛力量纠众抗日的事件，如“关帝庙抗暴事件”、“国姓爷庙林圯埔事件”以及奉玄天上帝起事的“‘台湾国王’黄朝事件”：

> 有柯象者，为抗日志士，因日警通缉，隐匿山中，有一天，下山归来，自称其信奉玄天上帝，业已得道，死后当为神。柯象去逝，肉身不腐，乡人奉祀于玄天上帝庙，香火鼎盛。[3]

嘉义大埤头人黄朝受到柯象的激发，闭关静坐，断食、礼佛，一年后（1912）发生“土库”事件，黄朝宣称获得玄天上帝敕令，日后将成为“台湾国王”，于是黄朝自立为王，号召20余名随众起事，凡此等等，都是打着玄天上帝的旗帜为号召的。

---

①钟华操：《台湾地区神明的由来》，台中：台湾省文献委员会，1979年版，第127页。

②卫惠林、何联奎：《台湾风土志》，台北：中华书局，1989年版，第128—129页。

③庄永明：《台湾纪事》，台北：时报文化，1989年版，第438页。

第五节 玄天上帝的神迹

我们知道，神明的封号、职能都与神格有关，代表着神仙世界的地位与阶级，实际上是人类社会阶层及组织的折射。神明很少只有单一神职或职能始终不变的，例如妈祖在台湾东岸临海渔村，青壮人口外移，捕鱼人口递减，妈祖从航海保护神转为农业神，关公也从武神转变为商业神。每位神明都有一种主要的职能，神阶越高，兼职越多，以满足信徒的各种需要，终而成为万能神。玄武的原始形象，是“介虫之长”，有甲壳、能御侮；有鳞角，富于战斗力；因镇守北方，以方位功能而言，主掌风雨，又以水能胜火，成为预防水火之灾的镇灾之神。玄天上帝既是北极星神，作为航海指针，从主掌风雨、预防水火更进而成为海神，可说是神明职能发展的自然历程。玄天上帝又称上帝爷、上帝公、真武大帝、荡魔天尊、北极大帝等。玄天上帝的形象威武、披头散发，右手握太乙神剑（七星剑），示意斩断贪、瞋、痴三毒恶念；左手结通天指印，示意众生回返天上；右脚踏腾蛇，左脚踏卦龟，代表善恶两面，正与邪、阴与阳全收，渐而成为多方位的全职神。民间流传许多有关神迹的有趣故事，清人袁枚（1716—1797）记下一则玄武救海难的传说，文字相当幽默：

> 海洋舟中，必虔奉之，遇风涛不测，呼之则应：有甲马三，一画冕旒秉圭，一画常服，一画被发跣足仗剑而立。每遇危急，焚冕旒者辄应，焚常服者则无不应，若焚至被发仗剑之幅犹不应，则舟不可救已矣。[①]

①袁枚：《子不语》，台北：瑞德，1982年版，第367页。

虽然袁枚并没有明说救船难最后一招所焚的甲马是什么神，然而“被发跣足仗剑而立”的造型，无疑是玄天上帝的专属，也是最具战斗力的形象。民间思维既活泼又直接，类似事件发生在女神“妈祖”身上，却换成另一种情境：妈祖原是闽人对未嫁女的称呼，每逢海事求祷女神时，大声呼唤妈祖，则女神披发赤足立即现身，模样一如渔家女；如果呼唤天妃或天后，则女神凤冠霞帔而来，可能稍延时刻，所以“妈祖”之名比天妃或天后的称呼更见流传。玄武是阳刚气十足的神祇，《北游记》叙述玄帝出身，套用“三世三身”、“铁杵磨针”、“情诱”、“割肉饲鹰、舍身饲虎”、“再挫再战”等民间及佛教故事母题，强调玄武神充满各种考验与苦难的出身，玄天上帝剖腹洗罪的肉体自惩，更加强了其超然的力量与巫术性效验，造就玄武威仪十足的严父性格。

不仅神明因性别在神格及职能上发生差异，更重要的是创庙时期的早晚、自大陆庙宇直接分香或从台湾的庙宇分香，开基状况不同，虽是同一神明，各庙神的位阶也会产生差异。多数信众的观念，认为祖庙比分香庙更灵验，所以台湾的庙神讲究出身：

> 玄天上帝庙，原庙在福建省漳浦县甘霖社武当山，其直接分庙有南投县名间乡皮子寮受天宫，台中县大肚乡镇元宫，同福兴宫，又同县梧栖镇真武宫等四庙。①

也喜好讲述建庙的机缘，如创建于清乾隆四年（1739）的彰化县嘉兴村“茄苳永清宫”，有一个传奇的建庙故事：茄苳地区三四百户人家，以洪姓为大宗，当地的开辟与奉祀玄天上帝的“永清宫”渊源深厚。据述清康熙年间（1662—1722）湖北谷城县有洪姓三兄弟，因家园荒废，无地耕作，于是建造一艘小船，以捕鱼为生。出海前三兄弟都作了一个梦，说有个老翁告诉他们往东走，洪家兄弟认为这是玄天上帝的指示，前往武当山上帝庙求圣筶，奉迎一尊一尺高的檀香木刻神像，随船启帆出发。谁知当夜遭遇大风，一行人被吹到台湾，随风势一路推往大肚溪、猫罗溪，直到茄苳庄才风平浪静，洪氏兄弟历经狂涛巨浪，竟

①李添春原修、王世庆重修：《台湾省通志·人民志宗教篇》，南投：台湾省文献委员会，1971年版，第309—310页。

能平安抵达陆地，认为是神迹显应，恍然明白了老翁“往东走”的玄机，决意在茄萣庄定居，开垦家园，先是建一座小庙奉祀神尊，乾隆四年（1739）更鸠工建“永清宫”于现址，成为村民的信仰中心。[①]又如以屏东斯文里“真武宫”为例，第二次世界大战末期，日人实施皇民化政策，禁止各项岁时祭祀与神诞祭典，并拆毁庙宇，焚化神像，民众为保护民族神与家乡神，流传着许多传说，庄中耆老叙述：

> 本庄信徒恐圣灵遭难，是以密藏玄天上帝与福德正神之圣尊，朝夕拈香奉拜如仪。二次大战，美机轰炸台岛，黄氏乃背负上帝公神尊避难，每遇危难时，上帝公即显化救之，黄氏亲睹圣灵现身，并以战甲护佑，使其能化险为夷，奇迹屡经传诵，遐迩尽知。[②]

此外，为提升神阶或争取辈分，有些庙宇将建庙刈香时间尽可能推原溯古，其中以南投“受天宫”香火最为鼎盛。

①全国寺庙整编委员会：《全国佛刹道观总览——玄天上帝》上册，第337—338页。
②全国寺庙整编委员会：《全国佛刹道观总览——玄天上帝》下册，第127页。

第六节

南投受天宫的崛起

全台湾有三四十座的创庙香头来自受天宫。南投松柏岭受天宫供奉玄天上帝正身有三。“大上帝”造型最年轻，没有胡须，擅长堪舆之术；“二上帝”中年造型，容貌端庄肃穆，擅长除妖驱邪；“三上帝”是老年造型，擅长医理，其中“三上帝”金尊最大。

追溯南投受天宫建庙的缘起，据受天宫管理委员会出版的《受天宫概史》，述及建庙沿革，主要经过以下几个阶段：

（1）清顺治十四年（1657），自福建迁徙来台之李、陈、谢、刘姓人氏定居于松柏坑，奉祀自大陆带来的甘霖社武当山香火。

（2）康熙二十年（1681），松柏坑附近居民捐资营建小祠。

（3）乾隆二年（1737），农历三月初三，玄天上帝香火发炉，采乩指示建庙地点，即现址称为“龙虾见江”的龟蛇穴吉地。

（4）乾隆十年（1745），玄天上帝化身白须老翁，前往鹿港订制玄天上帝圣像，命名“受天宫”。

●图6-4　“大上帝”造型最年轻，没有胡须，擅长堪舆之术

●图6-5　“二上帝”中年造型，容貌端庄肃穆，擅长除妖驱邪

●图6-6　“三上帝”老年造型，擅长医理

（5）道光二十六年（1846），受天宫前往福建甘霖社武当山割香返乡。[1]

将受天宫创庙时间推溯自顺治十四年（1657）。但研究寺庙史迹的学者却不同意此说，认为受天宫将建庙时间由道光二十八年（1848）提前到顺治十四年（1657），往前推进百余年之久，是“该宫最主要的动机，乃在香火鼎盛之余，意犹未足，欲借此以提高地位，俾与南部几家建于荷据时期的玄天上帝庙一争长短”[2]。家居南投的诗人陈千武儿时常跟随父亲往拜受天宫，曾留下“害怕”的记忆：

> 进入幽黑的寺庙里面，总是感到害怕，常听说玄天上帝的右脚踏着蛇，左脚踏在龟壳上。蛇和龟是玄天上帝驯服的精怪，幼小时的精神世界对“玄天上帝”的存在感到害怕。

1941—1942年太平洋战争爆发时期，陈氏以台湾特别志愿兵身份前往南洋战区。当兵的青年，身上都带着护身符。日本兵带的是“明治神宫和熊本神社的护符”，琉球青年带的是“那霸神社的护符”，中国台湾两位特别志愿兵带的是“土神”即妈祖庙护身符，陈千武说：

> 他（台湾特别志愿兵）把像颈项链挂在胸脯前的护符袋拿出来显扬。我悄悄摸着自己的胸膛，我的护符袋里的神符不是妈祖的。那是我家松柏坑玄天上帝庙二帝爷的护符。二帝爷是武神，在战地该比妈祖神威显赫可靠。[3]

就信徒而言，女神信仰的特质拥有较好的包容与抚慰效果，而男性神祇则拥有较多的战斗力与联盟性。

台湾的玄天上帝庙，援例在每年三月中下旬，回到松柏岭受天宫谒祖进香，展开一年一度的盛大庙会。

据传，南投准天宫主持拟往受天宫进香请火，但该宫上帝爷指示

---

①松柏岭受天宫管理委员会：《受天宫概史》，南投：受天宫管理委员会，2000年版，第8—12页。

②林文龙：《台湾史迹丛论》下册风土篇，台中：国彰出版社，1987年版，第123—124页。

③彭瑞金主编：《陈千武集·输送船》，台北：前卫出版社，1991年版，第31—54页。

●图6-7　南投受天宫上帝公圣诞，信徒络绎于途

●图6-8　2009年南投受天宫上帝公诞辰，各地分庙家将开路仪式

说："本驾以金身渡台在先，岂有向后到香火谒祖之理，如欲进香，须亲往武当朝圣"，此后准天宫不去松柏岭进香而径自巡境祈安。[①]台湾早期创建的寺庙，或是一家一姓自故乡携来神像，或是水漂而来，或是分香而来，又以物力维艰，先以茅苇草创，在时局递变、人口迁徙之下数度改易，由祠堂、宗庙转化为神庙的前例很多，如前述茄萣永清宫、南投受天宫皆是。据受天宫朝拜场的研究，全台湾300多座玄天上帝庙，其中有三四十座的创庙香头来自受天宫，受天宫管理委员会在1978年印制的《北极玄天上帝台湾地区炉下团体芳名录》，当时的"炉下团体"约有1200个。到1986年，总数已迅速增加到2000多个。邻近彰化、台中、南投为扩散核心外，北至台北县各乡镇、南及嘉义也成为密集区，玄天上帝庙的空间组织呈现磁吸效应而集中化，受天宫已然成为幅员宽阔的玄天上帝信仰圈的中枢。[②]

郑成功在台时期共营建37座寺庙，上帝庙即有8座之多，主要分布在台南七山丘汉人聚集之所，显然与明郑屯兵拓垦的地缘关系密切，到清朝中后期，分火的中心因受天宫崛起而移至台湾中部。源自本岛香火的庙宇大量增加，信仰的传播由迁徙改为扩散形态，说明民俗宗教在地化的趋向。若就地理学的观点来分析信仰核心的形成因素，除了归诸超自然的"风水"及"神明灵验"因素之外，不能忽略实质环境中交互作用的"供应拉力"与"需求推力"，居于有观光及休闲潜力的南投风景区，使受天宫从一个小祠迅速发展成全台玄天上帝信仰圈的核心。[③]

进香割火的习俗，自明郑建台以来就颇为盛行，至今未歇。信徒

①钟华操：《台湾地区神明的由来》，台中：台湾省文献委员会，1979年版，第129页。

②高丽珍：《台湾民俗宗教之空间活动》，台北：台湾师范大学地理研究所硕士论文，1988年版，第12页。

③高丽珍：《台湾民俗宗教之空间活动》，台北：台湾师范大学地理研究所硕士论文，1988年版，第91—94页。

们认为神明是否灵验，与神像本身有关，往往传闻中某位神明特别灵验而香火鼎盛，这座神像的分身也就越来越多。又在神像开光点眼之时，以活生生的蜂虫或小鸟装进神像泥胎中，使木雕泥胎更添生命力或灵力，基于这种巫术式的感染法则，信徒还认为由庙宇分出的神像，灵力历久渐衰，过一段时间就应该加以补充加强，于是进香割火的习俗应运而生。如抬神像回祖庙，在本尊神像前熏染香烟，并在神像香炉中点燃火种带回，供奉于神龛前，添加新火使分庙的灵力可以源源不绝等，这是台湾信众的圣火观念。[①]进香割火的习俗，带动寺庙与寺庙间的酬应与互动，有时也会影响到寺庙间的荣枯。

●图6-9　2009年南投受天宫上帝公诞辰，各地分庙乩童进香请火

①刘枝万：《台湾民间信仰论集》，台北：联经出版事业公司，1983年版，第348页。

第七节 结　语

1995年高雄市观光节，歌仔戏演艺团“明华园”推出《周公法斗桃花女》一剧，在舞台演出两个小时，剧本由该团编导陈胜国改编，从龟精私逃下凡为周乾，蛇神投生为阴桃花以克制周乾开始，最后周乾与阴桃花虽死而魂魄不散，被玄天上帝收服剧终。情节基本架构，仍采武当山苍龟巨蛇神话为骨干，为求场面热闹及喜庆效果，以念白为主，北斗七星改为八仙，又加入鬼王与索命的小鬼群，在对话及动作上，渗入许多台湾婚俗及婚谚，如上轿前丢一把扇子，口念“新娘放性地，过厝好理家”，用七块红瓦排成北斗七星状，由新娘踩破，口念“新娘入厅踩破瓦，除妖兼避邪”等，剧情流畅，灯光布景快速变化，巨型龟与蛇在冰雾中游走，再加上丑角的滑稽逗乐，使观众笑声连连，有极热烈的现场反应。

神明祭祀具有统合社区的功能，崇拜仪式的举行，不仅使人与神秘力量相互感通而提高自信，富有意义的祭祀活动，常包含着民族及社会各种文化的初模，足以开启整个文化的解释系统、功能系统与操作系统，可以把神圣知识的理解与感动，一代传给一代，促进民族、社会、社区的和谐融通。仪式总是重复祖先所采行的原型动作，人们经由崇拜仪式的参与，使神圣的事象可以每隔一段时间得以再现，看来行礼如仪的平凡动作，使人产生“生命之海、生命存在”的感觉，对人心与人格的影响，难以估量。

●图6-10

参考书目和延伸阅读

[英] 鲍伊：《宗教人类学导论》，金泽等译，中国人民大学出版社，2004年。

陈器文：《玄武神话、传说与信仰》，高雄：丽文文化公司，2001年。

刘枝万：《台湾民间信仰论集》，台北：联经出版公司，1983年。

丁荷生、郑振满《闽台道教与民间诸神崇拜》（*A Preliminary Study of Taoism and Popular Cult Worship in Fujian and Taiwan*），台北："中研院"《民族学研究所集刊》第73期，1992年春季号。

陈器文主编：《新世纪神话研究之反思》，兴大中文学报第二十七期增刊，台中：中兴大学中国文学系，2010年。

高丽珍：《台湾民俗宗教之空间活动——以玄天上帝祭祀活动为例》，台湾师范大学地理研究所硕士论文，1988年。

第七章

日月潭神话：邵族的祭典仪式

在台湾岛美丽的日月潭畔，有一个仅有数百人的古老民族——邵族。邵族的来源和历史是怎样的？为什么这个弱小民族能够以很小的规模而独立生存下来？他们可持续生存的奥妙是怎样的？

第一节
引　言

台湾八景之一的日月潭，群山环绕，景致优美，位于东经120° 55'，北纬23° 52'，周围约24公里，潭面海拔约740米，南半部狭小，称为月潭；北半部圆大，称为日潭，故有日月潭之名。①2001年8月8日，“行政院”正式核定邵族为台湾原住民族第十族，因此，日月潭邵族最大之部落“德化社”，再次成为学者专家与世界各地观光民众瞩目之焦点。德化社之居民包含许多原属不同部落的族人，清代时，邵族集中于头社（Shtafari）、水社（Kankwan）、猫兰（Kathafatu）、沈鹿（Simduq）等4个主要部落，②道光（1821—1850）以降，汉人逐次移入邵族的境域拓垦，咸丰（1851—1861）迄光绪（1875—1908）年间，遭到汉人大量移入的压力，以及受到瘟疫肆虐的邵族人，为保留民族命脉，并且避免瘟疫的大肆感染，族人不得不到处易居。③日本殖民统治时期，1934年日月潭发电厂的兴建，使邵族人的家园与耕地皆陷于集水区内，日人遂将邵族人迁居至卜吉社（Barawbaw），也就是光复后所称之“德化社”，成为邵族人目前主要之聚居地。

今日德化社之居民当中，具有邵族人身份者约为总人口数的五分之一，在长期与不同族群通婚的情况下，邵族汉化程度虽高，却也带来文化流失与传承不及等问题。④近年来，已有许多学者投入邵族文化之保存与研究工作，并以科学化之检体采集方式进行田野调查工作，厘清台湾各族原住民的血缘承袭关系。根据邵族“逐鹿传说”之描述，早期学者将邵族之来源分为两类，一为阿里山的邹族系统，另一说则为台南平

①陈奇禄等：《日月潭邵族调查报告》，台北市：南天书局，1996年版，第1页。

②达西乌拉弯·毕马：《台湾的原住民——邵族》，台北市：台原出版社，2002年版，第63页。

③邓相扬、许木柱：《台湾原住民史·邵族史篇》，南投市：台湾省文献委员会，2000年版，第16—17页。

④张兴杰等：《原住民自治制度之研究与规划——布农族、赛夏族与邵族》，台北市：“行政院”原住民委员会，2005年版，第197页。

原的西拉雅族。[1]经由地方文史工作者与长老们的合作，挑出具有代表性的样本进行化验，已证实长期被归属于邹族的邵族，两者之间的血缘关系其实非常遥远。[2]民俗学家徐福全认为，邵族的头上“插草”，与西拉雅族的竹篮和“海祭”时在头上插草的现象，或许具有某种意义上的相关联性。[3]究竟邵族祖先是否借由不断地迁徙与通婚，融合自己原先的语言与信仰文化，成为一个综合平地与山地文化的族群，值得我们进一步实地考察与探讨。

●日月潭一景（叶舒宪　摄）

本文将从神话与祭典仪式对邵族文化进行研究，以文化人类学的角度切入，了解神话传说对族群发展过程之特殊意涵。借由学者专家著作中关于农耕和渔猎祭仪之记载，汇整出邵族祭典仪式之形成与变迁，并从笔者于日月潭之实地参访活动，寻找出邵族文化在田野调查过程当中可能遭遇的难题，以及未来值得继续深入探讨之研究方向。

① 达西乌拉弯·毕马：《邵族神话与传说》，台中市：晨星出版社，2003年版，第28页。

②邓相扬、许木柱：《台湾原住民史·邵族史篇》，南投市：台湾省文献委员会，2000年版，第16—17页。

③达西乌拉弯·毕马：《台湾的原住民——邵族》，台北市：台原出版社，2002年版，第10—11页。

第二节
邵族神话溯源

原住民的神话传说故事，属于集体性的创作力量，其功用在于反映族群主体所具备之“个体性”。在台湾各族原住民的神话传说当中，或许曾出现相似或重叠的故事题材，但是所存有的意涵却不尽相同，对于不同族群来说，也都有其个别且特殊的意义。①因此，本文将邵族神话分为“族群起源”、“外族入侵”以及“生命礼俗”三大面向，从文化人类学的角度切入，讨论邵族神话传说对于族群发展过程之特殊意涵。

一、族群起源探究：逐鹿传说

关于邵族起源之探究，“逐鹿传说”直至今日仍为人所津津乐道。根据达西乌拉弯·毕马先生在《台湾的原住民——邵族》书中的记载，很久很久以前，邵族的祖先因为打猎追逐一只罕见的白鹿，而发现日月潭，因此返回原居地，带着族人来到这个鱼肥水美的洞天福地定居。邵族的原居地，有人说在阿里山邹族住的地方或附近，另有人说是在台南平原的平埔族社域里。②本则传说与其他民族创世神话最大不同之处，在于猎人们最后终于捕捉到了白鹿。《台湾原住民史·邵族史篇》记录了这段族人逐鹿的过程，邵族祖先追逐白鹿进入深山后，沿路在树林上以猎刀削下树皮作为路标记号，追逐了好几天，正当大家筋疲力尽时，眼前竟然展现出一片湖光水色，白鹿走投无路，冲入湖泊之中，一路奔跑的热蹄碰到冰冷的湖水，便动弹不得。邵族祖先猎得白鹿之后，白鹿红色的血和内脏吸引许多鱼类争食，随行的长者试食后，发现其肉质鲜美且无毒，才允许青壮年族人食用。湖泊区景色宜人，又有丰富的天然

①达西乌拉弯·毕马：《邵族神话与传说》，台中市：晨星出版社，2003年版，第18页。
②达西乌拉弯·毕马：《台湾的原住民——邵族》，台北市：台原出版社，2002年版，第10—11页。

资源，真是上天赐给族人安居的好处所，于是他们循着记号回到原社带来族人，并就此定居于日月潭。[①]

二、面对外族入侵的因应之道

邵族的祖先定居于日月潭之后，受到历史因素的影响，从清领至日据时期，一直有外族不断地移入此地，面对其他族群的进驻，邵族人亦发展出一套因应之道，“白茄苳树王”与“独木舟诳敌”的神话[②]，正是关于邵族面对外族入侵之记载。当时潭中浮屿拉鲁岛（今光华岛）水边有一株茂盛的白茄苳树，族人曾于树下立誓，愿世代子孙长居于此，邵族永远如茄苳树一样茁壮长青。但是好景不长，汉人觊觎日月潭丰富的天然资源而入侵水沙连，爆发了激烈的战斗。邵族人在白茄苳树王的庇佑下所向无敌，战无不胜，汉人首领在无计可施的情况下，决定派人暗中破坏茄苳树。他们先用斧头将树砍断，但第二天树仍完好如初。经梦中人指点，汉人首领请出“獠牙精”，也就是锯子将树锯断，再用长铜钉钉住树根，并泼上黑狗血，以大铜盖盖住主干的树茎。茄苳王被彻底毁坏后，邵族的族势开始衰颓。连续好几年的瘟疫，更使族人损失惨重，伤心惊恐之虞只能放弃拉鲁岛，分散至各地谋求生路。

邵族人傍水而居，因此靠捕鱼维生的他们精通水性，善于游泳与潜水，而独木舟是族人的水上交通工具，外地人必须经由邵族人的接引才能到达拉鲁岛。除了邵族之外，还有其他族群同样在水沙连争夺较佳的猎场与生存空间，所以经常要面对异族的攻击挑战。聪明的邵族头目想出一个灭敌的方法，他们派人到异族的社里示好求和，并且邀敌人至拉鲁岛饮宴做客。对方不知有诈前来赴会，邵族人潜入水中将船底的木塞拔掉，使不懂水性的敌人掉入潭水中，邵族兵不血刃地打了一场大胜仗。

①邓相扬、许木柱：《台湾原住民史·邵族史篇》，南投市：台湾省文献委员会，2000年版，第72页。
②邓相扬、许木柱：《台湾原住民史·邵族史篇》，南投市：台湾省文献委员会，2000年版，第73页。

三、动物神话与生命礼俗的传承

在邵族传统中，有着不能猎捕猫头鹰和老鹰的禁忌，而与动物有关的邵族神话，则带有生命礼俗传承之意涵。[①]很久以前，邵族部落中有位美丽的少女，她的未婚怀孕使族人感到非常羞耻，少女忍受不了责难与羞辱，在一个寒冷的夜里逃至深山躲藏。有族人打猎归来，告诉大家少女已被冻死，变成一只猫头鹰，但无人相信。从此以后，每当族中有人怀孕，人们就会发现有只猫头鹰飞到那户人家的屋顶上不断地啼叫，好像在提醒妇女应珍惜身体。相同的事件一再发生，族人终于相信猫头鹰是那位少女的化身，为了表示歉意，便告诫子孙不得猎杀猫头鹰。此项禁忌被族人谨遵至今，他们相信猫头鹰不仅能预知妇女怀孕的事情，还能指引上山打猎的族人，使他们不会在深山当中迷路。

除了猫头鹰传说之外，邵族还流传着关于老鹰的故事。古时候，有个邵族的小孩非常懒惰，从来不帮忙母亲织苎麻线。有一次小孩受不了母亲的责备，伤心气恼地爬到屋顶上，将竹制的圆扁形畚箕剖成两半插在腋下，变成老鹰飞走了。从此以后，邵族人深信老鹰是小孩的化身，因此打猎时绝不伤害老鹰。另一个说法，则认为老鹰是族中一位可怜女孩所变成的。当时部落中有位刻薄的母亲常虐待自己的女儿，要她做很多事情却又不给饭吃，女儿碍于母亲的凶悍与威严亦不敢反抗。有一次，已经好几天没吃饭的女儿又奉母亲之命到潭边提水，回到家中却发现母亲把原先答应要留给她的锅巴全吃光了。女儿将畚箕剖成两半作为翅膀，变成一只老鹰，含泪向天空飞去，此时刻薄的母亲跑出屋子抬头一看，老鹰的泪水刚好掉入母亲的眼中，不久这位母亲便生病过世。

邵族人初至拉鲁岛定居时，头人的妻子生下一对黑白皮肤的孪生兄弟，为了避免不幸的事情发生，头人于是将黑婴丢入潭中淹死。第二天夜里，黑婴托梦表示全族每户人家必须用篮子放置祖先的衣饰，作为祖灵的居处而供奉，否则将有大祸。族人听到这个消息后都非常惊恐，于是每家每户皆准备一只篮子，内置祖先的衣服和饰物，作为祖灵的象征。此后若遇重大事件，都以祖灵篮作为祭告求佑的对象，而族人也因此享有衣食无缺且平安健康的生活。

①邓相扬、许木柱：《台湾原住民史·邵族史篇》，南投市：台湾省文献委员会，2000年版，第74—75页。

第三节
邵族传统祭典仪式探究

邵族的岁俗以农历为计算单位，在这些传统祭典仪式当中，我们可依性质之不同分为两大类，分别是“农耕祭仪”和“渔猎祭”。农耕祭仪主要包含播种祭（Mulalu pisaza）、整田祭与丰年祭（Lusan），而渔猎祭则包含狩猎祭（Mulalu matancun pintuza）与拜鳗祭（Matansun tuza）。有鉴于历来学者专家对于岁时祭仪之名辞批注有些许差异，本文分析归纳《日月潭邵族调查报告》、《台湾原住民史·邵族史篇》与《台湾的原住民——邵族》3本著作当中所记载之邵族祭典仪式资料，并以表格方式简要呈现邵族各类主要祭典时程：

<table>
<tr><td rowspan="14">农耕祭仪</td><td rowspan="3">播种祭</td><td colspan="2">农历三月一日：播种祭</td></tr>
<tr><td colspan="2">农历三月二日：播种后祭</td></tr>
<tr><td colspan="2">农历三月十二、十三日：移植祭</td></tr>
<tr><td rowspan="3">整田祭</td><td colspan="2">农历五月初：除草祭</td></tr>
<tr><td colspan="2">农历六月：收获祭</td></tr>
<tr><td colspan="2">农历六月：收藏尝新祭</td></tr>
<tr><td rowspan="8">农历 八月之丰年祭</td><td>筹备会议</td><td>凿齿仪式</td></tr>
<tr><td>选出炉主</td><td>搭盖祖灵屋与祭仪</td></tr>
<tr><td>舂石音迎新年</td><td>牵田仪式</td></tr>
<tr><td>开祭仪式</td><td>甜酒祭祖与祖灵屋出巡</td></tr>
<tr><td>擦手臂除秽仪式</td><td>最后的祭仪</td></tr>
<tr><td>祭告祖灵与钻木取火</td><td>最后的饮酒</td></tr>
<tr><td>走村拜年饮公酒</td><td>迎日月盾牌祈福</td></tr>
<tr><td>陷猎仪式与拜酒糟</td><td>拆除祖灵屋</td></tr>
<tr><td rowspan="2">渔猎祭</td><td>狩猎祭</td><td colspan="2">农历七月一日：祈求祖灵赐与丰猎</td></tr>
<tr><td>拜鳗祭</td><td colspan="2">农历七月三日：以白鳗麻糬为供品</td></tr>
</table>

播种祭（Mulalu pisaza）的原始意义为“祭粟”，使用“山田烧垦”的方式种植小米，是早期邵族的农业生产途径。随着与汉人

文化的接触，邵族人亦开始种植旱稻与水稻，因此播种祭的仪式配合稻子的生长季节，改在农历三月举行。播种祭一连4天，在前3天当中忌食猪肉与水果，菜肴中亦不能加盐，以祈求播种一切顺利。农历三月初一，每户人家都会带着一位小孩上山，作象征性的播种。邵族人相信烟草是有害作物，因此种子必须经由尚未接触过烟草的手播种下去，才能长得高大茂盛。初二的播种后祭（Mulalu patpali）由先生妈主持，以糯米饭作为献品，盛于圆形而有四足的小竹篮中，告慰祖灵，祈求祖灵赐福，使作物能大丰收。初三族人饮酒作乐，初四清晨才正式上山播种。农历三月十二、十三日，陆稻已大约生长至2到3寸的高度，此时便举行移植祭。将稻苗分种到其他农地后，先生妈把公妈篮集中在祭场举行祭仪，为每个家庭祈福。当天会在日月潭畔搭建起大型的秋千，供族人嬉戏玩乐，以荡秋千时大幅摇摆的样貌，象征稻子丰硕饱满迎风招展的姿态。

每年农历五月初除草完毕时，会由头人决定举行除草祭的日期，家家户户提供饭为祭品，请巫师主持仪式。由于邵族农业已呈现多样化之经营方式，所以在五六月之间，分别有花生收获、粟收割、种植蕃薯、旱稻收割、翻田、晚稻插秧等农事，因此在农历五月二十七日，六月六日、十三日、二十日和二十五日，分别在祭场举行5次祭仪。与播种祭之形式类似，必须由小孩作象征性收割，当谷子晒干之后，各户人家以小篮子盛饭，集合于一家门前，由巫师主持祭告并感谢祖灵赐予收获。而收藏与尝新祭，无须请巫师主持，由户主向悬挂谷仓前的猪肩胛骨洒酒祝祷谷永满仓，然后煮新米由儿童先食，再让长者食用，并且留存若干置于桌上，请祖先观之。

日月潭之天然资源丰富，不仅水深鱼肥，附近山区也有各种野兽繁衍其间，成为邵族人之最佳猎场。狩猎祭（Mulalu matancun pintuza）目的在祈求祖灵赐与丰猎，以前在农历七月十五日举行，为期3天，全部落的男子皆入山狩猎，所获得之猎物由族人均分，但头人及捕获者可分得较重的一份。目前基于生态保育的理由，政府已禁止狩猎，因此改期为农历七月一日的狩猎祭，只举行象征性的仪式。农历七月三日所举行的拜鳗祭（Matansun tuza），其实是狩猎祭的一部分，祭仪类似，但增加白鳗麻糬为供品。各户人家将公妈篮携往头人家的广场，以长约二台尺、宽约三分之一台尺的糯米制白鳗为祭品，头人亦会准备甜酒酿（Supak）与杀鸡祭拜祖灵，祈求祖灵庇佑族人渔获丰收。

丰年祭（Lusan）相当于汉族的农历新年，这是邵族最隆重的祭祀仪式，借此感念祖灵的庇佑，并祈求未来一年能平安顺利。邵族丰年祭有“大过年”及“小过年”之分，设有主祭的大过年，祭期可长达30天，由农历七月底直至八月底，而无主祭之小过年可缩短10天，近年来常定为18天至21天。在过年之前，会由地方长老召开筹备会议，推选主祭并决定祭期。若今年顺利选出炉主（Pariqaz），则为大过年，必须从炉主家中取来大铁锅盛上祭品，向祖灵禀告。炉主的任务除了担任主祭之外，亦负责行政及庶务之统筹。农历七月最后一天为邵族人的除夕，当晚族人会以舂石音迎新年（Masbabiar）。以往邵族女子通宵达旦地舂石音，通知上山狩猎的男子返家过年，今日邵族人已无狩猎习惯，因此不再限定只有女子才能参与活动。这种纯器乐的演奏形式，在上、下两段的演奏里，会加入杵歌歌唱，但在年节仪式中，则为纯器乐的演奏。此项仪式所使用的乐器，为7支左右、长短不等的木杵，再加上3支竹筒所构成。这些乐器撞击在正厅的大石块上，形成两种不同音色的变化形式。[①]而舂石音的迎新年仪式，一直要持续到午夜12点过后才结束。

农历八月初一，是邵族新年的第一天，各户人家都会在正厅门前的墙壁上插一束水草（Saqalh），且男女老幼皆佩戴花草编织的头饰。丰年祭第一天的开祭仪式（Malhiqitan）由先生妈们齐声念祈祷词，请祖先享用祭品，并赐给族人平安健康，顺利击退入侵的敌

●图7-1　尼顿文化工作坊门前的舂石音图像

●图7-2　位于德化社中心的游客咨询服务处

①吕钰秀：《台湾音乐史》，台北市：五南图书出版，2003年版，第372—373页。

人。开祭仪式的最后，由先生妈洒酒给祖灵，祈求一切平安。当祭场里正在举行祭仪的同时，会在门庭前为男性族人举行擦手臂除秽仪式（Tmatitis），此与族中男子负责保卫部落安全的职务有关。大年初一的另一项重要活动为男子使用“黄心仔材”钻木取火，第一次所取的火，不得用来煮食或点烟草，必须等到熄灭后另起新火，用以煮炊，女子则将饭盛于祭篮当中，提往祭场祭告祖灵。初一下午开始举行走村拜年饮公酒（Miqliha tuktuk）的仪式，先生妈们分3组走遍全社，完成各户人家公妈篮的巡回祭祖。丰年祭主人先献一缸酒给先生妈，再由先生妈分别盛在碗中，嘱咐晚辈分送给族人。走村拜年仪式在喝酒时，必须来到正厅门前，用右手沾酒向空中洒祭，恭请这户人家的祖灵前来享用，再喝下这杯酒。

丰年祭的第二天清晨，担任凿齿师（Paruparu）职务的族中长者，会带着青少年到德化社的后山举行陷猎祭。长者为青少年戴上花草编织的头冠，并将捕猎的陷阱钉在草丛堆里，带领少年绕着陷阱围成一圈前进，祈求祖灵祝福。酒糟祭由7位女祭司将各户人家所酿制的半成品酒糟祭祀祖灵，高唱约1小时的祖灵歌，期望祖灵庇佑族人丰收。早期的邵族8到12岁的儿童，会在大过年的农历八月初三举行凿齿仪式（Pakuniping），凿去上颚两侧的犬齿，作为辨识族人的特征，也正好提供吸纳烟斗的位置，而今日凿齿只留存象征性的形式，凿齿祭仪举行时，7位先生妈坐在屋檐下，对着公妈篮和凿齿工具念咒，祈求祖灵赐福，让今天参加凿齿祭的孩子能够平安长大。大过年时，会在农历八月四日兴建祖灵屋，其地点与搭建模式皆必须遵循古法。祖灵屋完工后，先生妈会将所有的公妈篮放在祖灵屋前念祈祷语，最后洒酒献给祖灵，祈求赐福给所有族人。

●图7-3　祭祀仪式时，主祭者向族中长老敬酒

●图7-4　邵族青年以美食热情款待到访游客

●图7-5　汉人传统信仰与邵族图腾共处一地

●图7-6　在邵族改良建筑中所举行的结婚仪式

农历八月五日至十一日之间并无祭仪举行，因此族人的重心皆摆在牵田仪式（Shmayla）的进行。每天晚上8点左右，大家陆续来到祖灵屋前，青年在牵田的内圈，将酒供给参与牵田的族众，拿到酒杯后，以右手指沾酒洒向空中献给祖灵。族人吟唱祖先之歌，跳着夸赞祖先武勇的圈舞，借此与祖灵沟通，达到另一个心灵境界。农历八月十五月圆之日举行甜酒祭祖灵（Malalu minfazfaz），当祖灵屋内的薪火升起，族人将代表最高祖灵的日月盾牌（Rifiz）供奉在祖灵屋内，接着在广场围成一圈，欢欣歌舞。为了祈求平安，祖灵屋出巡（Mangatubi）必须巡遍德化社全境，在炉主的带领之下，族人吟唱着邵族歌谣，进入正心书院明德宫，充分展现邵族对于宗教之包容性。祖灵迎回祖灵屋后，将会由头人、先生妈、凿齿师以及族中长老开会决定丰年祭之结束日期。随着时代变迁，基于现实生活问题的考虑，族人已无法用一整个月的时间欢庆丰年祭，故近年来都约定以农历八月二十日为丰年祭之尾声。

最后的祭仪（Mulalu mingriqus）在上午9点左右举行，族人的公妈篮被送至祭场排成四方形。炉主夫妇完成丰年祭，妻子的服饰会在祭仪之后放入夫家的公妈篮中，表示其生灵将被供奉于夫家。最后的饮酒（Mingriqus miqilha）从傍晚直到隔天中午才结束，身为丰年祭的灵魂人物，炉主会准备丰盛的酒食款待族人，并送红包与礼物对先生妈和族中长老表示谢意。邵族的最高祖灵日月盾牌，平时安置于光华岛上，而各氏族的祖灵也被供在不同的地方。当日月盾牌被安奉在祖灵屋并赋予神力后，它不仅是最高祖灵的象征，更成为所有氏族祖灵的综合体。最后的祭仪举行完毕，炉主带领族众恭迎日月盾牌到德化社的各户人家，由男性族人亲近祖灵，触摸

●图7-7、图7-8　邵族丰年祭中所展现的传统歌谣与舞蹈

日月盾牌，期望祖灵赐福给这户人家。在结束丰年祭的所有祭仪活动前，会由先生妈对凿齿师的公妈篮进行最后一次祭仪。仪式进行到一半时，助手即开始拆除祖灵屋，同时先生妈必须将祖灵屋的所有物品收集起来，由男性族人将日月盾牌迎回凿齿师家中正厅。最后由先生妈持酒洒献给祖灵，告知此次丰年祭已圆满落幕。

第四节 结　语

日月潭自日本统治时期，即被规划为岛内重点观光区域，“行政院”于2001年正式核定邵族为台湾原住民族第十族后，德化社更成为世界知名的观光胜地。在发展经济产业的同时，如何兼顾传统文化之保存，便成为学者专家与当地居民所面临的重要课题。在笔者于2006年9月23日与2009年4月25日的两次参访中，日月潭畔之景观已出现非常大的差异，国际饭店与环潭步道的兴建，使风景区能容纳更多的游客，但许多具有邵族传统风味之景观已不复存在，令人惋惜。究竟如何在观光产业发展与记录保存邵族传统文化之间取得平衡，必须尽快寻找出解决之道，以防止文化资产继续流失。

●图7-9　船屋为邵族渔业之一大特色

●图7-10　艺品店中所张贴之历年丰年祭照片

●图7-11　日月潭蓬勃发展之观光产业

●图7-12　兴建中的国际饭店与络绎不绝的游客

田野工作者从事人类学之相关研究，必须能够深入所观察民族的生活，但是人类学者常以自身之思维、知觉与行动模式来解释所观察到的现象，导致研究上容易出现因认知不同而产生的错误。[①]另一个在田野调查时常发生的现象，则是因为调查者与调查对象的观念或语言不同所引起。就台湾原住民族传统文化而言，已有许多具有原住民身份的学者投入相关的研究领域，可望将研究者与观察对象之隔阂减至最低。但是，随着时代的变迁与观光产业的发展，导致传统文化的加速流失，则为从事台湾原住民文化研究所遭遇之共同困境。从日月潭邵族的神话与祭典仪式，我们可以追溯其发展源流，而观光业的推动，虽然使日月潭迈向国际化，却也带来传统文化保存不易的问题。有志于研究邵族文化的学者，除了必须克服因自身经验所产生的认知差异，还必须在环境迅速变迁的同时，保存与记录迅速流失中的传统文化。唯有透过专家学者与当地居民的共同努力，才能完善留存邵族之各项珍贵文化资产。

●日月潭一景（叶舒宪　摄）

①基辛：《文化人类学》，台北市：巨流图书有限公司，2002年版，第26—27页。

参考书目和延伸阅读

书籍

陈奇禄等：《日月潭邵族调查报告》，台北：南天书局，1996年。

Michael. C. Howard：《文化人类学》，李茂兴、蓝美华译，台北：弘智文化，1997年。

邓相扬、许木柱：《台湾原住民史·邵族史篇》，南投：台湾省文献委员会，2000年。

达西乌拉弯·毕马：《台湾的原住民——邵族》，台北：台原出版社，2002年。

叶舒宪：《文学与人类学》，北京：社会科学文献出版社，2003年。

吕钰秀：《台湾音乐史》，台北：五南图书出版，2003年。

达西乌拉弯·毕马：《邵族神话与传说》，台中：晨星出版社，2003年。

基辛：《文化人类学》，台北：巨流图书有限公司，2004年。

张兴杰等：《原住民自治制度之研究与规划——布农族、赛夏族与邵族》，台北："行政院"原住民委员会，2005年。

期刊、论文

林秀玉：《原住民族意识资源观光吸引力之研究——以邵族为例》，台中：朝阳科技大学休闲事业管理研究所硕士论文，2003年。

谢佳君：《原住民与观光客之利益交换影响因素之探讨——以日月潭国家风景区之邵族为例》，台中：静宜大学观光事业研究所硕士论文，2004年。

洪淑玲：《邵族歌舞文化之研究》，台中：国立台湾体育学院体育研究所硕士论文，2005年。

第八章

原住民乐园神话

原住民神话中有一类称作乐园神话，类似于《圣经》中的伊甸园神话。原住民相信曾经有过一个乐园时代，后代的人类经历了失乐园的不幸过程，却依然保留着一线复乐园的希望。

第一节
引　言

从古代到现代，从中国到西方，从文学到政治，出现了大量与“乐园”相关的词语，如黄金时代、天堂、仙乡、极乐世界、乌托邦、理想国、桃花源、大同世界、尧天舜日、上帝城等等，这些词语所涵盖的层面相当广，但在某些层面的意义上，都有相通之处——都是想象中一个美好快乐的地方，或一个时代。[①]历来研究乐园的学者更是不在少数，著作方面有李丰楙《神话的故乡——山海经》、叶舒宪《中国神话哲学》、王孝廉《中国的神话与传说》、硕博论文方面有丘宜文《山海经神话思维研究》、欧丽娟《唐诗的乐园意识》、林恭亿《六朝志怪乐园意识研究》，期刊论文有胡万川先生的《失乐园：中国乐园神话探讨之一》、萧兵《山海经的乐园情结》、骆水玉《圣域与沃土——山海经中的乐土神话》、张惠娟《乐园神话与乌托邦》、杨儒宾《道家的原始乐园思想》等等，研究乐园的部分实在不胜枚举。然而诸多研究者中，却鲜有讨论到台湾原住民的乐园神话，是故本文试图从西方乐园原型——伊甸园，以及保存中国大量原始思维的《山海经》中，探讨台湾原住民乐园神话的概况。[②]

在进入主题之前有几个观念必须先行厘清。首先，伊甸园（Eden）[③]源于征服苏美人的阿卡德人的语言，原译为平野或草原。伊甸之东立园林，代表着神能的奇迹，因为那里有水有树，是个美丽怡人的“园”。其次，《山海经》提到的乐园是出现在沃之野、载民之国、都广之野、昆仑之虚等处。不管是以园子、平野、国家、高山的状态出现，都偏

①胡万川：《失乐园：中国乐园神话探讨之一》，载于《中国神话与传说学术研讨会论文集》（上册），第103—104页。

②原住民神话参照的文本有：达悟族、排湾族、卑南族、鲁凯族、赛夏族、阿美族、泰雅族、邹族等等。

③S.H. Hooke: *Middle Eastern Mythology*, Penguin Books，1978，p.113。参考自胡万川：《失乐园：中国乐园神话探讨之一》，载于《中国神话与传说学术研讨会论文集》（上），第108—109页，注解11。

重于空间的乐园，空间形态的乐园条件是不一而足的，反观原住民中的“乐园”却较缺少土地的区域性概念，开头叙述常以“太古时”、“那时候”、“很久以前”来反映过去的美好的时代，只能片段地呈现乐园的某些形态。本文便将以“伊甸园”为典范来归纳乐园情节，依此探讨原住民在那段黄金岁月中的美好生活以及“失乐园”的原因。

●泰雅族木雕人像（叶舒宪　摄）

第二节
乐园原型

由于基督教（包括新旧各教派）对世界的影响早已无远弗届，因此欲探究“乐园”此一概念，便可从《圣经》着手。“乐园”这名词的希腊文为Poradeisos，源自波斯文的Pardes，其意义为“花园”。[①]以下就伊甸园神话作一概述：

> 神的名叫“耶和华”，他所造的第一个人是男人，名叫“亚当”。那个安置亚当的园子因为在于东方的“伊甸”，所以就叫“伊甸园”。园中有各种怡人眼目的树，其上的果子可作食物，其中两棵很特别，一棵是生命树，一棵是分辨善恶的树。神认为亚当独居不好，就用他的肋骨造了一个女人来和他做伴，女人的名叫“夏娃”。神对亚当说：“园中各样树上的果子，你可以随意吃，只是分辨善恶树上的果子，你不可吃，因为你吃的日子必定死”。可是后来夏娃受蛇的引诱，不仅自己吃，也叫亚当一同吃那分辨善恶的果子。两人吃了果子之后，“眼睛就明亮了，才知道自己是赤身露体，便拿无花果的叶子，自己编作裙子”。耶和华知道了这事，就对蛇和人作咒诅，说女人从此以后要受怀胎的苦，要受丈夫的管辖；说男人从此要终身劳苦才有得吃，之后男人女人都要终归于尘土，也就是死归尘土。[②]

从伊甸园神话的叙事中，我们可归纳出几个乐园的情节：

（1）伊甸园乃上帝所赐予。

（2）乐园是丰饶而愉悦的。

①圣经神学辞典编译委员会编译：《圣经神学辞典》，台中：光启出版社，1978年版，“乐园”条，第63页。

②以上关于创世纪伊甸园神话部分，不论转述或直接引文，皆据《圣经》（现代中文译本），第35页。

（3）人、神和谐安详。

（4）乐园之中不存在“死亡”。

（5）禁忌与介入者。

（6）失乐园。

关于乐园神话，历来学者对乐园都有一番解释。

胡万川认为伊甸园原意是指上帝造人之后为人类所准备的乐园：乐园之中有各种丰美的花草及果实，神、人、动物和谐相处，而死亡与衰老病痛在伊甸园中是不存在的。因此，亚当、夏娃被逐出伊甸园的故事，就成为“乐园与失乐园”的典型，致使乐园的表述多以追忆的笔调和过去式的时态来呈现，所代表的意涵常常是指一去不复返的黄金岁月。[①]

李丰楙认为世界上每一民族都有乐园神话，乐园的存在与向往是每一民族共同的梦境，表现了集体潜意识中隐蔽的理想与愿望。[②]

萧兵认为乐园称为地堂或福地（Elysium，Elysian Field），有的叫做“幸福岛”，（The Islands of Blessed）。它既是人间美妙的夸饰，所谓名山胜水、洞天福地在天上的投影，又是与丑陋现状、罪恶文明对立的映象和原始性神话思维或幻想描绘。[③]

综合伊甸园神话和学者的看法，可以整理出有关“乐园”的几个概念：

（1）“乐园”所代表的可能是一方快乐的空间或一段美好的黄金岁月。

（2）乐园中包含人神和谐共处、物资富饶、生命不死的三种主题。

（3）乐园是人们对美好生活的向往，多半出于想象或来自现实的逃避。下文将从乐园的三个主题——人神和谐、资源富饶、生命不死逐次探讨。

①参见欧丽娟：《唐诗的乐园意识》，台北：里仁书局，2000年版，第13页。

②李丰楙：《神话的故乡——山海经》，台北：时报出版社，1983年版，第248页。

③叶舒宪、郑在书、萧兵：《山海经的文化寻踪——“想象地理学”与东西文化碰触》，武汉：湖北人民出版社，2004年，第562页。

第三节
台湾原住民的乐园时代

原住民神话中，能表现出过去的乐园时代，主要关涉到的主题有三：一是人神和谐，二是资源富饶，三是生命不死。对于乐园的主题，历来学者多倾向胡万川的论点，将“天地相通”（或者是“绝地天通”）列为主题之一。然而若从伊甸园这个原型来看，亚当是被神安置在一个名为伊甸园的神圣空间。①那里富足而美好，花果缤纷，饮食无虞，更无生老病死的隐忧。这个无忧无虑的生活既是神所赐予，那么在归纳主题时，与其称之为“天地相通”（或者是“绝地天通”），不妨改为“人神和谐”，因为人神和谐的观念，更能广泛涵盖原住民神话中的乐园时代。以下便逐次探讨乐园时代的三个主题。

一、人神和谐

（一）人类诞生的神话

现今，不少原住民族群的物质文化仍与其诞生神话保持密不可分的关系，以鲁凯族“陶壶”为例：图8-1中独特的陶壶制作技术早已失传，因它是祖先流传下来的，所以被族人视为无价之宝，而且是贵族、英雄、望族家的标志之一，象征着名分与权力。因此，大多数有价值及各种类型的陶壶都在大头目手中。陶壶被视为族人传家之宝，也是鲁凯族贵族家中的重要结婚聘礼之一，除作婚聘物外，决不随意赠送给别人。陶壶另外一种用途是头目间相访，相互承认彼此有对等名分时，必

①伊利亚德（Eliade）认为神圣空间的揭示，使我们获得“定点”，进而在同质的混沌中获得“定向”，建构这个世界，并以真实的意识来生活。而后者（凡俗空间）的经验则正与此相反，它维持着空间的同构型与相对性。此时，不可能有真实的“定向”，“定点”也不再享有唯一存在性的地位；它依据日常的各种需要而出现、消失。参见伊利亚德著，杨素娥译：《圣与俗——宗教的本质》，台北：桂冠图书公司，2001年版，第74页。

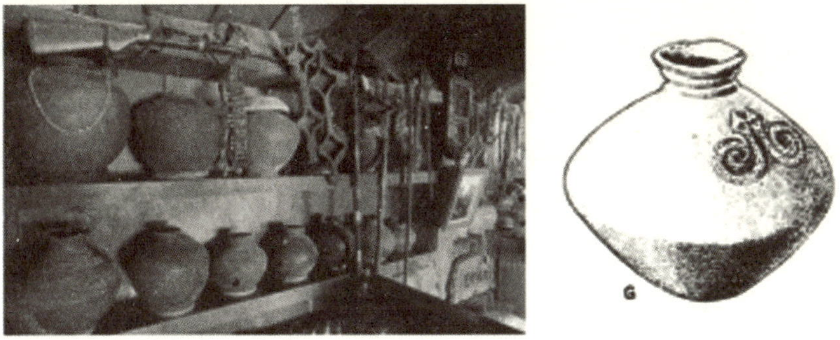

●图8-1　鲁凯族传统陶壶（来源：原住民数字博物馆）

须举行“触摸陶壶之礼”。①

此外，相传百步蛇是排湾族人的祖先，同时也是排湾族贵族的专属纹饰，百步蛇图纹大量出现在排湾族的木石雕刻、日常用品及服饰上。在排湾族，百步蛇（图8-2）有几个名称：（1）Tasalad（伙伴），（2）Kamavanan（真正的、正是），（3）Kavulungan（祖先），（4）Kamabanan（长老），（5）Vulung（蛇王）。在排湾族人眼中，百步蛇的性格很类似排湾族人的头目形象——独立、安定、和平、彼此不会互相攻击、不会主动攻击别人但会反击、不会到处游走。此外，百步蛇的生活区是“禁区”，族人不准干扰。祭典中若百步蛇出现，表示“秩序有误”有纠正之意，灵媒必须出面调解请求息怒。

人神和谐的神话能从两个层面探讨：一是人类诞生的神话；二是天地相通的神话。首先，人类诞生的神话可以说是世界各民族的共同神话。伊甸园中第一个人类是由名叫“耶和华”的神所创；中国神话则有盘古的妻子所生、天上诸神共同创造、女娲所创几个不同的说法。在原住民的神话中，关于人类诞生的部分，各族差异颇

●图8-2　排湾族百步蛇图饰（来源：原住民数字博物馆）

①原住民数字博物馆http://www.dmtip.gov.tw/Aborigines/Article.aspx?CategoryID=3&ClassID=10&RaceID=7 20090605

大，见附录一《原住民诞生神话一览表》。[1]原住民神话中的人类起源虽然不一，但大致可归为神造人、石造人、竹造人、蛋造人、葫芦造人、陶壶造人、虫变人、感生等。九族中跟神造人类有关的有阿美族、泰雅族、排湾族、卑南族、邹族、雅美族，阿美族流传的是天降Sabatoloku男子和Bauaihbu女子，后来这一男一女生了二子，成为阿美族的祖先。泰雅族流传神造人时，是先造头部，发现人头不动，便造了腿，从此人便能在地上行走。排湾族一说天神与另二位男女神由天而降，住了些时日并生下后代；一说是Kadao（日神）由天降下，生三枚蛋于池内，蛋破生一女二男；一说是人由竹子而生。卑南族一说月亮和太阳将孩子带到世上；一说numra女神，右手持石，左手持竹，石破生出一人。邹族一说天神摇撼枫树，枫果落地化成人；一说天神播种，长出来的就是人类。[2]雅美族则是天神安排一男一女下凡至雅美小岛，他们分别以石生与竹生的方式降生为人。

这些神话中，排湾族、卑南族、雅美族并非由神直接创造人类，然而，若非神的自天而降或神的精心安排，人类也无从诞生。因此神在各族神话中多半具有创造人类的创生性，或者成为创造人类的重要媒介，相关的神话以邹族为例：

有一天Ninewu神摇动树木，落下来的叶子都变成了女人。当时世界已有了男人了，是那些女叶人不愿和男人一起，Ninew便主张饮酒联叹，可是女叶人不肯喝酒，Ninewu最后将两种人互为婚姻。

Ninewu平日是住在天上，不过他时常会探望人间的夫妇，人们便请求他再多造些人，于是Ninewu便去请教他父亲造人的方法，父亲叫他摇动树木，但从树上落下的叶子不多，所以邹族的人数并不多。Ninewu又告诉人们除了狩猎野兽外，还可以种田为业。自此时Ninewu认为他已经完成创造的使命，并嘱咐人们保护他们的子女，如同他在保护他们，他不能时常到世界来了，只能从天上向下观看。[3]

①资料整理自尹建中：《台湾山胞各族传统神话故事与传说文献编纂研究》，共有阿美族、泰雅族、布农族、排湾族、卑南族、鲁凯族、赛夏族、邹族、达悟族等九族。

②浦忠成：《台湾原住民口传文学试探》，台北：常民文化出版，1996年版，第29—30页。

③来源：《大陆杂志》，引自杜而未《邹族信仰体系与宗教组织》，1988年版，收录于尹氏编本，余万居译，第301页。

由此故事可知，人类即使并非由神直接孕育，至少也是透过神的媒介作用产生人类。而神对人类的怜悯之心与保护之情，则构成了一种母者形象。再者，《山海经》中的乐园（乐土）——都广之野、载民之国、在沃之野，依据骆水玉先生将神秘的“互渗”作用加以扩大引申，归结出都广之野（谷神后稷的葬所）、载民之国（帝裔降处之地）、在沃之野（邻近邻接西王母之地），都是因为帝（神）的灵威而具备乐园的性质。[①]由此推知，神的降临将会使该地成为神圣空间，其对人类的创生性更是“人神和谐”的重要表征。

（二）天地相通

关于“天地相通”的部分，在人神和谐的美好时代，有几个层面可以探究：首先是天地相通的概况，其二是神对人民的教导，最后是人神通婚的现象。以下便用表格的方式就这三个层面进行浅析。见附录二《原住民的神话——天地相通一览表》[②]。“天地相通的概况”的情形，可分成两部分讨论，一是天地相通，二是绝地天通。由于伊甸园神话中，并没有提到人神之间的距离，因此乐园是以“人神和谐”的观念来展现；《山海经》则不然，人与神之间有垂直的空间距离，人神之间只能靠特殊人物来“从此升降”与“上下于此”。因此，根据胡万川先生的说法，在以神居于天，人居于地的前提下，神话中的神人和谐共处状态，便以“天地上下相通”的观念来表达，而后神人因故隔绝，便是“绝地天通”。

1．天地相通的概况

第一层面，原住民神话中“天地相通的情形”，依表格可分为几种情形：神的降临与回归，人的上天回归，人下地底。前两类是很普遍的现象，多半是在解释人类诞生及文化，或者是神创生人类的记叙。第三类型的“人下地底”，布农族、泰雅族、邹族都有“地底人”的流传。地底人的神话，大都有几个情节：人是在偶然的机会进入地底；地底人友善地对待地上人；多半会请吃食物；地上人见到地底人富裕的生活，便索取或偷带谷种回地面。地底人的特征则有：身上长着尾巴，不吃米饭，只吸食汤气，肛门很小或没有肛门。

①参见骆水玉：《圣域与沃土——山海经中的乐土神话》，《汉学研究》，第17卷第1期，第172页。

②资料整理自尹建中：《台湾山胞各族传统神话故事与传说文献编纂研究》，共有阿美族、泰雅族、布农族、排湾族、卑南族、鲁凯族、赛夏族、邹族、达悟族等九族。

2. 神对人民的教导

第二层面要探讨的是“神对人民的教导”，神的降临有时是为了教导人民播种、酿酒、巫术、狩猎、语言、仪式等等，任务完成后便返回天界。以阿美族为例，起初人类不知如何种植，以致家境困难，天的神Maladau看不下去，化身为人名叫Solol Alimolo，告诉老人种植得看季节，春天萌芽时播种，秋天即收，等神回天上时，他父亲又叫他弟弟Kiswol来到人间，教人巫术和打猎规则。据说Kiswol曾留在世上娶了一个太太。神话中，神对人类的教导不管是采取直接或是间接方式，都是原住民用来解释祭仪的由来。像现在排湾族举行的丰年祭（图8—3）或泰雅族岁时祭仪、邹族的“玛亚士比”祭典，就与此类神话息息相关。

●图8—3 排湾族丰年祭（来源：原住民数字博物馆）

●图8—4 泰雅族祭祀表演（来源：原住民数字博物馆）

●图8—5 排湾族五年祭女巫师（朱连金）在祖灵像前以祭叶、带骨的碎猪肉、小米糕和小米酒祭告祖灵（来源：原住民数字博物馆）

3. 人神通婚的现象

第三层面，便是要讨论到“人神通婚的现象”。达悟族中就流传有名的仙女神话，故事大意为：上帝的女儿非常怜悯一对可怜兄弟，便由竹竿来到人间，和大哥结婚，婚后衣食无虞。每天用餐时，大地瓜、大芋头、猪肉、羊，都会自动摆出来。仙女的丈夫觉得怪异便问仙女原因，仙女便告诫他不能打开家里的仓库。但丈夫却趁仙女外出时忍不住打开仓库，只见屋里每一个人都忙着工作。丈夫见了非常害怕，把门又锁了起来。仙女回来发现仓库里的佣人已经回天国去了，盛怒之下带着孩子爬上天梯返回天上去了。[1]从神婚神话看来，仙女的下凡似乎较能为人类带来实质上的帮助，可惜人类多半会因触犯禁忌，导致仙女愤而回归天界。而男性神的降临，在故事中一开始经常扮演不工作的角色，即使能帮上忙，但其结果往往很难被人类所认同。故事中的雷神不只耕了田，还射下了4头鹿，回家后反被岳父责骂。至于同样与人类结婚的泰雅族雷神，下场也是被丈母娘抱怨不懂种粟之法。如此看来，女性神在人界的婚姻生活和乐融洽，而男性神就较为格格不入了。

讨论完天地相通的三个层面后（天地相通的概况、神对人民的教导、人神通婚的现象）可以发现，原住民中的神对人类的态度是友善、怜悯的，也许原住民的神没有像耶和华一样赐予人类一个神圣的空间，也没有提供人类一切生活的所需，然而他们帮助人类文化孕育的用心，比起遥不可及的神迹，这样的神更让人类深受感动，进而满怀感激。这样的温暖交流，不正构成一幅“人神和谐”图吗？

最后，还有两个部分必须厘清：一是“天地相通”的媒介，二是“绝地天通”的原因。首先，《山海经》中的巫可以在天界、人界间升降，显示出其特别的身份；其次，巫所升降的媒介，以山和树为主，这些山和树因为巍峨高耸，直达天际，因此具有“天梯”的性质。关于天梯，伊利亚德认为，在“世界的体系”[2]中：神圣空间在空间的同构型中，构成了一个突破点。这个突破点使一宇宙区域通往另一区域成为可能，这种与天的共融交往，可由各种图像表达

①钟凤娣：《雅美文化故事》，兰屿国民中学社会教育工作站出版，兰屿慈怀家庭服务计划委员会发行。收录于田哲益《达悟族神话与传说》，台中：晨星出版社，1992年版，第262页。

②伊利亚德（Eliade）：《圣与俗——宗教的本质》，杨素娥译，台北：桂冠图书公司，2001年版，第87页。

出来，而所有的图像都提及“宇宙轴”，如柱子、梯子、高山（如中国祭天的泰山）、树木、藤蔓……换句话说，身为天梯性质的山和树，即是进入神圣空间的“突破点”，它能使人从天上通到地上，或者从地上通到天上，甚至与地底也能相通；同样的，出现在原住民神话中，能让人类上下通的媒介就常以竹竿、梯子、藤蔓的形象出现。从《原住民的神话——天地相通一览表》中，地面人要通往地底多半从“洞”进入，此“洞”即是一种“突破点”，通过突破点，人类也许并非真能到达一方乐土，但进入一个有别于地上环境的异质空间，却是毋庸置疑。地底世界虽然尚未能构成乐园的条件，但一般说来，地底世界的确是比地上世界更富足可乐，原住民的谷种诞生，有一半便是从地底世界获得。因此，原住民即使未能有一方属于自己的乐园空间，至少在那段黄金的岁月中，在他们的想象中仍是受神关心与眷顾的。

“绝地天通”的问题，绝地天通代表着人神之间的距离受到了空间的阻隔，这个议题是研究“乐园”时所必须处理的。台湾原住民神话的部分，把天地分隔的原因分成两类，其中一类天地调整神话，因为天太低，阳光炙热，形成人民生活上的不方便，于是就有各式举天的神话。包括神举天、鸟举天、人举天、妇人拿杵撞天、巨人举天的神话，不胜枚举，在此便不赘述。另一类是禁忌神话，因为原住民触犯禁忌而无法通天。以布农族的神话为例，从前的人本来能够和天上的星星结婚。当时的人也不必工作，生活过得很幸福美满。有一个人的媳妇是星星，这个媳妇在田里种了葫芦，公公不喜欢葫芦，而喜欢小米，他把葫芦都拔掉。媳妇看了很伤心，把葫芦藤集合起来燃烧，她随着烟气飞到天上去。从此以后人和星星就不再通婚。[①]其他汉族的神话也流传一个类似的神话，人们不需操劳就能有收获，所以常常有空闲到天上去玩。有一次玩得太闹了，吵得神仙不宁，玉帝就命雷公打断天梯，并把天升高，使人们不能再到天上去玩。接着，又在地上撒种子，从此人们就得忙着耕种收成，再也不能到处游玩了。[②]碍于此类的原住民神话流传得较少，所以只能大约推论，远古时期的人类生活富足而悠闲。后来由于人的某种错误，致使天神不乐，天神因此“绝地天通”，使人神两隔，从此人类就过着辛苦的日子，每天得为生活而奔波。

①田哲益：《布农族的古老传说》，南投县政府，1993年版，第85—87页。

②陶阳、钟秀：《中国神话》，北京：商务印书馆，2000年版，第117页。

二、资源富饶——食物神话

各族的主要饮食，谷类以小米（粟）、芋头为主，肉类除了达悟族靠海以飞鱼为主外，多以猪肉为主。其主食来源可从其食物神话一窥究竟，参见下列《原住民主食一览表》：

族别	饮食
阿美族	打猎、捕鱼、畜养猪、鸡、种植稻米、小米等，并习惯食用盐腌制的食物、烟熏的肉或鱼，以及吃槟榔等
泰雅族	米、小米及黍、山猪、鹿、羌仔、山羊、山猫等
布农族	粟（小米）与薯芋、猎肉
排湾族	小米、肉类、槟榔、芋头
鲁凯族	鲁凯族以小米、芋头等淀粉类作物为主食，喜用石板烘烤芋头。他们喜欢把粟或芋头捣碎，加入兽肉拌成馅料，用月桃叶包着制成的食物叫“阿拜”
卑南族	粟、旱稻、甘薯、里竽、猪肉
赛夏族	粟、甘簹、旱稻、猪肉
邹族	小米、地瓜、芋头、鱼
达悟族	水芋、山芋、地瓜、小米、飞鱼

布农族有句谚语“一粒小米养一家人”。这句谚语看似荒谬，实则透露出原住民曾经有过一段美好的黄金时代。那时候一粒小米就能煮一锅饭，人们过着无忧无虑、不需劳苦的生活：需要柴薪，只要喊一声，柴薪就自动到家里来；想吃鱼，只要到河边把网子一放，成群的鱼就自动游到网中；想吃肉，山猪也会从深山跑来，只要拔下几根山猪毛下锅煮，或者从山猪身上割一块肉下来，就有源源不绝的食物提供给人类。虽然没有《山海经》中的乐园那样，百谷汇聚、凤凰自歌自舞、百兽爰居共处，到处充满奇珍异物，但至少在好久以前人类是不需耕种织布，也能过着衣食无虞的生活。赛夏族也有神话来对照过去的美好时代，“很久很久的古时，也就是猴子还是人的那一个时代，人们的生活非常写意。要煮粟的时候，就自然地有水涌出来，要烧火时，就自然地薪柴走来自动燃烧，要吃肉的时候，就自然地有山猪走过来留下一根毛，把那一根煮一煮，就是一满锅香喷喷的肉。”①相关的故事，也出现在布农族、鲁

①佐山融吉、大西吉寿：《番族调查报告书》，收录于尹氏编本，余万居译，1921年版，第283页。

●图8-6　东排湾族土板村五年祭，女巫师（左）和男祭司（手持点燃的小米梗）带领男士们进入祭场（来源：原住民数字博物馆）

●图8-7　鲁凯族传统食物——粟或芋头捣碎，加入兽肉（来源：原住民数字博物馆）

凯族、排湾族，整理分析，可归纳出三种类型：（1）有某人放了很多粟下锅煮；（2）有某人贪心而割了一大块兽肉；（3）有某人斥责柴薪。故事中传达出，在食物充足的美好时代，粟、柴薪、动物、水等等，只要人类有需要，它们就会自动来到家里以供食用。但却因为某种缘由，触怒了这些食物，导致人类再也不能坐享其成，必须辛苦耕耘才有粟煮，出去打猎才有肉吃，还得亲自上山采薪烧柴。黄金时代的失落，原住民都有其一套的注解，但大多不出以下三种：粟神话、兽肉神话和柴薪神话。

第一类型的粟神话，不管是因为人类嫌煮粟太麻烦，还是有傻瓜恶作剧，故事情节都有某人一次放很多粟下锅，结果导致粟满溢出，从此一粒米再也无法煮一锅饭；或者是粟愤怒异常，变成鸟飞上天，从此人类得辛苦工作。附带一提，此一类型的"某人"常以孕妇的形象出现，这也间接解释了何以某些原住民的孕妇禁忌特别多，怀孕期间不能用手抓小米、不能煮饭等等。以排湾族神话为例：

神有一日交代地神要好好照顾土地及土地上的人民，作物收成时也得向天神报告。到时天神会告诉人民祭祀的仪式，并且人民要五年奉献一次。之后，便赐敦树十粒小米（Vago）种子给他们，并交代收成之后只能吃一粒。果然时人只要煮小米也就能煮满一锅。但有一孕妇，她偷偷煮了一把，结果被烫死。天神知道后大怒，罚他们工作劳苦，有天灾和疾病，从此煮小米也要煮很多才够吃。现在，排湾族孕妇的禁忌也特别多，其中就包括不能用手抓小米，不能煮饭。[①]

此外，浦忠成在《库巴之火——台湾邹族部落神话研究》[②]提到邹族粟祭时要对粟女神极其恭敬，原因是族人在祭祀的过程中，怠慢了粟女神。从前粟女神教导邹族人耕种的方法，并叮咛邹族人要在播种和收获的时候祭拜她，如此便会让邹族人拥有丰富的食物。那时的粟苗本来可以结穗5次，用5粒粟煮饭，就可以装满锅。后来有人懒惰，认为祭拜粟女神是麻烦的事，就荒废了，女神一气之下就让所有的粟米飞走，最后只留一把在某户人家的门后，从此粟苗只结一次穗就会死，人类再也无法让几粒粟米煮成一锅饭。粟神话中，不只是邹族与排湾族有违反约定的例子，布农族也有一个懒惰的女孩为了省事，一次就在锅内放了太多米，饭一煮好，连一个房子都装不下，女孩自己也被烫死而成老鼠。[③]这类故事，表达出了一种“禁忌”，即由于人违反了与神之间的约定，因此才遭到惩罚，从此失去美好的悠闲生活。

第二类型的兽肉神话，故事开始也会有“某人”担任傻瓜或贪婪者的角色，起因多半是某人拔伤山猪毛或起了宰杀山猪的念头，导致山猪及其他兽类遁隐深山，再也不轻易出现，以赛夏族为例：

> 突然有一个人想屠宰山猪，山猪大怒，说：“你们人，全是恩将仇报的坏蛋！从今以后，你们就是喊哑了喉咙，也休想我会出来，我还要把你们辛苦耕耘的农作物弄得一塌糊涂！”说完就走进山中深处去。其后山猪决不接近村子，其他兽类也都躲进山中去了，非得去打猎就吃不到兽肉。[④]

另外，泰雅族则有流传大傻瓜拔伤兽毛的故事：“当时的人要拔起两三根兽毛煮，就能煮成一锅肉。可是同样的，有个大傻瓜，拔

①来源：《边政学报》：《台湾文献》，引自龙宝麒《排弯族信仰体系》，收录于尹氏编本，余万居译，第186页。

②浦忠成：《库巴之火——台湾邹族部落神话研究》，台中：晨星出版社，1997年版，第104页。

③来源：浅井惠伦、小川尚义，徐人仁翻译，1992年8月于高雄县桃源乡高中村采录材料，讲述人：杜胜，翻译：洪庆顺，采录整理：李福清、浦忠成。收录于浦忠成《库巴之火——台湾邹族部落神话研究》第107页。

④佐山融吉、大西吉寿：《番族调查报告书》，收录于尹氏编本，余万居译，1921年版，第283页。

兽毛时，伤了野兽的身体。结果兽类都害怕起来，纷纷躲入山中，再也不出来。”[①]以及惹毛山猪的故事，“古时，神应允人，若想吃鹿肉、山猪肉或羌仔肉，只要叫它们的名字，它们便会过来，只要拔它们的毛，放在篮子里，上面用个东西盖住，向后转身过去，片刻后毛必变成肉，人们依言，常年轻易食肉，后来有个人想，若割下山猪肉，必有更美好的东西，便暗藏刀子割下一块山猪肉，惹火了山猪，自此，人必须狩猎方能吃肉。[②]“这类神话至少可以解释三种现象：一是从此人类必须上山打猎；二是兽类从此多半在山林活动；三是山猪从此会有践踏田地、破坏农作物的行为。而故事的情节，不管是意外伤了野兽的傻瓜，还是存有非分之想的贪婪者，最后都会得到反效果，受到了山猪的惩罚与诅咒。”

第三类型的柴薪神话，情节也不出由“某人”担任斥责柴薪（树木）的工作，导致柴薪自此不会主动到人类家来，甚至还有了惩罚人类的行为（或是报复人类的诅咒）。此类型情节多半见于布农族“以前每次煮饭只需一粒粟的时代，柴薪是会自动到家中，若穷困人家来的则是生柴和不易燃的火把，若富裕人家来的则是干柴和易燃火把。有一次，一个女子在家织布，一个柴薪走过去拔了纬线棒，女子生气斥责，而柴薪、火把、余烬亦觉得生气，它们都走掉了。从此人们就得去采薪。”[③]另一则柴薪神话有较详细的情节：

> 以前树木都会自己到家里头来，布农人并不需要辛苦地到山上采取，像松树（sang）栓皮擽（halrnut）tulmus.san hava，而havuttaz landun这种树木还长在人居住的附近，所以布农人在使用木材时非常方便，那为什么现在木材都不到自己的家里呢？
>
> 原来从前有一个布农妇人当她正在自己家里织布时，木材刚好滚了进来，结果把妇人所织的布弄得乱七八糟。妇人非常生气就开口骂这些木材，而且还骂个不停。树木其实已经受不了妇人喋喋不休，甚至后来这个妇人还说：“你们以后不要再

①佐山融吉采于《番族调查报告书》，收录于尹氏编本，余万居译，1913年版，第80页。
②佐山融吉、大西吉寿：《生番传说集》，收录于尹氏编本，余万居译，1916年版，第78页。
③小川尚义、浅井惠伦：《原语にとゐ台湾高砂族传说集》，收录于尹氏编本，余万居译，1935年版，第123页。

来！回去啦！”这些木材听后更生气了，便纷纷下定决心要给人类一点苦难吃，像松树就决定远离布农人，从此要住在深山里，它向妇人说：“今后你们要采sang（砍木材取火）一定要打你们的腿。据背松树的人表示，无论背的松树是不是很重，腿总要酸痛三至七天，且每次当树干要下背时，树干仿佛也应验了松树曾经下过的诅咒，打我们的腿。这是树灵的诅咒ka li ki kiv vun ma lu dah。[①]

故事中的柴薪受到妇人的斥责后，并没有跟兽肉神话中的动物一样马上遁隐山林，反而以拟人化的形象，产生“报复”的念头，要给人类点苦吃。这类型的神话并没有明显触犯禁忌或约定，却有更深层的反省面。除了人类已经把“方便性”视为理所当然之外，对树木们更是缺少一份尊重的心态，想来树木也是气愤人类不懂得知足与感恩，把它们（柴薪）当作“呼之即来挥之即去”的生活必需品。所以，妇人的一声诃责才会打断了人类与树木（柴薪）间的友好关系，从此树木从动态转为静态，从主动转为被动，不只不再供人类使唤，连声音也变得沉默了。

三、生命不死

死亡可说是有生之物恒须面对、接受的终极课题与命运，驱逐死亡，是人类最原始深邃却又难以企及的愿望。[②]然而对古代先民而言，他们并不了解“死亡”的意义，生命连续性遭到破坏的现象，先民只能用原始性的思维来解释。因此，对于“生命不死”的主题，原住民神话并不像《山海经》中那样表现出对不死药、不死树、不死国、不死山、不死民的追求，而是更原始地对死亡提出解释。原住民的神话中，便可以将“生命不死”的主题分成不死神话、长寿神话、复活神话。

（一）不死与长寿神话

泰雅族出现好几则对“死亡”神话的不同解释，一说是人不替诞

①此书多采录郡社、峦社耆老口述。该则收录于方有水、印莉敏：《布农——传说故事及其早期生活习俗》，南投县：玉山国家公园出版社，1995年版，第45—46页。

②骆水玉：《圣域与沃土——山海经中的乐土神话》，《汉学研究》，第17卷第1期，第172页。

生自猪粪的人洗澡或涂粪便；一说是人类违反神定的戒律或不遵守某些习俗。邹族则是由于恶神soesoha的缘故：

尼福内（nibunu）和索埃索哈（soesoha）是一同出现，人们替他们摆渡，不过尼福内穿着很差，所以人们不重视祂。但过河后，尼福内洗澡，身上流下的泥像槲兰花，而索埃索哈的泥却像狗屎。因此大家便开始尊敬尼福内。尼福内只要放一粒米在锅里和缸中，再念煮饭和酿酒的咒语，就会有满满的一锅饭和一缸酒。索埃索哈想要学祂，却老是变出狗屎。据说那时人死五次方才会真正死去，在死时只要尼福内施魔法，他就会复生。有一次尼福内不在，有一个人死了，索埃帝哈也想模仿，但不成功，就把他埋葬了，而尼福内从此无法使人死而复生，他很伤心，随藜种点的烟上升飞天。①

在这则神话中，代表的是妥协而认真去面对生命短暂现实的态度。浦忠成认为nibunu能使人死中复生五回，则象征人类对长生不死的梦想。宗教上有来生的观念都是起自同样的心理基础。不过此处要强调的是soesoha具体从事的葬埋和哀悼行为，这样的行为——亦即仪式，与远古的神祇发生关联，便加强它应为族人遵行的合理性。②第一类与第二类的不死主题，参见附录三《原住民死亡诞生一览表》。

（二）复活神话

“死而复活”的主题，在排湾族与达悟族都有流传，排湾族是老鹰之故，因而复活；达悟族则考咒术死而复生。以达悟族为例：西·巴鲁威与侄儿喝水比赛，结果肚子爆炸四分五裂，兄弟二人合力把叔叔骨骸、头发捡起来，安置在alilin的小茅屋，念祈咒语道：“我们敬爱的西·巴鲁威叔叔，企盼示第一天长出头部；第二天长出身躯，血管成形；第三天四肢完备。”念完就离开了。第三天傍晚，西·巴鲁威坐在地上安然无恙地理身梳发。③可见，巫术咒语早已流行在村民的原始神话中，除了可以禳灾解祸，也能被运用在“复活”的主题上。

①聂甫斯基（N.A Nevskij）：《台湾邹族语语典》，白嗣宏、李福清、浦忠成译，收录于尹氏编本，1993年版，第313—314页。

②浦忠成：《库巴之火——台湾邹族部落神话研究》，台中：晨星出版社，1997年版，第110页。

③夏曼·蓝波安：《八代湾的神话》，收录于田哲益《达悟族神话与传说》，1992年版，第251页。

从一览表，可以再探讨两个有趣的问题。首先，就泰雅族、布农族、赛夏族来说，人类若想避免死亡可透过“洗澡”或“脱皮”仪式，这样的想法并非荒诞不稽。其实，洗澡即是一种洗礼的仪式，伊利亚德认为“旧人”透过浸入水中而死亡，而后赋予生命成为一个新而重生的人，水中的洗礼，象征回归到形成之前（prefonnal），和存在之前的未分化状态结合。自水中浮出，乃重复宇宙形式上的创生显现的行为；洗礼，便相当于一种形式的瓦解。与水有关联的，总是会引致一种重生的记号，一面是因为死亡乃伴随新生而来，另一方面是因为洗礼充实并孕育了生命的潜能。[①]而脱皮仪式则仿佛是脱掉邪恶与堕落的外衣，生命透过“脱”的行为从而获得重生。像这样不停的重复循环，自然让生命有了连续性，如此，“生命不死”就成了可以触及的想望了。

①伊利亚德（Eliade）：《圣与俗——宗教的本质》，杨素娥译，台北：桂冠图书公司，2001年版，第173页。

第四节
结　　语

长久以来，台湾原住民神话已经随着时代的洪流走过春秋递嬗，失乐园的响歌从远古回荡到今，没有半丝哀怨与忧愁，有的只是那流泻而过的回忆。因为他们明白乐园不过是初民对美好世界的向往。天地相通的主题，是人们驰骋的浪漫想象，就像屈原在《离骚》中以瑰奇的文笔翱翔于天地一样，如此“上下求索”，为的就是求一个生命的答案。在相信万物有灵的部落中，他们会赋予山、树、花、鸟、石、暴雨、河流、土地灵魂和名字，土地就是他们的母亲，河流与山岩就是他们的兄弟。有时他们会奔跑在田野中享受日光的和煦，有时他们会停下脚步倾听啄木鸟“叩叩叩”的乐音，有时他们会引吭歌唱等待收割的丰年祭。他们知道山猫为何而微笑，他们了解天籁之音的美妙，因为原住民神话中的富饶主题启示着：唯有怀以虔诚感恩的心，尊重自然界每一个独一无二的生命，才能与万物共存，与宇宙合而为一。

“乐园”何在，对猎牧者芬尼人（Fenni）而言，他们不忧人事，不畏神祇，已经到达了一种人所不及的福境：他们已经无所求于天地之间了。[①]对农耕生活的我们而言，“不绩不经，不稼不穑”的富饶生活就是乐园；对游牧者而言，能以天地为家，以草原为生，以驰骋为乐就是乐园；对原住民而言，能处在人神和谐、资源富饶、生命不死的时代也是乐园。乔瑟夫·坎伯（Joseph Campbell）与莫比尔（Bill Moyers）有一段经典的对话：

莫：伊甸园过去不是，但未来会是。

坎伯：伊甸园现在就是。“天国散布在每个角落，而人们看不见它。”

①叶舒宪、郑在书、萧兵：《山海经的文化寻踪——“想象地理学”与东西文化碰触》，武汉：湖北人民出版社，2004年版，第580页。

莫：伊甸园就是现在，在这个充满苦难、死亡与暴力的世界吗？

坎伯：那只是它感受的方式，但这就是伊甸园。当你看到天国遍布人间，原来的生活态度便不复存在。这就是世界末日。世界末日不是一件将发生的事件，而是一种心理上的转化，一种视野的转化。你看到的不再是由固定事物组成的世界，而是光辉的世界。①

也许，人神和谐的时代过去了，然而天地仍在，四季未曾离开；资源富饶的时代过去了，然而人类更能体会幸福的意义；生命不死的时代过去了，然而日月的光辉仍旧照耀着人类的过去未来。乐园并非失去，只是化作天空、大地、云、风雨和空气。若能稍微留意，当下即是乐园。

①乔瑟夫·坎伯（Joseph Campbell）作，贝蒂·苏·孚劳尔（Betty Sue Flower）编，朱侃如译：《神话的智慧》（*The Power of Myth*），第389页。援引自谢智琴：《山海经中生命安顿及乐土向往之探讨》，玄奘大学硕士论文，2005年1月。

第五节 后 记

实地走访——台东

笔者于2009年6月25日到台东初鹿牧场，纪念品店有大量的猫头鹰，泰雅族的老板娘热情地解说：对泰雅族、卑南族、排湾族而言，猫头鹰是送子的象征，是吉祥物。

●图8-8 猫头鹰摆饰

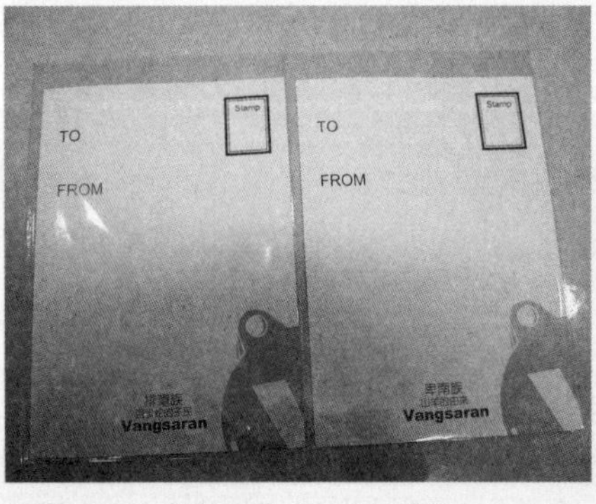

●图8-9 排湾族百步蛇 明信片背面

●图8-10 百步蛇结合陶壶 明信片正面

排湾族陶瓮传说

亘古的排湾，百步蛇在陶壶里孵了一个蛋，东方的第一道阳光，每天由石板屋上的天窗，直射祖灵柱及陶壶，陶壶渐渐长大，犹如妈妈怀胎十月，诞生了一名男婴。奇怪的是，他睡觉时要到另一名勇士家，吃饭却在一名勇士家，族人视他为宝。长大后，被族人尊称为Mamazangilan（部落领袖之意）。因此百步蛇、陶壶、太阳都是部落领袖之象征，平民不得拥有的陶壶分为4个等级，依次为阴阳壶、母壶、人形壶、公壶4种。公壶有着百步蛇纹（图8-11），母壶则有乳钉状的凸状，而阴阳壶，兼具有公壶与母壶的饰纹，是陶壶中最尊贵的，更是部落领袖子女联姻时重要的聘礼，外人不得随意触摸。

●图8-11　排湾族草埔社陶壶（来源：原住民数字博物馆）

参考书目和延伸阅读

金荣华：《台东卑南族口传文学选》，台北：中国文化大学中国文学研究所，1989年。

[日]冈松参太郎：《台湾番族惯习研究》，台北：台湾总督府临时台湾旧惯调查会，1917年。

陈千武：《台湾原住民的母语传说》，台北：台原出版社，1991年。

[日]清水纯：《噶玛兰族神话传说集》，台北：南天出版社，1998年。

许家真：《口传文学的翻译、改写与应用：以布农族口传文学为观察对象》，新竹：台湾清华大学硕士论文，2005年。

宋龙生：《卑南族神话传说故事集：南王祖先的话》，台北：台湾省文献委员会，1998年。

李亦园：《南澳的泰雅人：民族学田野调查与研究》，台北："中央研究院"民族学研究所专刊之五，1963年。

[美]乔瑟夫·坎伯：《神话的智慧》，台北：立绪文化事业有限公司，1996年。

第九章

原住民研究：日据时期的田野调查

最早对台湾原住民进行调查研究的为什么是日本人？这些调查的形式和目的是怎样的？其结果又有怎样的学术价值和现实意义呢？

第一节
引　言

1895年，《马关条约》签订，我国台湾成为日本的殖民地。身为甫出现于世界舞台的新兴现代化国家，日本跃跃欲试、摩拳擦掌，亟欲模仿西欧的殖民经验，[①]第一步便是投入大量人力、资源，对台湾进行彻底的调查研究。

在研究中心成立之前，进行研究的并非全是专业学者，他们包括军人、警员、土地测量技师、动植物学家、教师。1928年4月1日，时值日据时期的后三分之一，日本总督府设立台北帝国大学（现台湾大学），宗旨为“系统性的，创立于台湾的研究”，第一笔系统化、科学化的台湾学术研究于焉诞生。台湾首次出现于人类学、民族学、地志学、语言学的舞台，向世界介绍自己。

鸟居龙藏、大岛正满、鹿野忠雄、马渊东一、安倍明义、浅井惠伦、宫本延人、小川尚义等人，相继针对高砂族（山地原住民）写下高密度的调查成果。身处于台湾深山的原住民，长久以来甚少与外界接触，而一时间被“分类、识别、命名”，他们朴实的世界、直观的自我认同渐渐被改变。日本人走后，国民政府无心无力投入与先前相等质量的原住民研究，直至1980年代台湾本土意识抬头，原住民族的多方面向乃得以发扬与发展。

《台湾百年曙光：学术开创时代调查实录》书中的序言云：

> 大岛正满发现撒拉茅鳟（樱花钩吻鲑）的狂喜；鹿野忠雄记录台湾高山冰河的执著；马渊东一在兰阳调查猴猴族；安倍明义到屏东调查斯卡罗族；浅井惠伦对目前已经失传的平埔族

①其实，西欧各先进国家对异民族、异人种所居住的土地进行侵略或开发时，最热衷的就是原住民族的惯习调查。那也是所谓“白人的重担”的一部分。而“民族志”的起源也是从这个惯习调查开始的。铃木满男：《日本人在台湾做了什么》，蔡恩林译，台北：前卫出版社，2002年版，第55页。

语言、歌谣的采集；宫本延人更为现在已经质变的排湾族五年祭，保留住最详尽的原始记录；国分直一对西拉雅族的调查，直到高龄八十余岁时，还在做后续的研究与修正……

这一波立足于殖民的调查研究，一如“初时震撼、而后炫丽，最后归于寂静”的烟火，短暂出现于原住民的历史与记忆。日本探查者在原住民部落的足迹，被掩埋在20世纪东亚史。一方淳朴原始，一方严谨执著。存在着悬殊差异的双方，是否曾经存在着杨南郡所言之“探索的趣味与浪漫的情怀”？

今日，尝试拨开台湾史的血泪、原住民的辛酸，从政治、军事以外的角度，不歌颂亦不愤恨的口吻，写下70多年前至今的片段侧录。

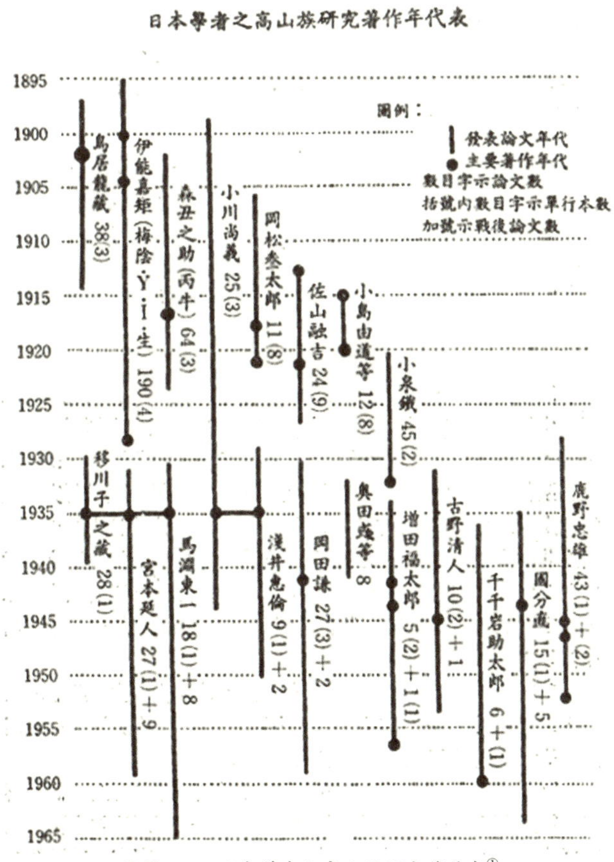

●图9-1　日本学者之高山族研究著作表[①]

①刘斌雄：《日本学人之高山族研究》，收于黄应贵主编：《台湾土著社会文化研究论文集》，台北：联经出版事业公司，1986年版，第72页。

台湾原住民族

1. 为最早抵达台湾定居的族群，早于17世纪移居的汉人有8000年之久。
2. 在遗传学和语言学的分类上属于南岛语族（Austronesian），和菲律宾、马来西亚、印度尼西亚、马达加斯加和大洋洲等的南岛民族族群有密切关联。
3. 2009年，人口数达494107人，占台湾总人口数的2.1%。
4. 2009年，官方认定的原住民族有：阿美族、泰雅族、排湾族、布农族、卑南族、鲁凯族、邹族、赛夏族、雅美族、邵族、噶玛兰族、太鲁阁族、撒奇莱雅族及赛德克等14族。

称呼的流变

时代		称呼		说明
清	18世纪初	生番 ↓	熟番 ↓	汉化程度高为熟番 汉化程度低为生番
清	19世纪末	高山番 ↓	平埔番 ↓	
日据时期	1895-1945	高砂族 ↓	平埔族 ↓	旧时日本称我国台湾为高砂岛、高山岛
“国民政府”	1945-1993	山胞 ↓	↓	
“国民政府”	1994	原住民 ↓	↓	为响应原住民运动要求正名的呼声，经由立法程序改名
“国民政府”	2000	↓	↓	为赋予各族民族的地位而改称
“国民政府”	2002	原住民族		属平埔族的噶玛兰族获得官方承认，成为台湾原住民族之一

自17世纪被称为“番”至今，原住民的名称与范畴历经多次变革。“番”这个赋予次等地位的蔑称，不尊重人权；“山胞”、“高山族”的名称带有“平地本位主义”的意味，且违反事实。居住于海岸与花东纵谷的阿美族，以及居住在兰屿的达悟族，都不是住在高山上的山胞、高山族。经由立法程序而改定的“台湾原住民族”是现有最客观，且兼顾人权与事实的正式名称，代表着一场人类学上的胜利。

注：中华人民共和国官方将所有台湾原住民族统称为高山族，并属中华民族。

●表9-1　台湾原住民族称呼的流变

第二节 立足点

20世纪30年代，日本政府重新组建学术团体，以满足政府对日本外围前线地带情报的需要。在这一背景之下，日本国立民族学研究所于1935年成立。中国华北、朝鲜、中国台湾成为人类学家施展所学的试金石——“好奇、探查、撰写”的华尔兹。

曾有人认为就新领土开发的基本战略而言，民族学者分配到的是一个无关紧要的领域：番族（高砂族）的惯行调查。乍看之下似乎如此，但是，日本从西欧的殖民经验了解到：随着殖民地的建立，很快出现种族统治的需要，对于日本帝国当局来说，无孔不入的情报正是殖民统治的前置作业。

无论从历史时机还是从心态来说，打赢甲午战争的日本人显然处在完全主动、支配的地位。他们对待台湾，并不抱着当年西班牙、荷兰与明郑的过客心态，也不像英法联军前的清廷的置之不理的态度。欧洲人、汉人，甚至仓促来台的“国民政府”，来台的动机或心态或者随机，或者被动，或者无奈。同样作为外来者的日本殖民者，对台湾原住民的探究，远远超过其他外来者，这可以从日本大量关于原住民政治、社会、经济、文化、资源等的调查与研究报告作佐证。

在日本挟着殖民目的进入台湾深山调查高砂族以前，高砂族被外界了解多少呢？根据俄罗斯人李福清的研究，在1885至1887年间，驻守鹅銮鼻（台湾屏东县恒春镇）的英国人Geoge Tayler曾经在伦敦的杂志发表他在台湾的见闻，描述当地原住民的风俗、信仰和神话故事。

清廷对少数民族一概采取粗略的二分法：依照汉化程度，非“生”即“熟”，西南方的苗族如此（生苗、熟苗），台湾亦如此

（生番、熟番）。平埔番，即所谓的熟番，已经高度汉化且多与汉族混居，部分平埔族知识分子自认为与汉人无异，厌恶“番”字的蔑称。[①]另外清统治者对生番几乎不闻不问，为避免发生混乱，立石牌、设牛沟，保持安全距离。这是“理番”（治理番人）政策的根本。[②]

清中叶以后国力衰颓，无力顾及他们眼中的化外之地台湾，更对番族无丝毫兴趣。而清廷与日本关键性的差别是，清廷从不认为认识与调查番族有其必要性。[③]“清代官方留下来的档案，或者不尽翔实，或者根本就是一片空白。”马渊东一如此评论。

①1932—1933年，熟番曾经向台湾总督府陈情，要求停止叫他们“熟番”，正式改用“东宁族”来称呼他们，结果无疾而终。铃木满男：《日本人在台湾做了什么》，蔡恩林译，台北：前卫出版社，2002年版，第53页。

②铃木满男：《日本人在台湾做了什么》，蔡恩林译，台北：前卫出版社，2002年版，第53页。

③西欧各先进国家最热衷的就是原住民族的惯行调查……而“民族志”（ethnography）的起源也是从这个惯行调查开始的。……当时台湾总督府依照上述西欧民族志学的模式进行作业，一共刊行了近20册的高砂族惯行调查报告书。铃木满男：《日本人在台湾做了什么》，蔡恩林译，台北：前卫出版社，2002年版，第55页。

第三节 投入调查

最初的台湾实况调查，来自日本军人、警员、土地测量技师、动植物学家、人类学家、教师……他们从不同的角度，报道他们所看到的台湾的绚丽多彩，但无法建立有系统性的资料。此时期的调查研究行动者，多半具有草莽的性格，带有强烈的冒险犯难精神与使命感，所面对的是未知的、混沌不明的领域。他们记录的是台湾少被外来文化影响的，接近原始的真貌。而后，历史学者币原坦在《台湾时报》发表了一关键性的论文，写道：

> 在日本眼中，台湾岛是其向南跨出的唯一立足点，在人文科学与自然科学方面，具有莫大的价值。台湾在地理位置上，跨到热带地域，具有垂直向上伸向温带乃至寒带的高海拔地形。所以无论在植物学、医学、气象学，以及其他自然科学方面，台湾拥有世界各地少有的研究条件。
>
> 此外，台湾位于南洋、太平洋与华南之间，岛上包容各种族文化，对于民族学、语言学、史学、文学与其他人文科学而言，台湾很难得地提供了最佳的研究对象。

这篇名为《台湾的学术价值》的论文，触动了当局者的心思。5年后，由币原坦担任第一届校长的台北帝国大学正式成立。1928年4月1日台北帝国大学的创立，成为日据时期台湾调查研究的分水岭。此后揭示了“系统性的，创立于台湾的研究”的研究宗旨。当时已届日据时期的后三分之一，真正开始进入台湾学术研究的重要阶段。

台北帝大创设之时的总督是上山满之进，他将属下的送行礼再补上若干，凑成十万元之总数，提供给台北帝大作为高砂族研究金。

当时两大研究主轴：文政学部的语言学教授小川尚义、土俗人种学教授移川子之藏，各就自己的研究领域支用[①]。由此可知当时对高砂族研究的重视。

浅井惠伦，与小川尚义同为台湾原住民语言学研究的双璧。先后为台北帝国大学文政学部“言语学教室”的教授（小川首任，浅井续任）。他们让台湾原住民语言学研究产生质的飞跃：摆脱了搜集零星字词的机械性而深入语言学的范畴，也引起了世界语言学界的关注。

以台北帝国大学为中心的调查行动，继承早期探险调查的结果，投入台湾史学、人类学、语言学、考古学、动物学、植物学、地理学、热带医学等不同领域，以系统的、学术的研究，建构台湾学术的基础，甚至在二次世界大战中与战后的艰困日子，也不改其志。

●图9-2 佳平社古老住屋前的警官（左二）、浅井惠伦（左三），以及当地居民[②]

①官本延人口述：《我的台湾纪行》，宋文熏、连照美编译，台北：南天出版社，1998年版，第85页。
②日本顺益台湾原住民研究会编著：《浅井惠伦收藏台湾原住民影像》，台北：顺益台湾原住民博物馆，1999年版，第71页。

第四节
勘查现场

调查工作的第一步，是搜集词汇，以求达成语言的互通。从宫本延人的记录来看，我们可知他们是如何惯例地制作内容简单却格式讲究的“单字卡”：

> 我们教室设计了“现地语语汇”的小册子。这是不到20页的小册子。挑选必须采集的若干语汇打印在前几页的左排，旁边的空白处则可以记录相对应的“土语”。这些语汇包括他们会话中最常出现的单语，例如：一、二、三、四等数词，或“今天好”等问候词，或“父”、“母”等亲族称呼，总共选了约200个日常单语，在每一个进行调查的部落都加以采集。①

番语的词汇量少意浅，并不难学，通晓多种番语的巡查与学者不在少数。真正让语言调查者感到困难的是，以罗马拼音无法记录完全正确的语音，尤其面对有打牙或拔齿风俗的布农族更是如此。拔去（上颚）第二颗牙，发音时空气会从嘴巴异常地漏出去，而发出特殊的音。未拔牙的人却发不出这种音，调查者因此只能记录近似的音而已。调查布农族的马渊东一曾经叹息着说：“没有拔掉牙齿是无法说布农话的啊！”②

布农族拔牙时用木片抵着牙齿，用劈刀的刀背敲打牙根使其动摇，之后再将长约20厘米的树枝两端绑上麻线套在牙齿上，握紧树

①宫本延人口述：《我的台湾纪行》，宋文熏、连照美编译，台北：南天出版社，1998年版，第93—94页。

②宫本延人口述：《我的台湾纪行》，宋文熏、连照美编译，台北：南天出版社，1998年版，第93—94页。

●图9-3　布农族的拔牙[①]

枝用力拔，留下的伤痕再用煤烟涂上。

采集语汇，也可说是调查系谱的准备工作。由于原住民族没有文字，族谱的流传与建立全依赖口传，日本调查者是第一批为此留下记录的人：

> 头目Urai-Umin屈指一算，把各世代子孙的名字一个一个说了出来……名字多达230个。……为了采集这一系谱，整整花了两天的工夫。头目不但没有不耐烦，反而以相当怀念的心情一面回想，一面作答。我们也深感兴趣地专注在这份工作上。[②]

在访问与采集族谱的过程中，宫本不仅察觉其间的重要性与乐趣，更进一步思索当中的线索或深层研究：

> 从这庞大的系谱资料，有关他们的居地、村落的迁移，村落与村落间的婚姻关系，村落间的亲疏关系及敌对关系等，很

①张良泽监修：《Formosa 原住民写真＆解说集》，戴嘉玲编译，台北：前卫出版社，2001年二刷，第64页。

②宫本延人口述：《我的台湾纪行》，宋文熏、连照美编译，台北：南天出版社，1998年版，第36页。

> 自然地都浮现出来。我们开始在想，如果用这种方法把全岛各族、各群、各部族、各村落的主要人物加以采访记录，或许全岛各族间的关系、敌对及亲戚关系，以及移动等，会逐渐明了，进而可具体知道台湾原住民，亦即高砂族系统的全貌。①

直至日本离台，研究者仍无法达成“具体知道高砂族系统的全貌”的理想目标。族群研究的构想还有一点：建立“亚族”，即是采取更柔软、弹性的分类，例如排湾族应再细分若干亚族，虽然这个理想最终没有实现，但是我们看到研究者在进行调查的同时也致力于前瞻性的管理设计。

此外，研究者马渊能考虑被研究者的立场与想法，并与研究者的想法做比较与对话，这样的双面视角难能可贵。如马渊讨论从族群分类到族群自我认同的问题：

> 这是我们调查者站在客观的立场上所作的分类，至于高砂族本身主观上的分类，并不一定和外界所作的分类一致。换句话说，调查者认为是同一种族，不一定是被调查者所认同的“自己”族类。②

无论是视角的广度与思考的深度，这些研究成果皆有相当的水准，更重要的是，为台湾接下来的研究提供了启蒙。

当时日本的人类学仅为起步阶段，依现在的标准来看，那时的调查方法有许多遗漏与不周全之处。但在当时的各种条件之下，能进行这种调查，并且完成如此庞大的调查报告书，是一件很不简单的事。

警官（当时称为巡查）掌管番界一切事务，举凡接受调查者的“入番申请”，并提供住宿等一切生活所需、带路、翻译，以及珍贵的番地经验。他们的协助是调查工作中不可或缺的重要一环。

①宫本延人口述：《我的台湾纪行》，宋文熏、连照美编译，台北：南天出版社，1998年版，第37页。

②马渊东一：《高砂族民族史》，1956年，收于移川子之藏等原著：《台湾百年曙光：学术开创时代调查实录》，杨南郡译著，台北：南天出版社，2005年版，第87页。

●图9-4　万大社日本警官家族①

这些服务于山地的警官，除了必须在总督府接受一般行政业务训练之外，还必须接受授产、医疗、土木工程等的特别训练，更须懂当地语言。

①日本顺益台湾原住民研究会编著：《浅井惠伦收藏台湾原住民影像》，台北：顺益台湾原住民博物馆，1999年版，第70页。

第五节 文化冲击

探查者撰写的报告不只记录着调查成果，亦保留了原汁原味的文化冲击——田野调查者与原住民族之间曾发生不少意想不到的奇遇。在探查的途中，惊奇连连，有时更是回味无穷的惊喜。

一、宫本延人

在巡查与前辈的带领下，宫本首度踏进太鲁阁峡谷，甫进入番界（当时对原住民居住地的称呼），便有一段印象深刻的邂逅：

> 女人的脸上从耳朵附近到嘴唇之间有蓝色的刺青，身上穿长袖上衣，缠腰布，向我们用日语说“konnichiwa（午安）”，使我们吃了一惊。这是我所遇到的第一个高砂族女人。看起来确实很奇怪，但她说日语且很有礼貌地点头行礼，所以马上有亲切感。①

接着正式展开调查工作，测量聚集过来的壮丁的头型、脸型、身高等。

晚餐时间，28位女人及小孩聚集在屋外，分别从前门、后门、窗子等空隙，窥看宫本一行人吃晚饭。举凡打了个喷嚏，或有人筷子夹的东西掉了，都会引起一阵哄堂大笑。怎么赶都无效，他们总是马上又会聚集过来。饭后聚集的人更多，吵闹声也越来越大，反而被吵得好像要神经崩溃了。连以刚毅知名的鹿野忠雄都大叫受不了，而想逃到山里去。

①宫本延人口述：《我的台湾纪行》，宋文熏、连照美编译，台北：南天出版社，1998年版，第33页。

原住民族的天真淳朴与不经掩饰，直接冲突着一向端正的日本人。完全超乎想象的喧闹欢乐，几乎让来者招架不住。

二、田中薰

田中薰在番界的夜晚与上述宫本一行人相比，虽然较少喧闹，但依然充满着新奇：

> 我在洗澡的时候，浴室墙板裂缝中有许多黑眼珠在搜寻。他们对日本旅行者抱着一种难以言喻的羡慕心理，怯生生地不敢开口，只是喜欢聚在旅行者身边。①

情感丰富、感受力强的田中，相较于其他日本调查者更关注于人际情感与艺术方面的感受与交流。

> 年轻的番人受过日语教育，所以能够用日语和我们交谈，尤其女子讲得很流畅。"先生，帮我们拍一张照片好不好？"说着，这些眉目清秀的女子们排成一列。她们之中有一个穿着有点脏的浴衣，大概是驻在所巡查太太的旧衣。②

拍照过后，田中询问女孩们的名字，承诺将照片寄给她们，转过身后，他仍念念不忘其中一位特别美貌的少女。另外，让田中印象深刻且有好感的女孩还有一位：

> Iri是一个很有趣的才女，也乐于助人。……有时候很准确地说出某种尺寸的布料，或者是某一种和服的纹样最好，请我们买给她。她品位很高，引起我的兴趣。③

---

①田中薰：《南湖大山冰河遗迹探查纪行》，1933年，收于移川子之藏等原著：《台湾百年曙光：学术开创时代调查实录》，杨南郡译著，台北：南天出版社，2005年版，第197页。

②田中薰：《南湖大山冰河遗迹探查纪行》，1933年，收于移川子之藏等原著：《台湾百年曙光：学术开创时代调查实录》，杨南郡译著，台北：南天出版社，2005年版，第166页。

③田中薰：《南湖大山冰河遗迹探查纪行》，1933年，收于移川子之藏等原著：《台湾百年曙光：学术开创时代调查实录》，杨南郡译著，台北：南天出版社，2005年版，第197页。

以上与女子的相处经验，可知原住民族已接受不少日本带来的传统文化与现代要素，也通日文。有时是日本人能以熟练的番语与族人沟通，在偶遇刚刚狩猎归来的番人时，有瞬间化解冲突的可能：

他们裸着上身，下半身以黑布短裙围着，腰上佩戴着月牙形的大番刀。肩上随意披着鹿或羌的毛皮当作雨具，手中有的拿着枪，有的拿着长矛，浑身散发出剽悍之气。顿时，我仿佛被一群真人大的铜像包围，感受到莫大的压力。鹿野君立即用熟练的番语跟他们交谈，三言两语下来，番人原本木然僵硬的表情，转变为纯真可爱的笑容。①

剽悍健壮的猎人，也具有让人不禁赞叹“纯真可爱”的一面，例如，鹿野忠雄受他人委托带回鸟类标本，鹿野一行人便将新式的猎枪交给猎人，让他们代为狩猎，猎人配到新式的枪便犹如孩童般兴奋：

只要日本人不在身旁，就不客气地放空枪。我和鹿野君跑过去问他们有没有打到野兽，他们一个个只堆着笑，一脸笑容不作答。

我直觉地了解他们原来忍不住，先放几枪过过瘾而已。台湾番人原来是这样孩子气，这样天真可爱！②

然而在喧闹过后的当晚，族人的歌舞为宫本一行人带来另一截然不同的感动：

她们（高砂族女人）在晚饭过后，到自傍晚以后即风平浪静的海边沙滩上又唱又舞的，真是一幅月下美景。其舞法与台湾本岛泰雅与排湾族等族的舞蹈很不一样。其歌调平平，少有高低，有如日本和尚念佛经……绵绵的歌声及舞

①田中薰：《南湖大山冰河遗迹探查纪行》，1933年，收于移川子之藏等原著：《台湾百年曙光：学术开创时代调查实录》，杨南郡译著，台北：南天出版社，2005年版，第164页。

②田中薰：《南湖大山冰河遗迹探查纪行》，1933年，收于移川子之藏等原著：《台湾百年曙光：学术开创时代调查实录》，杨南郡译著，台北：南天出版社，2005年版，第164页。

蹈，使我们忘记了夜晚时间的逝去。[1]

部落乐舞那令人陶醉的单纯韵味，超越国界与文化隔阂，直接感染日本学者的心灵，当田中薰听高砂族即兴地唱出："来自日本内地的客人，很难得地在山中过快乐的一个晚上，一旦分手后不知道何年何日再会……"感动之余，他更为听不到地道的番族音乐感到遗憾：

我们可以了解他们本意是在讨好客人。我希望他们不分彼此，自由奔放地唱出古谣，太阳啊、月亮啊、星星啊都好。不知道为什么，有客人在场，番人们就无法在部落那样，尽情地唱古老的歌。[2]

接着，一行人与番人在山上共度一段同甘共苦的探险日子。田中曾因过期的甜纳豆罐头而严重腹痛，阿美族人以民俗疗法按摩他背部浮起的背筋，减轻他的痛苦。当番人老人全身冷得颤抖不止，举步维艰时，田中拿出一件羊毛衫给他穿，好言劝请他走在前面带路。几天同甘共苦的结果，彼此感情如兄弟般亲密。回部落之后，一行人受到众人以番语热烈迎接：

alamabarai！我和鹿野君注视着每一个欢迎者的脸，不断地喊alamabarai！——好想念你们喔！[3]

他不禁感叹：

我打从心底深处，对台湾的山人与番人，产生了深厚的爱恋，这个情感正在成长、扩张中，犹如乘着一只大鸟，展翼飞向无垠的苍空。[4]

---

①宫本延人口述：《我的台湾纪行》，宋文熏、连照美编译，台北：南天出版社，1998年版，第68—69页。
②田中薰：《南湖大山冰河遗迹探查纪行》，1933年，收于移川子之藏等原著：《台湾百年曙光：学术开创时代调查实录》，杨南郡译著，台北：南天出版社，2005年版，第173页。
③田中薰：《南湖大山冰河遗迹探查纪行》，1933年，收于移川子之藏等原著：《台湾百年曙光：学术开创时代调查实录》，杨南郡译著，台北：南天出版社，2005年版，第193页。
④田中薰：《南湖大山冰河遗迹探查纪行》，1933年，收于移川子之藏等原著：《台湾百年曙光：学术开创时代调查实录》，杨南郡译著，台北：南天出版社，2005年版，第154页。

像田中这样的研究者实为少见。他不似一般学者将调查仅仅视为工作，自言“我说不出理由，但我深深地爱上番社生活”，是个天真烂漫的探险家。

第六节
结果与影响

透过以上周密且广泛的部落调查和族群识别，总督府对番地各部落文化、经济、人口、地理、社会结构、部落或族群关系等事项有了基本了解和掌握。不仅结束了外界对高砂族“万古如长夜”的陌生与蒙昧，另一方面也加速了高砂族社会的封闭性的瓦解，进入现代的国家体系。

大量的民俗调查，使广泛的原住民地区成为可“认知”的世界，逐渐“暴露”在可“监控”的位置。[①]调查与识别工作的完成，亦即是原住民被帝国建制化的开始——这是台湾原住民前所未有的经验。高砂族本保留相当原始的社会形态，而今被迅速拉进现代世界的空前变局中，并且被“知识化”、“建制化”、“产业化”，成为被研究的知识对象。

日据时期始高砂族首度成为“学术的存在”，不再是粗糙的想象式拼凑，而是建立在客观知识的基础上。卑南族学者孙大川更进一步剖析，这改变了高砂族的世界观与人我认知：

> 原住民各族得以超越部落的疆界，形成一种比较明确的“族类感”。“命名”的活动，使原住民之“我”与“他者”的界线，能有一“空间”之外的新坐标。[②]

孙大川对于原住民的议题一向拥有深刻的剖析、精辟的见解。他认为：“日本殖民政府将传统的原住民交给人类学者从事静态之学术研究，却将生活中的原住民置于其‘改造’、‘皇民化’的政策设计中，使之成为殖民帝国可操控、管理的‘子民’。”

①孙大川：《行政空间与族群认同》，收于《夹缝中的族群建构》，台北：联合文学，2000年版，第98页。
②孙大川：《行政空间与族群认同》，收于《夹缝中的族群建构》，台北：联合文学，2000年版，第143页。

此外，台湾的高砂族研究不但成为日本学者“南岛民族研究”国际论坛上的重要环节，也深深影响了1949年“国府”迁台后台湾人类学者处理原住民议题的基本态度（包括对平地、山地原住民的区分，族群的分类方式等），在政治方面也承袭日本人所规划的架构。在文化传承与文学方面亦有相当影响，汇整、翻译、考订、注释并出版日人所采集的高砂族传说与神话，是建立原住民古典文学、稳定原住民文学的第一个文本的基础工程。[①]

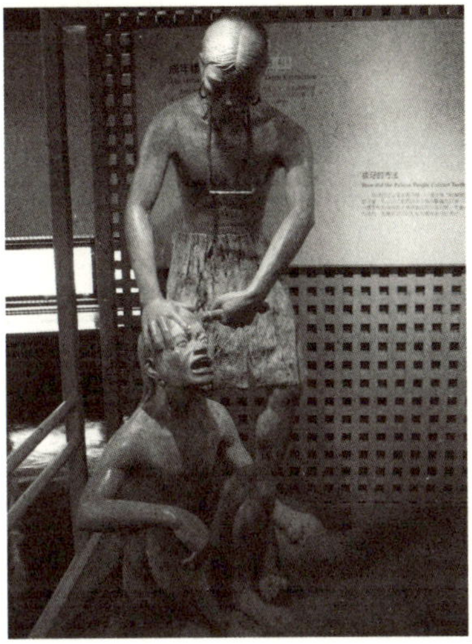

●台湾先民拔牙习俗示意雕塑（叶舒宪　摄）

①孙大川：《文学的山海，山海的文学》，《台湾原住民族汉语文学选集：评论卷（上）》，台北：印刻出版公司，2003年版，第83页。

第七节
结　语

原本在岛上安居乐业数千年的原住民族，至20世纪时骤然被卷进现代世界与政治的混乱漩涡中。身为台湾岛最早的居民，原住民族面对汉人、日本人、荷兰人，却长期居于弱势地位。1932年，铃木质语重心长地在书中写道：

> 在我担任治理原住民工作时，由于身处第一线，相当不忍心见到外界对他们的误解。当文化一步步地侵逼原住民世界时，着实令人担心他们固有风俗是否也会有沦亡的一天？①

这一席话有两点值得讨论：一是外界对于原住民世界有着相当的误解，二是外来文化侵逼着部落生存空间。近代以来，原住民族从来不是台湾岛上的主流势力。

自20世纪80年代起，官方与民间皆致力于保存、发扬原住民文化。时至今日，如雨后春笋般日益勃发的原住民教育、文化艺术产业、政治社会运动等，仍然方兴未艾。原住民族不再是仅存活于纸上的平面世界，而是拥有主体性的存在。

70年前，日本研究团队扎实的调查工作，写下一笔植根于台湾的学术研究，其过程与结果对台湾原住民族与族群政策有着或隐或显的影响。现今，语言学家认为台湾是南岛语系（原住民语）的发源地。人类学家曾言，从文化构成、人种、精神面向而言，台湾可谓人类学家的天堂。相信这场学术接力赛会在客观、尊重事实的前提下持续进行，期望在21世纪得以出现百花齐放的璀璨成果。

①铃木质：《台湾原住民风俗》，王美晶译，台北：原民文化事业有限公司，1999年版，序言。

恢复我们的姓名

莫那能（排湾族，著名诗人，原住民文学引领者之一）

从“生番”到“山地同胞”
我们的姓名
渐渐地被遗忘在台湾历史的角落
从山地到平地
我们的命运，唉，我们的命运
只有在人类学的调查报告里
受到郑重的对待与关怀
……
如果有一天
我们拒绝在历史里流浪
请先记下我们的神话与传统
如果有一天
我们要停止在自己的土地上流浪
请先恢复我们的名字和尊严

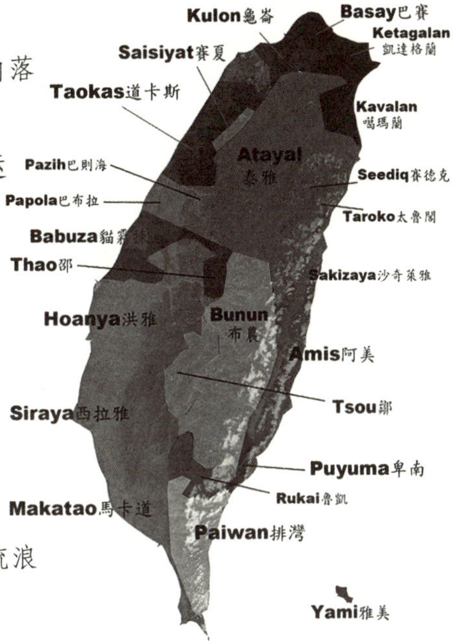

1989年8月10日收于台湾原住民第一本汉语诗作《美丽的稻穗》

（台中：晨星出版社，1989年版）

图片来源：台北县汐止市樟树国民小学原住民族教育资源中心

●图9-5

参考书目和延伸阅读

台湾总督府临时台湾旧惯调查会：《番族惯习调查报告书第五卷：排湾族（第一册）》，“中央研究院”民族学研究所编译，2003年。

台湾故宫博物院编：《黎民之初：院藏台湾原住民图档文献特展》，台北：故宫博物院，2006年。

[日]铃木清一郎：《台湾旧惯习俗信仰》，冯作民译，台北：众文图书公司，2000年。

台湾总督府临时台湾旧惯调查会：《番族惯习调查报告书第三卷·赛夏族》，台北：“中央研究院”民族学研究所编译，1998年。

台湾总督府临时台湾旧惯调查会：《蕃族调查报告书第六册·布农族-前篇》，台北：“中央研究院”民族学研究所编译，2008年。

[日]佐山融吉编：《第一部蕃族调查报告书》，台北：台湾总督府临时台湾旧惯调查会，1913—1921年。

杨南郡译注：《台湾百年花火——清末日初台湾探险踏查实录》，台北：玉山社，2002年。

台湾史迹源流研究会编印：《台湾丛谈》第十章“日本据台的疯狂统治”，台北：台湾史迹源流研究会，1979年，第423—518页。

丘延亮：《日本殖民地人类学“台湾研究”的重读与再评价》，《台湾社会研究季刊》，第28期，1997年12月，第145—174页。

第十章

西王母信仰

西王母为什么又叫瑶池金母或瑶母？这位来自大陆上古神话的道教女神是怎样在台湾信众心目中获得独立而崇高的地位的？台湾的西王母崇拜有哪些与众不同的特点？

第一节
引　言

中国学术界关于西王母信仰的研究数量颇丰，成果亦不俗，研究范围包含西王母之原型、形象、地位，乃至与东王公信仰的关系，而研究方法亦有宗教学、人类学、社会学、民俗学、民族学，抑或多种方法的综摄。总之，我认为前人的研究已达相当的高度，所以，如何提出具有学术价值的意见让我苦思不已。

阅读众多西王母研究的文献后，我对丁孝明《道教西王母信仰渊源的辩证》一文兴趣浓厚，因为只有他提出道教西王母和《穆天子传》、《山海经》中的西王母分属不同文化系统，且有“完全无关”的意思隐含其中，然而他人在论及西王母时却无不从《山海经》、《穆天子传》论起。那么，丁先生的意见到底是离经叛道还是发人深省，就是个有意思的问题。在反复探究丁氏之文多次后，我还是无法苟同其意见。原因除了《道教西王母信仰渊源的辩证》文中有不少自相矛盾处，论据不够全面，而且态度暧昧之外，最大的问题之一是，他既然要探讨的是渊源问题，就该以人类学、宗教社会学[①]为研究进路，然而丁氏虽然提及了“图腾崇拜”的概念，并运用汉代画像石作为佐证，却未发掘出其史料、文物共通的文化意义。再者，他没有区分出道家、道教、民俗信仰的不同之处，而基于以上这些谬误将西王母信仰分成两个信仰源头。

我在此以该论文评比作为主干非为取巧，而是要借由对前人的批评来增进自己对西王母信仰的认知。我认为，论文评比比单纯的论文写作要更加困难，毕竟要具体地指出前人错处，又不致沦为为反对而反对，就非易事。此外，我以不长的篇幅在“余论”处略述我对台湾西王母信仰特色的看法，是因既然本科目是文学人类学，就该试图独力去分析前

①宗教社会学（Sociology of religion）是以社会学的观点去研究宗教现象，其着重点在考察宗教与社会的相互关系。它一方面研究宗教如何影响社会、文化、人格、心理与行为，一方面又研究社会、文化与人格如何影响宗教的起源、发展、组织及功能。

人较少论及的文本，并挖掘出文本所隐藏的文化内涵。可惜碍于时间与才力，在此处仅能略作探讨，来日再做深入研究。

●台湾西王母崇拜的圣地：花莲圣安宫（叶舒宪　摄）

第二节

道教西王母信仰的源流
——评丁孝明《道教西王母信仰渊源的辩证》

丁孝明先生对“传统论述西王母的渊源，都由《山海经》及《穆天子传》的分析说起，认为西王母是古代西方蛮荒部落某一以狩猎为生的氏族首领”的说法不以为然，他反驳的原因我整理如下：

（1）《山海经》中的西王母是以虎豹为图腾的巫师，兼有巫医与首领的功能，但她毕竟是巫不是神，既未得道，也没有赐人长生不死的能力，若说能“司灾厉及五残的人，就能使人长生不死”，那就如同说“我可以杀你，但只要我不杀你，就等于是赐你长生”一样可笑。同样的，若是说“西王母作为死神既然能使人死亡，当然也能使人长生”，那人人都可以是西王母了。

（2）《穆天子传》西王母对周穆王说“嘉命不迁，我惟帝女”，一般解为“天帝之女”，但帝女应为女巫之义，有代神受祭（与人交合）的职责，所以在面对周穆王时自惭形秽，而这也能了解为何“天子西巡，乐而忘归”了。

（3）《神异经》、《洞冥记》、《吴越春秋》中有关西王母的记载，无法证明汉武帝与西王母有关联，《淮南子》中的西王母握有不死之药，所以其渊源应是来自庄子大宗师“莫知其始，莫知其终”的西王母，而非《山海经》，如果她是《山海经》中的西王母，那武帝岂有不派人至昆仑山求仙药之理？

（4）注者注《庄子·大宗师》时硬把西王母与《山海经》中的西王母批注成同一人，如此一来，华夏中原的西王母真人就和西域西王母的真人混同，那么道教教众想要悟道就不知要到道教道家经典中寻找，抑或要到西域洞穴中去求寻了。

（5）四川地区的西王母画像石的典型是“龙虎座”，和商周巴蜀文明的龙虎崇拜有关，且它还有正面、中心对称、华盖、天门的偶像式构图，是属于何志国所说的“流传有序的偶像系统”，展现首领或神仙的特质，而山东地区是“情节式构图系统”，表现的是得道者的成仙特质，两者来源不同，这可能和它图像来源的文献记载有关。

（6）《山海经》属于神话性质，《穆天子传》属于史话性质，对西王母的记载表现了不同文化传统，但同属西方又都是首领形象，有地缘及历史关系，可结合成一个巴蜀文化系统。而《庄子》、《淮南子》的记载属于仙话性质的中原文化传统。

（7）道教对西王母信仰的传承应归于道教自身的提升，由于受到老庄学说与神仙方术的影响，开始了仙人化的过程。西王母作为长生不死的象征也和上位者竞言长生、汉末民间发起的宗教狂热影响到早期道教有关。

以下为笔者对丁孝明先生说法的反驳。

一、逻辑上的谬误与自相矛盾

（一）文化传统与文化系统

丁先生认为“《山海经》[1]属于神话性质，《穆天子传》属于史话性质，对西王母的记载表现了不同文化传统，但因同属西方又都是首领形象，有地缘及历史关系，可结合成一个巴蜀文化系统”，这种论点窃以为乃自相矛盾也。首先我不明白丁先生对文化传统与文化系统的定义有何不同，但丁先生既以形象（关于这点的谬误会在以下提及）、历史、地缘为根据将其划为巴蜀文化系统，当是认为它们具有共通的文化意识，又何必画蛇添足地言说它们分属于不同文化传统呢？

丁先生似以神话、史话文本性质之异代表“不同文化传统”，这种论点我实在无法苟同。举例而言，《史记》中有不少帝王创生神话的记载，那我们就可以以此断定《史记》中的有关某帝王实事与神话的记载分属于两个不同的文化传统吗？按照西方新历史主义的观点，所有的文本不管其性质是历史还是文学，都是经过作者主观选择的结果，所以，新历史主义学者们认为文学与历史没有分别，它们两者都只是意识形态的话语体系，因此新历史主义的研究方法在于发掘历史话语中的文化意识，开展文化与权力、文化与历史、

①《山海经》由刘歆所校编，经后人考订成书并非同一年代，约于战国初年至西汉初年。

文化与政治、文化与意识形态的整体性研究，达到挖掘历史背景的文化冲突与文化结构的目的。袁珂提出“广义神话”的概念，主张神话是群体意识形态的反映，会随着后代社会结构的变迁产生新的神话，如此理解神话包括了后代有神话色彩的传说、小说、佛话、童话、风俗典故等。

由以上学者的论点可知，重点不在于文本的表达形式，而是在于文本的深层意义。魏光霞认为《穆天子传》即“政治神话”，而我认为《山海经》亦是如此。首先，《山海经》中的西王母形象是“豹尾虎齿，其状如人而善啸”，这就造成了她是人是神的疑问，袁珂认为此说是要增加犷悍之状，好“升天而为神”。然而近年来的诸多学者如吕思勉则认为西王母是跨越人神，可指邦国、部落甚至是图腾。也有学者如王天海将西王母三字拆开分析，西指方位，王指百神、百王、尊大之义，母应指部落之名，可能是帮国首领，或是部落酋长，也可能是象征图腾的女巫。

其实不管西王母是人主、天神还是女巫，都是属于统治层级的人物，只是有地位高低之别，亦不违政治神话的概念。另一方面，《穆天子传》则是借由穆王与西方霸主相会的情节来凸显周人西征的威势。据朱芳圃的分析，穆王到达昆仑后，不但各部落酋长都前来朝贡，穆王也赏赐礼物回报。也就是说，这个政治神话是为了崇高穆王的地位而非西王母。魏光霞则以为此故事的深层结构为民神不离的交往、阴阳合和的宇宙模式。

《山海经》中的西王母根据丁先生自己的解释为“有超越于兽之上的属性，几近于神”、“由于祭司的职掌，使她具有了刑杀死亡的大权，如神一般，受到人们的膜拜”。也就是说，丁先生也认为西王母有神权化的权威，那么其中的意识形态与《庄子》、《淮南子》中西王母得道飞升、拥有不死之药的意识从本质上看并无不同，而是均建立在超常性上，从这观点来看，我认为实不必强划分成《山海经》、《穆天子传》与《庄子》、《淮南子》两个系统。

（二）女王？女巫？

丁先生在文中的自相矛盾处不只一处，如前面所言，他把《穆天子传》与《山海经》中的西王母都当成首领形象，来做为其同属一文化系统的论据之一，但却又一再强调《穆天子传》的西王母是有与人交合的女巫，且对自己偏居西域感到自惭形秽，姑且不论丁先生的首领有时似乎不包含女巫在内[1]，他既说《穆天子传》中西王母的首领形象是巴蜀文化的代表，与中原文化是呈现平行发展的趋势，那么试问巴蜀人民何需塑造出一个自惭形秽的君主形象呢？他说“我惟帝女”的帝女只是女巫，又承认西王母确是雄霸一方的氏族领袖，又说她在面对天子时自惭形秽，那丁先生到底认为西王母是女巫还是女王呢？总之，他的态度十分暧昧。当然，这里牵涉到文本诠释的问题，容后再作表述。

（三）老妇形象

丁先生之意，非得要有一个和道教西王母形象相似的人或神，才能称为起源，也因此他一直排除《山海经》与《穆天子传》亦可能是道教信仰源流之一。丁氏认为，《后汉书·五行志》记载关东民众逃难时传说西王母有“不信我言，视门枢下，当有白发”之言，代表着其时西王母为老妇形象。[2]但是“无论是《穆天子传》中的西王母，还是《山海经》中的西王母都不可能是老妇”，问题是，《淮南子》和《庄子》中的西王母形象也不是老妇，以此为论据是站不住脚的。

二、对史料的诠释错误

（一）帝女之义

丁先生认为“嘉命不迁，我惟帝女”的帝女解为“天帝之女”为误，并引《山海经·中山经》郭璞注：“帝女死焉，其尸名女尸”，以此证西王母乃女巫也。然又说她“俨然是个情意绵绵的女王”，对于西王母是女王抑或女巫，他的立场始终十分暧昧。其实，我认为《穆天子传》西王母的身份应从人类学角度分析。

不少学者认为帝的字形是像花萼之形，故有象征生育力之义，帝是古老生殖崇拜下的产物，崇拜花的生殖器和人的生殖器是一样的。[3]在上古文化里，帝、后、天的概念常有混同，帝、后都可以拿

①丁先生有时把女巫包含在首领身份里，有时又影射西王母地位在穆王之下，令人费解。

②《尔雅·释亲》有王母、外王母、曾王母之称，凡称王母者皆有祖母之义也。从这观点看，西王母的老妇形象未必到东汉时才出现，而可能十分之早。

③郑志明：《至上神的神话起源与发展》。

来尊称部族首长，由此来看，帝女可以解读成女王之义。又郑志明先生指出商代帝的信仰可能和部落的始组崇拜、英雄崇拜有关，所以帝是种类似祖先的人格神，而神性意义的帝与天的混合应发生在殷周之际，以此观之，帝女解释成上帝之女并无错误，因为既然至上神有着祖先的属性，那西王母说自己是帝女又有何不妥。

顾实《穆天子传西征讲疏》中认为西王母为周穆王之女也。其根据有二，一为周穆王天子亲执玉圭给西王母，若只是单纯两国的拜会，其礼过重。其二为《穆天子传》凡见天子之拜有稽首再拜膜拜才是西膜之礼，然而西王母仅仅再拜，可见为帝王之女。贺继宏则认为周之羌族与西王母之羌族有亲属关系，所以两国往来频繁。无论西王母和周穆王是否真为父女关系，可以肯定的是两国的交流密切，西王母后来也去拜访穆王。[①]

（二）宗教的起源

丁先生显然忽略了一点，宗教起源的理论之一即是巫术说，由弗雷泽《金枝》一书倡其端，他认为人类想用巫术手段来控制环境，后来因发现其不可行而转向宗教，宗教与巫术之别在于前者是以控制性力量为基础，后者是以不变法则为基础。陈梦家说："由巫而史，而为王室的行政官吏，王者自己虽为行政领袖，同时乃为群巫之长。"也就是说，上古是政教合一的社会，部落首领亦兼有祭司的身份，所以西王母当然可身兼女巫与女王两种身份。丁先生自己不也说："《山海经》中的西王母是以虎豹为图腾的巫师，兼有巫医与首领的功能。"

（三）讨伐?

丁先生以为西王母乃西膜国人，并以《竹书纪年》"丙寅，天子东征南还。己巳，至于文山，西膜之谓口，觞天子于文山，西膜之人乃献食"为依据，说"如果她真的是神仙，又掌管不死之药，穆王怎敢好大的胆子，竟去征伐她"？这显然是误解了穆王去西王母国的目的，姑且不论西王母是否真是西膜首领[②]，以及昆仑之丘是否真是后代指的昆仑山[③]，书上都说是"东征南还"了，周穆王根本不是去讨伐西王母，觞

①《竹书纪年》有载："西王母来见，宾于昭宫"。

②亦有彝族之说。

③昆仑山是中国西方大山，分北中南三大支脉，北支为阴山山系，中支为北岭山系，南支为南岭山系。古籍所说的昆仑是指中支而言，就是自巴颜喀喇山起，斜贯青海，东延甘肃、四川、陕西、河南等中国诸省而尽于洪泽湖畔。《史记》之《大宛传》、《汉书》、《十六国春秋》等古书所指之昆仑，只涵盖中国新疆、甘肃这两省区境内一部分。

天子、献食的行为也是象征着两国关系友好，丁先生显然是因《穆天子传》为穆王西征的日记，就把穆王至西王母国说是讨伐。

（四）自卑的西王母？

丁先生以为西王母自述所居之处为“虎豹为群，乌鸦与处”，是出于身处蛮荒之地的自卑的心理，这显然是以中原文化的思考模式去评断。要知西王母很有可能是虎图腾崇拜部落的首领①，与周天子是平起平坐的，而虎豹环绕的环境也和《山海经》所表达的虎崇拜意识联系。“嘉命不迁”也不表示她是奉周王之命而不敢迁移，而只是表示她欢迎穆王再访的应酬语。

（五）武帝求仙与西王母的关系

丁先生认为若《淮南子》中的西王母来自《山海经》，那武帝岂有不派人至昆仑求仙的道理，以此证明《山海经》与《淮南子》分属两个系统。老实说，我觉得这种论断十分不妥，丁先生自己都在后面说了，《淮南子·览冥训》说求仙者都“怅然有丧，无以续之”，“就在告诉那些求仙者（尤其是武帝）不用再去寻找了”。那不是自相矛盾？

最重要的是，我认为汉武帝没有派人前往西域求仙药，原因是如魏光霞女士指出的，黄帝与老子在汉代的神仙化是分属不同的神仙信仰系统，贵族较为青睐燕齐方士所推崇的黄帝，如《资治通鉴》中有载汉武帝曾感叹：“嗟乎！诚如得黄帝，吾视去妻如脱屣尔。”而另一派以刘安为代表的系统则是推崇老子。

此外，说历史上的汉武帝和西王母并无交流，亦属无意义的论证，因为丁氏所引的资料都是小说，当然“皆非史实记载”，在以“皆非史实记载”来论证“汉武帝和西王母没有关系”根本是种不合逻辑的无效论证。再说，民间信仰的源头本就和传说有关②，重点不在于武帝是否和西王母有所接触，而是在于小说家将汉武帝与西王母联系在一起，是基于怎样的原因。我认为王瑶以“政治神话”的概念解释：“正如儒家的称道称舜一样，方士、后来的小说家，也要举出一个帝王来作为因信任方士而能够太平兴国的例子……秦始皇国祚不长，自然是不吉祥的，因此最合标准的人物，便莫过于

①萧兵以为乃猴图腾崇拜的首领。

②郑志明即说：“神明传说是民间的新神话，依附于民众的崇拜心理，建构成一套诠释系统。”

汉武帝了。”这是很合理的。

三、图像诠释欠缺全面性

丁先生认为，四川地区的西王母画像石是属于何志国所说的“流传有序的偶像系统”，展现首领或神仙的特质，而山东地区是“情节式构图系统”，表现的是得道者的成仙特质，而且四川地区很少发现与西王母匹配的东王公形象，所以四川、山东两地的西王母形象来源不同，而这可能和它图像来源的文献记载有关。我认为这种论述也是错误的，我分述如下：

（1）东汉中期的四川画像石与东汉初期的山东画像石做比较，并不能作为两种文化平行发展的论证。

（2）以上二地区亦不属周代的中原地区，仍属边陲地带。

（3）有画像石出土的地区绝不只鲁、川两地，还有河南、陕西、江苏三地，为何他不把五个地区都拿来做比较？

（4）西王母构图、形象的不同反映了不同地区居民审美趣味的差异，也反映了中国宗教信仰“多体”又“合一”的特色，[①]却不能拿来当作起源不同的论证。举例而言，我们能因基督教与天主教的圣像有所差异来断定它们的起源不同吗？

现在不管是历史学家、人类学家都早已否定了中原文化单一发展说，而采取多文化交融发展的说法，所以我们把有画像石出土的五地看作不同的文化区，再从分析图像来比较它们共通的文化意识，这才是较好的研究方式。其实，四川、山东、陕西、河南、江苏五地的图像都有不死成仙的意识存在。如以同为东汉中晚期而论，陕北墓室的有昆仑天柱；山东的有长翅的西王母，还有捣药兔表现出西王母握有不死药，搭配三足乌[②]表达出不死的诉求；至于四川地区蟾蜍、捣药兔的意象虽然少见，却非全无，而且四川石刻棺木常写上“天门”二字，从此处挖掘的铜牌亦有着巨大的天门，都是在传达西王母为天门守护神，具有接引死者灵魂进入天庭的功能。很明显的，丁先生说“四川地区的画像石的典型则是龙虎座，有飞鸟，但多半无羽人……四川地区的西王母所体现

①郑志明：《宗教神观的对话》。

②《史记·司马相如传》：“幸有三足乌为之使，必长生若此而不死兮。”

的是‘首领’的‘神巫’特质……而山东地区的西王母所体现的则是‘得道者’的‘成仙’特质”，这实属以偏概全的论断。

四、道家、道教、民间信仰的划分不清

我认为丁先生这篇论文最大的问题点在于：他虽说要辨析道教西王母信仰的源头，却根本没有触及到源头的层面，而竟以汉哀帝建平四年（公元前3年）西王母崇拜的群众运动作为“西王母信仰与形象出现”的源头，而追根究底，这种误失显然是出自他对道家、道教、民间信仰的划分不清，要知这三者的内涵虽有重叠，但绝非等同。

魏光霞指出道教的义理结构包含：尊崇道家的哲学思想（知识分子），追求长生方术（帝王贵族），禳病的道法技术（平民）。而这种复杂性既是承续原始信仰而来，又吸收了秦汉的神仙信仰，在三国魏晋时朝上层发展，最后在东晋南北朝经知识分子修改，才建立起宗教神学理论。也就是说，严格定义的道教最早起码要到南北朝才出现①，而东汉的五斗米道、太平道只能说是广义的道教，是属于民间信仰的范畴。信仰并不等于宗教（虽然民众常将这两种观念混淆），信教、信神、拜神这三个概念是既重叠又可独立，宗教不但需具备教团组织、教规科仪，还要有对宇宙观、人生观的诠释，也就要有李亦园先生所说的认知功能。

丁氏所指的道教应是东汉五斗米道之类的狭义道教，所以其实非真正的道教，而应属于民间西王母信仰的范畴。丁氏又把其源头归入《庄子》与《淮南子》，可是《庄子》属于道家，而《淮南子》却是黄老之学的产物，虽属道家但却已杂入汉代气化宇宙论的思想，已非本来道家面目也。即使我们假设，从道家至道教是种直线式的变化，把这两者同视为道教的源流是有很大问题的。事实上，道教西王母的信仰变化绝非直线式的封闭图式，而是一种立体的模式，它是从上古民间信仰中的自然崇拜，降及秦朝到西汉时掺杂入老庄、黄老的道家思想以及方士之说，东汉时又掺入民间广义道教

①因为陶弘景、寇谦之等人建立教仪、整理经典，才使得道教摆脱民间信仰的色彩，学者多称此期的道教为正式道教或教团道教。

中的思想，让西王母成了救世主。经过这一连串的发展与融合才形成在南北朝的《真灵位业图》、《枕中书》中位居上阶，既能化生万物，复能使人长生的西王母。到了明清时西王母信仰又转入民间，与佛教等宗教产生融摄。从内部来看，道教、道家的成分互有消长却又处于变动的状态下，从外部的因素看，除了自然信仰、民间信仰的融入，还和政治权力的干涉、儒释道三者势力的消长等因素有关，不该像丁氏全归因于“道教本身的提升”。①

●花莲圣安宫内景（叶舒宪　摄）

①Wright指出佛教中的天堂地狱说被道教拿来据为己有，同时赋予天堂地狱官僚性。所以道教的神仙位阶图以及地母经中的地狱概念，应都和佛教的刺激、融合有关。

第三节
结　　语

丁孝明在前言批评学者探讨西王母原型的文章把“原本清晰的神话传承，变得十分复杂”。事实上，西王母的信仰与形象变化本来就十分复杂，并非学者把它复杂化，我反倒认为丁先生这种错误的“华夏/人格”与“巴蜀/巫术”的二元对立分析法，才把问题变得十分复杂。我认为运用人类学的原型观念去发掘的西王母信仰背后的文化意识，这才是有效的研究取向，无论是东母、地母神、月神都有可能是西王母信仰的原型要素①，也只有知道西王母信仰的原型，才能分析“道教西王母信仰的源流”。

另一方面，丁氏一直反对将西王母做“巫—人—神”三阶段的区分，并曲解学者依时间推移分析对西王母由刑神而善神的流变，②是在混淆道教信仰的根源，但他却忽略了时空脉络本就是做研究不可或缺的面向，如魏光霞《西王母信仰研究》把西王母信仰的流变依时间脉络分析③又有何不妥？所有西王母信仰研究的失误，并非出于把西王母的演变分成几个阶段，而是出于对宗教信仰、文化精神的认知不够。

现代的宗教人类学应注重三个面向：人类学与社会学的结合、注意动态与动力的变化、加强哲理的分析，我相信这也是文学人类学应注意之处，这可使文学研究不仅仅停留在表层的文字与思想，而能进入到深层的文化体系。

①叶舒宪《高唐神女与维纳斯》认为东母和西母是生育十日和十二月的地母神。魏光霞《西王母信仰研究》认为西王母的原型是女娲，具有创世补天、生民化物、神媒婚恋、掌管水旱的全能性神格，后来女娲的地位被西王母取代，地位遂位于西王母之下。

②魏晓虹《试论西王母的形象流变》；张启成、梁葆莉《论西王母及其历史嬗变》。

③魏光霞的论文《西母信仰研究》将西王母的信仰分成原始信仰时期、神仙信仰时期、道教信仰时期、民间宗教信仰时期。我认为这种架构极具学术意义。

第四节

余论：从《瑶池金母普度收圆定慧解脱真经》看台湾西王母信仰的文化意识

《瑶池金母普度收圆定慧解脱真经》原文节录：

彼时。天放祥光。彩云绕户。鸾鹤侍卫。旌旖布空。金母乘九凤之辇。驾五色之云。一时。三教圣贤。俱来拥护。天花缤纷。仙乐节奏。于是金母悲悯东林儿女。放无极之光。即于光中。而宣说曰。天从无极中开。太极日月三台。日月阴阳运转。人从阴阳胚胎。或为男兮为女。皆从无极而来。只为中间一动。霎时落下尘埃。坠入五浊恶世。贪恋酒色气财。因此轮回旋转。情波欲海生灾。血水周流可愍。尸骸遗脱甚哀。老母说经至此。婆心慈泪频催。

尔时。慈航尊者。合掌恭敬而请曰。弟子闻母金言。无极既生太极。两仪又分三家。万物由此而生。又复由此而灭。何不令其不生不灭。以免血流满地。骨脱如山。岂不甚幸。金母曰。太极分判。天地生物之心也。血流满地。骨脱如山。万物自作之孽也。尔今问此。但有不生不灭之道。而无不生不灭之理。

尔时。慈航尊者。长跪座前。敢请宣说不生不灭之道。金母抚膺良久曰。居吾语汝道者。反本之用也。万物皆有本。由本而生枝。由枝而生叶。由叶而生花。由花而结果。人与万物。不同质。而同理也。本立则根生。根生枝叶茂。本枯则根朽。根朽枝叶零。是以修道固本。固本者何。人以孝弟为本。道以精神为本。孝弟立。而人无愧。精神足。而道可修。修道无他。还全本来面目而已。精神从何处散出。还从何处收来。

慈航尊者闻母所言。心中大悟。又复稽首请曰。弟子缘深。幸蒙阐明道果。敢叩慈悲。再示解脱之道。可乎。金母曰。解脱非难。难在定慧。身心大定。便生智能。智能既生。解脱亦易。欲明解脱。先除六贼。耳不听声。目不视色。身不触污。意不着物。鼻不妄臭。口不贪食。六贼既空。五蕴自明。受想行识。如镜见形。五蕴既明。三家会合。精气与神。长养恬泼。上下流通。何难解脱。

慈航尊者闻听母言。心中朗悟。稽首金容。而作颂曰。自从无极生太极。或为人兮或为物。轮回生死几千遭。坠落由来难解脱。不识固本而修身。又如树枯无枝叶。瑶池老母发慈悲。亲驾白云赋贝叶。先言道果合三家。后说智能须定力。六贼扫除五蕴空。返本还原为上着。

（中略）

老母说经方完。彩女侍卫。銮驾腾空。时三教圣贤。十方诸佛。顶礼恭敬。信受奉行。流传此经度世。收圆定慧。红尘儿女。早夜诵念。即口应心。心心上朝。老母自派护卫神祇拥护。身无魔考。家有平安。国有清泰。日念此经。保护安宁。夜念此经。梦里无惊。行念此经。土地卫灵。舟车念此经。旅途保长亨。念念皆清吉。口口尽超升。

《瑶池金母普度收圆定慧解脱真经》为台湾杜尔瞻等人于1950年，在台北余庆堂扶乩造作，内容承袭罗教[①]《玉露金盘》无生老母“九六原人”、“三期普度”的救世理论，为慈惠堂的重要经典。[②]既然慈惠堂是台湾势力最盛的西王母信仰组织[③]，那么选择《瑶池金母普度收圆定慧解脱真经》为探析台湾西王母信仰特色的文本应属合理。我认为《瑶池金母普度收圆定慧解脱真经》相较于《无上虚空地母玄化养生保命真经》、《地母妙经》等其他西王母信仰经

①罗教（无为教）为明代罗清所创，罗清生于英宗正统七年（公元1442年），著有五部六册经卷。“无生老母，真空家乡”与“普度原灵”等教义是无为教信仰的核心。其中“九六亿原灵”早见于明末《古佛天真考证龙华宝经·古佛乾坤品》。郑志明认为《古佛天真考证龙华宝经》分析起来共有三个主题：第一，九六原灵奉无生老母的命令东土定居；第二，九六原灵迷失在红尘，归不得真空家乡；第三，无生老母悬念子女，开“龙华会”普度原灵返回家乡。这三个主题构成一组基本理论，成为罗教信仰的核心思想。

②慈惠堂早期的重要经典是《瑶命皈盘》，但朱惠雅发现现在慈惠堂已鲜有供应此书，而是提供大量《瑶池金母普度收圆定慧解脱真经》给信众，并鼓励信众念诵。

③据郑志明统计光是分堂就有200多所。

典，其佛教思想与孝道思想无疑更加浓厚，这其中亦有深厚的文化意涵。

《无上虚空地母玄化养生保命真经》、《地母妙经》只是融摄了佛教的地狱观念，来达到劝诱或恫吓民众信仰西王母的功用，而有“或诵千百卷，印送广流行，在生千祥集，死离地狱门”、“人人若不敬地母，死后永坐地狱门”之语。然而《瑶池金母普度收圆定慧解脱真经》却把佛教所言的五蕴、身口意业皆网罗其中，还把定、慧作为解脱的途径。我推测原因出在台湾人“自认为佛教徒”的人口极多[①]，故援引佛教概念来让人容易接受自不待言，而因台湾人普遍认为菩萨为佛教的神祇，她却来向西王母求道，那么西王母地位之高也不言而喻了。同样地，孝在其他经典的地位虽亦重要，但即使如《奉劝世人虔诵地母经》以极长的篇幅奉劝信徒行孝：“仙佛与圣贤，王侯及庶民。九州大地众，谁非父母生。十月怀胎苦，三年乳哺辛。膝下兰桂茂，高堂白发新。一生苦拮据，无非为儿孙……思量父母苦，当发敬孝心。慧眼观大地，苦海困群生。若有孝亲者，地母悉知闻。”也只说明了行孝的原因和结果，并没有提高到“为本”的高度。此外，在其他王母系经书里，孝多半与助印经书、捐献建庙并列为宣扬王母之德的方法。所以《瑶池金母普度收圆定慧解脱真经》无疑是在提供一个简便易行的法门（世俗性），又让它提升到与道并列的高度，赋予其神圣性。

值得注意的是，我认为《瑶池金母普度收圆定慧解脱真经》的叙事结构在某方面而言隐含了台湾人企盼速成的功利主义[②]，瑶池金母讲完不生不灭之道后，慈航尊者即立刻“心中大悟”，尊者遂即请示解脱之道。瑶池金母亦说“解脱非难”，接着慈航尊者就“心中朗悟”，整个大叙事结构是“问道—闻道—悟道”，而不是郑志明先生所言的“原人降世—迷途—返回”的原型。[③]《无上虚空地母玄化养生保命真经》故事时间从尊者问道、闻道至悟道只有短短一天而已，这就隐含了得道可速成的含义，虽然《无上虚空地母玄化养生保命真经》曰：“有人奉此经，合家保安宁。高堂增福寿，亡化得超升。能免刀兵劫，能避水

①意思是大部分的人都是接受佛道合一的民间信仰，却认为自己是纯正的佛教徒。即郑志明《西王母信仰》所言：“在本质上非儒、非道、非佛，同时又与儒道佛三教有密不可分的关系，民众自以为是佛教徒，民间庙堂则登记为道教。”

②不少宗教学家、社会学家皆认为现代台湾宗教的特色之一为功利化。

③我不是在批评郑先生之论，只是历劫救世回归的叙事模式仅在此占一小部分，而不像在《龙华宝经》中占有极重要的地位。

火瘟。后代日昌盛，财源自丰盈。”亦是以实际的功效来达到吸引信众的目的。《地母妙经》则以“地母收完诸万法，普天匝地现真人。地母玄妙现诀法，东西南北化莲心。男女个个金身现，大罗天仙永不生”说明地母施神通之速，皆表现了功利主义的思想。但因为文本内并没有故事时间的配置，亦无闻道者作为“见证者”（证明解脱立即可成），而只是瑶池金母的夫子自道，似无《无上虚空地母玄化养生保命真经》来得有说服力了。

以上余论表明西王母神话的信仰传统在当代台湾人精神世界中的再造与转化情况，可为探讨台湾神话历史专题提供生动案例，并引发多方面的思考。

●祭拜西王母（叶舒宪　摄）

参考书目和延伸阅读

书籍

“国立台中技术学院”、无极圣宫编：《海峡两岸东王公西王母学术研讨会论文集》，台中：台中技术学院，2008年版。

吕宗力、栾保群：《中国民间诸神》，台湾学生书局，1991年版。

张珣等：《当代台湾宗教研究专论》，北京：宗教文化出版社，2004年版。

廖静宽编：《西王金母信仰与宗法制度研究》，慈惠堂，1990年版。

廖静宽编：《西王金母信仰与天山瑶池圣地之研究》，慈惠堂，1992年版。

廖静宽编：《西王金母信仰与宗法拜祖之研究》，慈惠堂，1990年版。

李亦园：《宗教与神话论集》，立绪文化公司，1998年版。

李亦园：《人类学与现代社会》，水牛出版社，1984年。

郑志明主编：《西王母信仰》，南华管理学院，1997年。

郑志明：《宗教神话与崇拜的起源》，大元出版社，2005年。

顾实：《穆天子传西征讲疏》，北京：中国书店，1990年版。

森雅子：《西王母的原像》，日本庆应义塾大学出版会，2005年版。

期刊、论文

魏光霞：《西王母信仰研究》，淡江大学中文硕士论文，1995年。

朱惠雅：《松山慈惠堂灵验经验研究》，辅大宗教所博士论文，2005年。

蔡志华：《弥陀慈惠堂乩示活动之研究》，台南师院乡土文化研究所硕士论文，2003年。

刘勤：《西王母神格升降之再探讨》，《四川师范大学学报》，2008年第3期。《慈惠道统杂志》，第18期，松山慈惠堂。

第十一章

『沐浴』仪式：台湾孟姜女故事的探究

孟姜女故事是怎样成为台湾歌仔戏的重要题材的？孟姜女的文学形象如何与现实中的沐浴仪式纠结在一起？此类仪式的文化功能又是怎样的？

第一节
引　言

流传了2500年之久的孟姜女故事，以丰富多变的面貌展演在民间歌曲、鼓词、传奇、弟子书、宣讲、南词、宝卷等民间作品中，[①]不但广受庶民阶层的欢迎，也成了中国文化里的一块海绵，吸取着来自各方的价值关怀，反映着不同阶层的文化心声。呼应新历史主义之说法“历史是一个延伸的文本，文本是一段压缩的历史”[②]，孟姜女故事正展演出一段压缩的文化史，尤其在该故事从《左传》[③]进入活泼的庶民文化圈之后，受到集体有意识或无意识的编撰、传唱，使它融入了中国文化里的许多原型模式乃至仪式。更有甚者，还复杂地勾连了民间传说、神话，成了巨大的文化熔炉，使我们透过“孟姜女故事”这个小小的窗口，能“以管窥天”般地看见丰富无比的文化景观。[④]

本文以台湾说唱艺术代表之一的闽南歌仔册[⑤]为观察对象，发现其

①杨振良先生的《孟姜女研究》有对历来孟姜女故事辑佚的情况做过归纳整理。他指出刘复于民国十四年（1925）提出的敦煌第2809页“孟姜女小唱”，为最早提出宋代以前之小唱者。郑宾于撰述“孟姜女在元曲选中的传说”汇整元曲选里的八条传说而为五种情节。钱南扬《宋元南戏百一录》，陆侃如、冯沅君《南戏拾遗》，赵景深《元代的孟姜女戏文》共计辑得十二曲，及至钱南扬《宋元戏文辑佚》删其《宋元南戏百一录》中第三曲而得逸曲为十一曲。路工编《孟姜女万里寻夫集》一册，收民间歌曲、鼓词、传奇、弟子书、宣讲、南词、宝卷等36种民间作品，免于散失，此可视为故事辑佚工作之初步完成。杨振良：《孟姜女研究》，台北：台湾学生书局，1985年5月，第29—30页。

②王岳川：《后殖民主义与新历史主义文论》，济南：山东教育出版社，2001年版，第158页。

③据顾颉刚先生的看法，《左传》襄公二十三年（公元前628年）的杞梁之妻是最早可见的故事原型。参见黄瑞旗：《孟姜女故事研究》，北京：中国人民大学出版社，2003年4月版，第8—10页。

④黄瑞旗先生研究指出民间口传的孟姜女故事和其他传说故事（如白蛇传、梁山伯与祝英台皆已定型，难有其他发展可能）最大的不同，是它呈现出往上往下持续的发展成长趋势。黄瑞旗：《孟姜女故事研究》，北京：中国人民大学出版社，2003年4月版，第256—287页。

⑤“歌仔”是台湾说唱艺术的代表之一，“歌仔册”则是记载唱词的小册子。“歌仔”在闽南地区称为“锦歌”，约产生于明末清初福建南部的漳州、厦门、晋江、龙溪一带，而后随着移民的潮流进入台湾社会。“锦歌”、“歌仔”名异源同，都是流传于民间的小调歌谣，以七字或五字组成一句，每四句组成一段，用方言俚语歌唱，内容多反映日常生活的风貌，后来发展为演唱地方故事或民间传说；其伴奏乐器是手鼓和月琴，继承明代南词小调的一些曲调，吸收当地民间小戏、民歌及部分佛曲、道情的一些曲调，音乐丰富。以上有关歌仔册的基本介绍，参考洪淑苓：《孟姜女故事形塑的女性文化及其在歌仔册文本的呈现》，《东海中文学报》，2008年第20期，第56—57页。

中的孟姜女故事明显展演着神话与仪式。叶舒宪教授曾剖析原型批评学派的倡导者弗莱（Northrop Frye）的原型理论，提出“文学原型大都发生于神话与仪式，对原型的追索就构成了一种‘文学的人类学’”[①]这番论点。于是，本着该论点的启示来探讨台湾闽南歌仔册中的孟姜女故事，势必能在现阶段以“探讨故事源流、针对故事情节与类型的专题性研究、故事辑轶”三方面的主流研究之外，再引入文学人类学的视角来观看此经典故事。这样一来将能对后代编撰的孟姜女故事还原出文化的原型样态，并揭示庶民的集体文化记忆。更有甚者，透过这种语言与形式都深具在地性的文本来看里头蕴藏的文化原型密码，势必能提供给当今台湾社会因特定意识形态而急欲切割两岸文化血脉的声音，一个省思与正视的机会。

据洪淑苓先生的研究指出，台湾“中研院”史语所傅斯年图书馆和台湾大学杨云平文库所藏的全本孟姜女歌仔册可分为三个类型：第一是《新刊孟姜女歌》，开头是“停住锣鼓且住声，且说三藏去取经”；第二是《孟姜女哭倒万里长城歌》，开头是“正月十五元宵灯，姜女打办出人前”；第三是《孟姜女配夫新歌》，开头是“丘寿新编孟姜女，姜女小汉母晟迟”。[②]因此，本文的研究篇目即以此在台湾地区流传的三个孟姜女歌仔册藏本为据，并观察到这批闽南歌仔册有着共通的孟姜女“沐浴”情节，这是该故事在其他文学表现形式里所罕见的。有鉴于“沐浴”早已存在于中国神话里，同时沐浴的仪式也常见于中国文化中且深具内涵，故对庶民文学歌仔册里的孟姜女“沐浴”情节做原型探讨，将能见到一个文化现象从源头到末端那无远弗届的影响。本文拟援引这批歌仔册中共通的孟姜女“沐浴”情节为例，来探讨展演于文本中的文化原型模式。以下将就“沐浴”的神话与仪式展开探源，再回归歌仔册文本探讨编撰者对原型的借鉴与构设意图，希冀能对孟姜女故事研究带来新的思索与启发。

①叶舒宪：《文学与人类学：知识全球化时代的文学研究》，北京：社会科学文献出版社，2003年版，第134页。

②洪淑苓：《孟姜女故事形塑的女性文化及其在歌仔册文本的呈现》，《东海中文学报》，2008年第20期。

第二节

沐浴神话传说与沐浴仪式的象征对应

神话产生于原始社会，最早的自然神话主要表现出民众朴素的世界观与对自然现象的想象解释。其中，“沐浴”之举就出现在自然神话中，及至后来出现了天女下凡沐浴与凡间男子缔结连理的传说，衍生了两性结合繁殖后代的美好愿景。弗莱（Northrop Frye）认为“神话系统有助于创造一种文化史”①，“神话体系的中心线索也会由每一时代的诗人们再创造出来”②，因而这些神话传说形成了中国特殊的沐浴文化，在民间习俗与文学中产生深刻影响，甚至成了一种仪式，被赋予某种象征性的意义。

沐浴文化自古以来遍及生活中许多层面，其象征意义也不单单存在于婚俗、生殖之中，像《楚辞》的《云中君》有“浴兰汤兮沐芳”，指的就是巫者在进行神圣祭拜前，用香草泡热水以沐浴洁身的“祓除”仪式，甚至在宗教上还有“涤罪”的意义可资象征。由于本文所要探讨的主题是闽南歌仔册的孟姜女“沐浴”情节及其原型借鉴与构设意图，故以下撷取的沐浴神话传说与仪式，将聚焦在与婚俗和生殖有渊源关系的神话、仪式系统上来申论。

一、天神的沐浴之于婴儿洗浴仪式

《山海经》记载了自然现象神话里天神帝俊与其三个妻子的有关沐浴事迹。《山海经·大荒南经》载：

①弗莱：《伟大的编码》（*The Great Code*），收录于叶舒宪选编：《神话——原型批评》，西安：陕西师范大学出版社，1987年版，第391页。

②弗莱：《伟大的编码》（*The Great Code*），收录于叶舒宪选编：《神话——原型批评》，西安：陕西师范大学出版社，1987年版，第396页。

大荒之中，有不庭之山，荣水穷焉。有人三身，帝俊妻娥皇，生此三身之国，姚姓，黍食，使四鸟。有渊四方，四隅皆达，北属黑水，南属大荒，北旁名曰少和之渊，南旁名曰从渊，舜之所浴也。[①]

这是神话中的天神帝俊与他第一个妻子娥皇有关沐浴的记载，娥皇生了一个国家叫三身国，这个三身国有一个四方的大水池，舜（即帝俊）[②]常到这里来沐浴。《山海经·大荒南经》又载：

东南海之外，甘水之间，有羲和之国。有女子名曰羲和，方浴日于甘渊。羲和者，帝俊之妻，生十日。[③]

《山海经·海外东经》亦载：

汤谷上有扶桑，十日所浴，在黑齿北。居水中。有大木，九日居下枝，一日居上枝。[④]

《淮南子·天文篇》载：

日出于旸谷，浴于咸池，拂于扶桑，是谓晨明，登于扶桑之上，爰始将行……[⑤]

这三段神话说的是帝俊的第二个妻子羲和的相关沐浴事迹。羲和生了10个太阳儿子，她在甘渊（又称旸谷、汤谷）帮10个太阳儿子洗澡。汤谷上有一棵名为“扶桑”的大树，9个太阳住在下面的枝条

①袁珂注：《山海经校注·大荒南经》，台北：里仁书局，1982年版，第367页。

②帝俊，在神话中从天帝天神逐渐历史化而为人间的帝王，那个生了殷民族的始祖契和周民族的始祖后稷的帝喾，实际上就是帝俊，《帝王世纪》云：“帝喾生而神异，自言其名曰夋。”夋即帝俊。舜也是帝俊历史化后而为下方的人间帝王。《山海经·大荒东经》云：“帝俊生中容。”郭璞注云：“俊亦舜字假借音也。”因此，帝喾、舜其实都是一个天神帝俊的化身，是神话逐渐演化为历史的过程中，出现的分化现象。以上考证参见殷伟、任玫：《中国沐浴文化》，昆明：云南人民出版社，2003年版，第33页。

③袁珂注：《山海经校注·大荒南经》，台北：里仁书局，1982年版，第381页。

④袁珂注：《山海经校注·海外东经》，台北：里仁书局，1982年版，第260页。

⑤熊礼汇注译：《新译淮南子》，台北：三民书局，1997年版，第126页。

上，1个太阳住在上面的枝条上。10个兄弟轮流出现在天上，这10个太阳轮流出去值班时，都是他们的母亲羲和为他们沐浴后，再驾车接送。帝俊还有一个妻子叫常羲，《山海经·大荒西经》也记载与她相关的沐浴事迹：

有女子方浴月，帝俊妻常羲，生月十有二，此始浴之。①

常羲是帝俊的妻子，她生了12个月亮，在西方荒野的海水里为12个月亮洗澡，用意与羲和替太阳儿子洗澡一样，希望把月亮洗得干干净净的，好让她们出去值班。

在这类自然现象神话里，喜欢沐浴的帝俊不仅生了下方许多国家，还生了太阳和月亮，并把沐浴遗风传给了太阳和月亮。于是有羲和浴日、常羲浴月的神话，而羲和和常羲的举动使得新生的太阳和月亮获得生长的力量，此种神话对后世民俗洗浴新生儿的仪式做出启示：经过洗浴的婴儿能获得新生的力量同时也能健康成长。殷伟先生在《兰汤沐芳》一书中对初生婴儿的沐浴记载做了收集，他举唐代敦煌石窟遗书《诸杂略得要抄子》中对诞生礼的浴婴记述："小儿初生时，煮虎头骨，取汤洗，至老无病，吉。"以及宋代医书《小儿卫生总微论方》对新生儿的洗浴记载："须先洗浴，以荡涤污秽，然后乃可断脐。"还指出《古今图书集成·人事典》与清康熙年间（1662—1722）的石成金《传家宝》里的"全婴心法·洗儿法"都有对浴婴仪式的详细记录。此外他还举出湘西苗族地区有"婴儿产出，速令家人用清洁之水烧沸，盛入盆中，待温度合宜可用"的习俗；台湾土著民族亦流行新生儿诞生后，要带到山溪河流用天然冷水洗浴的传统。《台湾府志·风土志》即记载"甫生产，同婴儿以冷水浴之。疾病不知医药，辄浴于河"等各时代各族群的新生儿洗浴仪式，这些民间的浴婴仪俗除了清洁卫生的考虑之外，还可视为祈求新生儿能健康成长的仪式。②

很明显的，后世民间的浴婴习俗是源自神话里天神沐浴的情节，沐浴作为一种"清洁"行为，除了有助健康之外，还饱含着母亲赐予子女新生力量的象征意义，借由这种行为、仪式，展现出母亲为子女消灾祈

①袁珂注：《山海经校注·大荒西经》，台北：里仁书局，1982年版，第404页。

②以上对殷伟先生的研究成果归纳，参见殷伟：《兰汤沐芳》，北京：文物出版社，2003年版，第111—117页。

福的深深祝祷。这是一个经由神话开展出来的洗浴文化系统，而且不只流衍在民间习俗里，还渗透进文学的想象中，展开一段浪漫的沐浴文学史。这就是原型对文化现象的深远影响，让人不容小觑。

二、仙女下凡的沐浴之于婚俗仪式

有了上述天神沐浴的神话作为“沐浴文化”的原型，之后天女下凡沐浴与凡间男子缔结姻缘的传说，也继之浪漫展开。这是牛郎织女型的沐浴传说，①从《敦煌变文集·句道兴〈搜神记〉》田昆仑的故事、明人彭大翼《山堂肆考》少年于浴仙池藏五彩仙衣的故事来看，大抵都是这类型的传说。此类传说大致呈现如下的公式：

仙女下凡沐浴→遗失了衣服无法返回天上→与盗衣青年结婚→仙女取得被暗藏的仙衣返回天宫

这类型的传说不论结局是喜是悲，其重点都聚焦在“沐浴”这个行为上。因为“沐浴”而展开一段浪漫的爱情故事，可说“沐浴”的情节成了这类传说最重要的结点。仙女降下凡间洗澡，被凡间穷小子窥见，于是有了与仙女媒合的良机，这看来似乎是穷小子的一场美丽白日梦被投射到传说的世界。然而更值得思考的是，若将“沐浴”看成一场仪式，那么在这场仪式后，两个男女步入了人生的另一个阶段。

有关“通过仪式”，人类学家阿诺德·范·杰内普（Arnold Van Gennep）认为任何社会里的个人生活都是随着年龄的增长，从一个

①牛郎织女的故事流衍据洪淑苓《牛郎织女研究》归纳为神话阶段、传说阶段和民间故事阶段。神话阶段应该以“牵牛织女”的名目来代表，此时期的牵牛、织女都被当作“神”看待，受到地上的人崇敬；且神话的内容解释了牵牛、织女星名的含义及特殊的相对峙的天文位置等。传说阶段的主角成了牛郎、织女，由星宿变成典型人物。民间故事阶段则随各地民风不同，主角人物不特定叫做什么，但其身份性格近似牛郎或织女，且在不随意改变一贯之主题下，有与其他民间故事合流的现象。另据谭达先《中国神话研究》的定义：“神话的主人公是神，或半人半神，他的状貌、才能、功业，具有夸张怪异的因素；传说的主人公则是人，他的状貌、才能、功业，虽具有想象虚构因素，但更接近人间。神话反映的多半是超乎现实生活，传说则大致接近或符合现实生活。”依上述两位的定义来看，牛郎织女比起为星宿的牵牛织女是更“渐近于人性”的，因此视为“传说”较为恰当。参考洪淑苓：《牛郎织女研究》，台北：台湾学生书局，1987年版，第14页。参考谭达先：《中国神话研究》，台北：木铎出版社，1983年版，第25页。

阶段向另一个阶段过渡的序列，而人生要经过生命周期的每个阶段，就要相应地举行“通过仪式”。他对“通过仪式”做了如下定义：

（通过仪式是）伴随着每一次地点、状况、社会地位，以及年龄的改变而举行的仪式。……所有通过的仪式或转换仪式都有着标识性的三个阶段：分离阶段（separation）、边缘阶段（margin）或叫阈限阶段（limen）、聚合阶段（aggregation）。①

依此来看牛郎织女型的传说，仙女离开天宫降下凡间，就是一个从原有处境“分离”出去的行为；继之遗失仙衣于是嫁给藏衣的青年，这对她的生命历程而言是个跨越门槛的象征（身份由未婚到已婚），阈限即“门槛”之意；最后通过了过程使生命重新并入新的阶段，就是聚合的要义。

因此，将“沐浴”看作是牛郎织女型传说不可或缺的“仪式”，是能够适切诠解青年男女由单身跨入婚姻的一个“阈限”，于是这样的“沐浴”情节成了后世婚俗礼仪中新娘沐浴出嫁的原型，象征着沐浴洁身的一个新人的诞生，也为闽南歌仔册孟姜女故事的沐浴情节开了启示。

“沐浴”是中国传统婚姻风俗中常见的一环。《水经注·浊漳水》记载战国时期，巫师为河伯物色新妇时，要将相中的女子“沐浴脂粉如嫁状”，然后投入河中以献给河伯。②元人熊梦祥《析津志》也记载元代的婚俗：

都中官员士庶之家，聘女将嫁之明日，家人送女儿入堂中澡浴。③新妇嫁入夫家拜见公婆之前也要沐浴，《仪礼·士婚礼》云：夙兴，妇沐浴纚笄宵衣以俟见。质明，赞见妇于舅

①维克多·特纳（Turner Witter Victor）著：《仪式过程：结构与反结构》，黄剑波、柳博赟译，北京：中国人民大学出版社，2006年版，第94—95页。

②漳水又北径际陌西，战国之世，俗巫为河伯取妇，祭于此陌。魏文侯时，西门豹为邺令，约诸三老曰：为河伯取妇，幸来告知，吾欲送女。皆曰：诺。至时，三老、廷掾赋敛百姓，取钱百万，巫觋行里中，有好女者，祝当为河伯妇，以钱三万聘女，沐浴脂粉如嫁状。……郦道元撰、陈桥驿点校：《水经注·浊漳水》，上海：上海古籍出版社，1990年版，第214页。

③熊梦祥：《析津志辑佚·风俗》，北京：北京古籍出版社，2001年版，第209页。

姑。[①]

不只中国大陆传统的婚俗有沐浴一项，台湾省的婚俗也有如是记载。《台湾风俗志》在“台湾人的结婚”一节里就记录了结婚当天新人应有的婚俗仪式：

> 结婚当天的早上新郎要沐浴，盛装并戴红帽，由父亲引到祖先牌位前四拜候读祝文。……新娘梳头盛装戴珠冠跪在厅堂拜神明，父母引新娘祭告祖先。[②]

新郎要沐浴、新娘要梳头盛装，想必新人们也需在婚前有沐浴洁身的动作。而土耳其这个信奉伊斯兰教的国家，他们的婚俗里也很强调婚嫁“浴身”、“染指”的仪式，在《古今婚礼》一书中就记载土耳其的婚礼仪式：

> 婚礼的前一天，新娘和他的母亲要邀请女性的亲朋好友去公共澡堂举行传统独特的“新娘澡”仪式。……由仪式主持人带领，先绕澡堂转一圈，随后依次亲吻长辈及亲友们的手，这时婆婆（新郎的母亲）便向新娘的头上撒些钱或赠送代表吉祥如意的礼物。……新娘随同母亲和婆婆进入备有浴盆和温水的房间，从头到脚洗得干干净净。浴后浑身撒上香水，用染料涂染脚趾，穿上漂亮的服装，戴上首饰等物品。……穿戴完毕，当新娘重新出现在朋友面前时，已是焕然一新，楚楚动人，被染成红褐色的脚趾格外引人注目，这是姑娘已经出嫁的标志。[③]

可见，“沐浴”几乎是传统婚俗仪式中不可少的一环，它除了代表新嫁娘希望除旧布新的用意，还有更深一层的“祈子”象征。

水具有生殖能力的象征，远古的神话传说就有女子浸泡水中而受

①李景林、王素玲、邵汉明注译：《仪礼译注·士婚礼》，长春：吉林文史出版社，1995年版，第27页。

②片冈岩撰，陈金田译：《台湾风俗志》，台北：大立出版社，1981年版，第19—20页。

③黄泽全编著：《古今婚礼》，北京：当代世界出版社，1997年版，第52页。

孕的情节。《山海经·海外西经》便记载了女儿国的神话："女子国在巫咸北，两女子居，水周之。一曰居一门中。"①可见这两女子所居之处是被水环绕着的，郭璞对这段女子国的神话记载所作的注更清楚道出沐浴受孕：

(女子国)有黄池，妇人入浴，出即怀妊矣。若生男子，三岁辄死。周犹绕也。②

女子国的妇人出浴即受孕，这样的神话在后来的《梁书·东夷传》③、《太平御览》④等典籍里都有记录。及至后来张华《博物志》演绎为初孕女子窥井水而必生子的传言。⑤屈原《楚辞·九歌·少司命》亦有类似沐浴祈子的记载："与女沐兮咸池，晞女发兮阳之阿"。少司命是主掌子嗣的神，⑥因此歌词里对"与女沐于咸池"的渴盼，隐晦道出神话式的祈子愿望。另有女子沐浴吞物而受孕的神话，是源自对《诗经》"天命玄鸟，降而生商"的演绎，《史记·殷本纪》记载：

殷契母曰简狄，有娀氏之女，为帝喾次妃。三人行浴，见玄鸟堕其卵，简狄取吞之，因孕生契。⑦

不论是沐浴受孕，还是沐浴吞物而受孕，总之"沐浴"是远古神话传说里发生"受孕"一事的主要情节。沐浴作为受孕的方式或媒介，塑造了水的"生殖"象征，也为后世出嫁沐浴的习俗带来"祈子"的另一层含义。而就文学而言，则开展了一段浪漫的洗浴诗篇，不论是源自牛

---

①袁珂注：《山海经校注·海外西经》，台北：里仁书局，1982年版，第220页。

②袁珂注：《山海经校注·海外西经》，台北：里仁书局，1982年版，第220页。

③《梁书·东夷传》："扶桑东千余里有女国，容貌端正，色甚洁白，身体有毛，发长委地。至二、三月，竞入水则妊娠，六、七月产子。女人胸前无乳，项后生毛，根白，毛中有汁，以乳子，一百日能行，三、四年则成人矣。"姚思廉：《梁书·东夷传》，北京：中华书局，1983年版，第809页。

④《太平御览》引《外国图》："方江之上暑湿，生男子三岁而死。有黄水，妇人入浴，出则乳(即怀孕)矣。"李昉撰，夏剑钦，张意民校点：《太平御览》，石家庄：河北教育出版社，1994版，第395卷，第293页。

⑤张华《博物志·杂说下》："妇人妊娠未满三月，着婿衣冠，平旦左遶井三匝，映详影而去，勿反顾，勿令人知见，必生男。"张华撰，范宁校证：《博物志校证·杂说下》，台北：明文书局，1984年版，第109页。

⑥少司命是主人子嗣的神。雷庆翼：《楚辞正解》，上海：学林出版社，1994年版，第80页。

⑦司马迁：《史记·殷本纪》，北京：中华书局，1982年版，第27页。

郎对织女的“窥浴”情节，著名的杨贵妃出浴，或是《金瓶梅》里潘金莲和西门庆的兰汤午战，《西游记》猪八戒在涤垢泉与七女子的水中纠缠，甚至台湾流传的闽南歌仔册孟姜女沐浴求姻缘等，都是“沐浴文化”在文学中的丰富展演，而这一系列洗浴情节的文学原型，直可上溯到远古的神话与仪式。

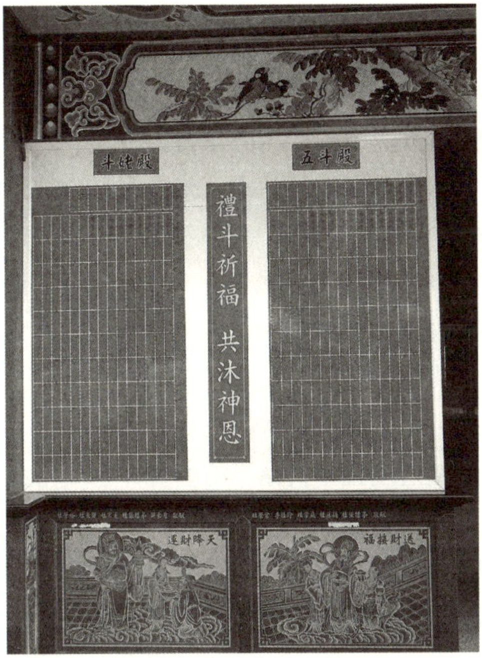

●台中醒修宫一景（叶舒宪　摄）

第三节

台湾闽南歌仔册中的孟姜女“沐浴”情节之原型借鉴与构设意图

据上节对“沐浴”原型的爬梳，清楚看到沐浴作为一种仪式，在婚姻礼俗中不但常见还别具象征意义。而以神话、仪式作为温床的文学，屡屡透过作家的“组合”与“置换”方式，[①]对原型做出符合时代需求、展现作家个性的改造。这种对神话思维的援引，对仪式象征的借鉴，同时还杂糅民间母题故事为一大熔炉的现象，表现在通俗艺术（尤其是口语文学）里分外鲜明。

歌仔册作为庶民性质强烈的形式体裁，它常融入许多民间文化、庶民思想，就像一锅大杂烩，展现后现代“拼贴”的要义。也如哈桑（Ihab Hassan）在《后现代转折》一书提出的“种类混杂”概念，[②]歌仔册把多元文化交织在艺术表现中。正因为这种多元性，让歌仔册成为活泼而无拘束的艺术形式，于是更有耐人寻味的文化原型可资咀嚼。以下以台湾闽南歌仔册中的孟姜女故事为例，探讨“沐浴”情节对原型的借鉴，同时分析作为货真价实的口语文学之歌仔册，作者对此情节的构设意图。

一、孟姜女“沐浴”情节分析与原型借鉴

台湾闽南歌仔册的孟姜女形象最鲜明的部分就在于具有“自主的女性形象”，她自主的形象这部分集中表现在“自媒婚姻”与“果敢坚毅

①美国批评家维克里（John B. Vickery）提出“组合与置换的策略”，他不再满足于从众多作家笔下去发现共同的神话模式，而把关注的中心放在每一个作家对原型所做出的个性化改造和复杂多变的想象反应。参见叶舒宪：《文学与人类学：知识全球化时代的文学研究》，北京：社会科学文献出版社，2003年版，第92页。

②哈桑揭示后现代文化艺术有“重构”趋势，它具体表现的特征之一是“种类混杂”。所谓“种类混杂”可称之为“四不像”或“大杂烩”。这是一种专事拼凑、仿作的“副文学”，所有文体辩证地出现在一种现在与非现在、同一与差异的交织中。此概念参见朱立元主编：《当代西方文艺理论》“后现代主义”之“哈桑对后现代主义审美特征的透视”，上海：华东师范大学出版社，1999年版，第382页。

的人格特质”之情节中，尤其在自媒婚姻的情节里，出现令人难忘的“赤裸”誓词与男女主角间微妙的互动。在这批闽南歌仔册里，一开头就是描写孟姜女思春、渴求婚姻的唱词：

> 四月日头出红红，姜女穿甲白葱葱。姜女自恨变无蚊，无人通乎阮做尪。姜女无尪块思想，加治心内有主张。金纸紧买几那样，城隍庙内去烧香。……着下城隍相保庇，恰好金纸烧乎伊。有人来配我姜女，我卜乎伊做妻儿。
>
> ——《孟姜女配夫新歌》

虽然四月的太阳热烈，但孟姜女却因忧心婚姻而愁眉不展，唱词还写到孟姜女打好主意要赴庙里烧香祈祷神明赐个好姻缘给她。到了庙里，孟姜女不只拜拜祈缘而已，她更发下令听者（读者）难忘的誓言：

> 姜女口愿直直下，望神保庇伊一个。有人看伊脱光体，甘愿乎伊做贤妻。看伊衫裤脱空空，甘愿收伊做亲尪。
>
> ——《孟姜女配夫新歌》
>
> 双手拈香下拜天，发心许愿结良缘。第一条愿在浴室，杨柳树下脱衣裳。第二条愿在高楼，百花楼上巧梳妆。第三条愿在兰房，拈针穿线绣鸳鸯。若有郎君来看见，不论贫富结成双。三条大愿在佛前，剪发齐眉作姻缘。
>
> ——《新刊孟姜女歌》

她跟神明发愿，如果有人看到她的裸体，或看到她在高楼上梳妆，或看到她在兰房绣鸳鸯，不论那人贫富，都愿意跟他结为夫妻。这种内容大胆、近似于“赌注”的誓词，在上层社会的大家闺秀身上根本无从得见，可见歌仔册里的孟姜女形象投射了庶民性的情感，象征普罗大众对爱情“赤裸”的渴求。

进一步，情节来到了孟姜女沐浴的场景：

> 姜女园内改心闷，鸳鸯水鸭做一群。脱落衣裳洗身躯，

暗恨身边无丈夫。又恨爹妈无主张，悞阮青春是卜障。忽见一人在树上，姜女心内有主张。……姜女听见心头双，悦手便叫落难人。赶紧落树有话讲，杞郎听叫心安然。……连忙落树近娘前，姜女无意靠树边。暗思今生好姻缘，开口便叫杞郎先。阮卜共恁结姻缘。

——《孟姜女哭倒万里长城》

姜女自入花园内，连忙脱衣下浴堂。衣裳挂在杨槐树，轻轻打水浴姣身。姜女一看人望见，连忙走起着衣裳。手把衣裳来穿着，着青着紫又着黄。着了衣裳望树上，看见树上有人藏。姜女当时相借问，你是何府何县人？范郎开口答小娘，小生住在华州村。

——《新刊孟姜女歌》

姜女块卜落去洗，水中人影有一个。举头共伊看详细，省人竖治柳枝叉。看着水底一郎君，人影坠落水中央。姜女出嘴紧皆问，公子恁带省地方？杞郎听见应姜女，阮带怀华洲块安居。我是姓范煞讲起，杞郎是我亲名字。……名姓有报乎恁听，报乎恁听无延迟。我身姓孟名姜女，照实块共恁通知。

——《孟姜女配夫新歌》

因孤单苦闷，孟姜女于是在花园的池子里脱衣沐浴，遂被逃避秦王征兵的范杞郎撞见，这种在户外沐浴且被青年撞见的情节，明显借鉴了牛郎织女的故事原型。弗莱对“原型”的定义与探讨“原型”之于文学的意义作出如下说明：

“原型”是一种典型的或反复出现的形象，是将一首诗与另一首诗联系起来的象征，可用以把我们的文学经验统一并整合起来。而且鉴于原型是可供人们交流的象征，故原型批评所关心的，主要是要把文学视为一种社会现象、一种交流的模式。这种批评通过对程序和体裁的研究，力图把个别的诗篇纳入全部诗歌的整体中去。[①]

① [加] 弗莱著：《批评的解剖》，陈慧等译，天津：百花文艺出版社，2008年版，第142页。

脱衣沐浴遂被撞见的情节作为一种文学原型，反复出现在文本中，让读者（或听者）轻易地产生熟悉感，于是缀连起一长串的沐浴文学史，并且以最初原型呈现的意义，为后世对此结构的复制、形构象征也因此有了结构与象征的对应关系。于是在文学间建立交流的模式，并且可以把个别的诗篇纳入建构起的该文学史序列中。

这是歌仔册孟姜女故事透过沐浴情节而与牛郎织女传说产生了文学史序列上的联结。原型的借鉴使得历史上许多文学作品、神话、仪式串成了一体，在每个时代用不同文化体裁各自表述。于是，把文学还原到文化背景之中做整体性考察，较能揭露情节、结构背后所隐藏的象征。而这“象征”在神话阶段就是“原型”，神话也是当仪式与梦幻透过语言交流的形式合为一体时所出现的概念，①因此从文本回溯探讨象征，再从象征追溯原型，从原型解释神话乃至最初的仪式意义，这一串追本溯源的动作，使得每个看似独立的文本都难离这个文化序列之链无远弗届的影响，此即原型批评文学观的要义。

换个角度看，前述章节论证过牛郎织女型的沐浴情节在于诠解青年男女由单身跨入婚姻的一个“阈限”，于是沐浴作为一个身份转换的“阈限”，被牛郎织女的传说形塑为象征，歌仔册孟姜女故事于是援引此象征，在孟姜女急欲求得姻缘的时刻，用沐浴与窥浴的情节促成她与范杞郎媒合的动因。如此一来，歌仔册的孟姜女拼贴牛郎织女故事的结构范式，成了一个令读者似曾相识却又足具庶民乐趣的情节，颇能拉近听者（读者）与故事（文本）的距离。

再者，歌仔册孟姜女故事还在牛郎织女的星宿原型上作出借鉴。据洪淑苓先生的考证，牛郎织女故事在神话阶段是以“牵牛织女”的名目来代表的，它是解释与说明自然现象的神话，属于星座神话。②歌仔册的作者就针对这星座神话的原型，构设了孟姜女故事“神化”的结局：

我是天官织女娘，为因思凡心受苦。寨官原是火德心，

①［加］弗莱著：《批评的解剖》，陈慧等译，天津：百花文艺出版社，2008年版，第136页、第152页。

②洪淑苓：《牛郎织女研究》，台北：台湾学生书局，1987年版，第14页、第17页。

蒙恬将军水德星，范郎原是金德星。

——《新刊孟姜女歌》

杞郎姜女本是仙，降落凡间来流连。夫妻凡间本无缘，双人相招去做仙。

——《孟姜女哭倒万里长城》

（姜女母亲苦等女儿未归，在孟姜女上天界之后，写的血书化作一只白鹤，飞回家告知母亲）看真单单一张批，批信阁再写红字，提在手看即知枝。即知伊子是仙女，用批来共我通知。姜女杞郎本是仙，降落凡间十八年。

——《孟姜女配夫新歌》

这批歌仔册的结局都指向孟姜女与范杞郎均为星宿神下凡，由于思凡于是在人间遭受种种磨难，最终两人无凡缘，历劫之后还是回到天上再续情缘。《新刊孟姜女歌》就直接点明孟姜女是“天宫织女娘”，直陈对牛郎织女故事的借鉴。歌仔册作者将饱经分合磨难的孟姜女与范杞郎对应织女牛郎，取的就是“人间情缘难续”的象征，这两个民间故事就借此遥相呼应，有了合流的契机。

据此，不论是沐浴情节或神化结局，都清楚地表现歌仔册孟姜女故事对牛郎织女传说原型的看齐。民间文学（尤其是口头文化）互相合流的现象，让人感受到庶民性丰富的再创力，也因此读民间文学常会有“错置”之感——读的明明是孟姜女故事，却感觉像在读牛郎织女的传说。这样的现象让读者必须正视“原型”研究在庶民文化里的必要性，否则一些须上溯原型的象征将隐蔽而难显。

二、孟姜女“沐浴”情节之构设意图

这批歌仔册的“沐浴”情节是孟姜女故事在其他文学表现形式里所罕见的。作为口语文学（说唱艺术）的一支，歌仔册有其特殊的艺术表现方式与内容构设考虑，由于歌仔册的生命是活在搬唱者口中，它的消费者是台下的那些听众，因此听众的喜好往往直接决定歌仔册编撰的方向。李亦园先生曾厘清口语文学与书写文学的差别：

> 口语文学是传诵的，所以对象是听者，书写文学是看与读的，所以对象是读者。……书写文学是一种单线交通（one way communication），作者很不易得到读者的反应，即使有，亦不能把内容改变了。口语文学则可说是双线的交通（two ways communication），作者或传诵者不但可以随时感受到听者的反应，而且可以借这些反应而改变传诵方式与内容。[①]

歌仔册是货真价实的口语文学，作为“双线交通”的口语文学，其内容的编撰当然会投听者所好，甚至歌仔册的唱者也可能视听者的反应修改故事内容，迎合庶民喜谐厌庄的审美趣味，这也是歌仔册作为民间文学少不了的“集体性”特色。[②]因此，讨论歌仔册编者对孟姜女“沐浴”情节的构设意图，能更清楚牛郎织女故事被庶民文化收摄后的“应用”与接受的“眼光”。

首先，迎合歌仔册“口头性”的特色，说唱者凭借着闽南方言的亲切感，加之以传说的魅力，说唱俱佳地演绎出孟姜女由思春到千里寻夫乃至哭崩长城的故事。歌仔册的听者多半是民间老百姓，因此朴素直接的语言绝对是接受的必要条件。像“有人看伊脱光体，甘愿乎伊做贤妻”、“看伊衫裤脱空空，甘愿收伊做亲尪”、“脱落衣裳洗身躯，暗恨身边无丈夫”这类直泼泼的方言，毫无修饰地直陈“脱光体”、“脱空空”、“脱落衣裳”的誓词，辛辣的言语、无所隐晦的口头俗话，足可刺激听众感官的想象。像这类对牛郎织女故事的借鉴视角，乃从庶民对谐趣的爱好出发，进行织女沐浴情节的改编，目的在满足下层百姓对思春少女的性幻想。这想必是歌仔册编者基于听众的阶层与兴致而构设的谐趣手段，在“庄重”的文人手中显然难见，如秦观《鹊桥仙》借的也是牛郎织女的典故，但却唯美至极：

---

①叶舒宪：《文学与人类学：知识全球化时代的文学研究》，北京：社会科学文献出版社，2003年版，第117页。

②民间文学的特征之一是“集体性”，是由许多人集体创作，集体流传，集体享有，为广大民众普遍流传。也由于民间文学是共同人民集体创作的，它所歌颂与憎恶的都与人民全体息息相关，为普遍大众所关心、爱好、欣赏和共鸣。谭达先：《中国民间文学概论》，台北：木铎出版社，1983年版，第29页。

纤云弄巧，飞星传恨，银汉迢迢暗度。金风玉露一相逢，便胜却人间无数。

柔情似水，佳期如梦，忍顾鹊桥归路。两情若是久长时，又岂在朝朝暮暮？①

同样都是借鉴牛郎织女的典故，文人典雅的词取的是牛郎织女星的迢隔，与两情长久相悦便不在乎朝暮相随的作意；反观庶民性强烈的歌仔册则取织女沐浴被牛郎窥见的情节来铺展桥段，引起听众的兴味。由此可见，口头文学力求的是贴近庶民的审美趣味，它与士人阶层着重的优美含蓄不同，直爽畅意、野朴无遮才是民间口语文学的本色。这是歌仔册特殊的文体性促使编者借鉴织女沐浴发展出孟姜女的思春情节，构设意图着眼于“香艳刺激”的大胆言行能引发听众听下去的兴味。而深层的构设意图则在于将有名的织女沐浴传说套用成范式后，不但使听众具熟悉感，同时也为孟姜女日后的悲剧命运作了预告性的暗示。

再者，孟姜女裸体求姻缘的言行，其构设意图也展现一定的文化意义与景观视界。传统社会向来对两性的互动设下许多规约，儒家守着伦理道德的防线，以严防男女私受为第一要事，孔子即主张“男女行者别于途”，孟子更力倡男女授受不亲的观念。于是女子被幽禁于深闺，婚前杜绝与男子接触成了传统两性模式，尤其女子对感情的渴望也必须硬生生地被压抑住，否则将落得“低贱”的骂名。推到极致，连肌肤都不能示于男子，如此将有失妇节。②在这样具有悠久传统的两性文化里，即便思潮随着风气渐开，都仍对广大民众留有影响余绪，对守持贞节、含蓄温婉的女德规范还是普遍认同的，台湾早期社会也都还保有此淳朴保守之风。反观这批流传于早年台湾社会的歌仔册，其编者大胆挑战“性”禁忌，编出孟姜女思春誓词与野外沐浴情节，其实应从听众的审美趣味与消遣心理着眼探讨。

闽南歌仔册乃台湾社会在农余闲暇之际常见的娱乐消遣，既是消遣就必然追求一种轻松愉快的美的享受，尤其“性”这个主题是成人世界常见的乐趣，对孟姜女勇敢求爱，不矫情造作的性格，想必在消遣的欢笑声中亦给予肯定激赏。这样一来，歌仔册对孟姜女裸体求姻缘的言行

①张梦机、张子良：《唐宋词选注》，台北：华正书局，2001年版，第137页。

②鲍宗豪：《婚俗文化：中国婚俗的轨迹》，上海：上海人民出版社，1990年版，第26—28页。

构设就不仅只在以“性”作为消遣而已，更进一步带有审美观点上的跃进。面对长期被以禁忌看待的“性”，民众终于能敞开心胸言笑，甚至给予肯定，此举不但为封闭的两性观开创一扇景观视界，也为长年保守的传统观念进行破冰。

据此，对歌仔册编者的构设意图进行探讨，不但能浅层地揭示听众喜谐厌庄的娱乐心态，还能深层挖掘编者援引牛郎织女传说入孟姜女情节的象征意义，以及庶民阶层对两性审美观点的移转、进步，从而渐渐融化由上层阶级规范成的严肃审美趣味。这些都可视为是歌仔册夹带庶民力量所建构起自己的一套小历史，其意义之重要自不在话下。

第四节 结　语

一个文学母题的被塑造，其背后总有源远流长的文化原型与象征意义可资探讨。台湾闽南歌仔册中的孟姜女故事，一个简单的“沐浴”情节就足以回溯远古神话传说、仪式象征，遂成了文学人类学探讨文化原型的极佳样板。更进一步来说，这种语言与形式都足具台湾在地性的歌仔册，其内涵的原型文化编码乃遥系文化中国，这点透过本文的论证已无可讳言。

再者，透过本文的分析，清楚看见歌仔册“拼贴”的痕迹，牛郎织女传说其实并不遥远，它轻易地就活在民间说唱者的口中、隐身在孟姜女故事的夹缝里。不只如此，只要细心地体察，会发现那些远古塑成的原型意象，其实反反复复地被后世文化、文学所借鉴，同时依每个时期的需求做变形、移置、交融。如玉、龙、蛙、日、月等都是文化里常见的原型，其背后也都有一套由神话到传说再到创作的完整文化轨迹。然而，不论后世创作将之改换的面貌如何难辨，也总有遥遥一条原型象征的丝线牵连，倘若回到最初的母题来诠解各方纷繁的展现，常能让久经意识形态遮蔽的初衷重新现形，就如被黄沙覆盖的玉石，拔除遮障之后它仍是本质不变的璞玉。

因此，“沐浴”作为歌仔册孟姜女故事求姻缘的重要媒介，其在神话、仪式、象征上都有深刻的文化背景作为台湾歌仔册编者的借鉴。这样一来，歌仔册在迎合庶民消遣兴味之余，也有了更深层的喻意，从而提高了它的文化价值，并能在现今族群、国家认同的争辩上给出文化同源的省思。

本文不揣浅陋，以小小一个“沐浴”情节的编撰，尝试性做了这个追溯原型象征的考察与构设意图的挖掘，遂发现了一片别有洞天的文化乐园。想必浩瀚的文学、文化亦犹如一座座宝山，其中还有不可胜数的文化宝藏等待面世。当文化人类学的思维开启，我们以“理所当然”的眼光看待文学文本的心态也将改变，这一改变会使得更多的意义被发掘，从而让长久认定的“真理”得到反省的机会。

●台中乐成宫供奉的月下老人（叶舒宪　摄）

参考书目和延伸阅读

书籍

王岳川：《后殖民主义与新历史主义文论》，济南：山东教育出版社，2001年版。

片冈岩撰：《台湾风俗志》，陈金田译，台北：大立出版社，1981年版。

［加］弗莱著：《批评的解剖》，陈慧等译，天津：百花文艺出版社，2008年版。

朱立元主编：《当代西方文艺理论》，上海：华东师范大学出版社，1999年版。

洪淑苓：《牛郎织女研究》，台北：台湾学生书局，1987年版。

段宝林：《中国民间文学概要》，北京：北京大学出版社，1985年版。

殷伟：《兰汤沐芳》，北京：文物出版社，2003年版。

殷伟、任玫：《浴事全览：中国沐浴文化》，台北：实学社，2004年版。

庄孔韶主编：《人类学通论》，太原：山西教育出版社，2002年版。

黄瑞旗：《孟姜女故事研究》，北京：中国人民大学出版社，2003年版。

雷庆翼：《楚辞正解》，上海：学林出版社，1994年版。

杨振良：《孟姜女研究》，台北：台湾学生书局，1985年5月版。

叶舒宪：《文学与人类学：知识全球化时代的文学研究》，北京：社会科学文献出版社，2003年版。

叶舒宪选编：《神话——原型批评》，西安：陕西师范大学出版社，1987年版。增订版，2011年。

维克多·特纳（Turner Victor Witter）：《仪式过程：结构与反结构》，黄剑波、柳博赟译，北京：中国人民大学出版社，2006年版。

顾颉刚编著：《孟姜女故事研究集》，上海：上海古籍出版社，1984年2月版。

《闽南说唱歌仔（念歌）资料汇编》第五册，赞助单位："行政院"文化建设委员会，执行单位："中华民国"台湾歌仔学会，计划主持人：曾子良，1995年版。

期刊、论文

周凤月：《孟姜女传说的流变与思考》，《许昌师专学报》，2000年第19卷第4期。

姜国贞：《孟姜女哭倒了长城？——故事的流变与省思》，《国文天地》，2003年第19卷1期。

洪淑苓：《孟姜女歌仔册的叙事特点与孟姜女形象——以台湾大学杨云平文库所藏资料为范畴》，《民间文化论坛》，2006年5月。

洪淑苓：《孟姜女故事形塑的女性文化及其在歌仔册文本的呈现》，《东海中文学报》，第2008年第20期。

陈小敏、李立：《牛郎织女神话十年研究述评（1996－2006）》，《古代文明》，2008年第2卷第1期。

第十二章

太岁信仰：『安太岁』源流考

安太岁是一种怎样的宗教习俗？台湾的太岁信仰情况如何？从太岁钱和镇宅礼俗发展而来的『安太岁』习俗，能给台湾社会生活带来怎样的利益呢？

第一节 引言

各种民间习俗、信仰的研究在民国（1912—1949）初年有过短暂风潮，钱宝琮（1892—1974）在顾颉刚（1893—1980）的邀请下，撰写《太一考》一文，从现代天文学的角度切入理解太一与太岁的关系。接着在1957年，刘坦发表《中国古代星岁纪年》[①]一书，可说是历来对于“岁星纪年”和“太岁纪年”两种纪年法研究最深者。1990年左右，民俗研究再度盛行，太岁信仰的研究进入通俗化的阶段。刘逸生[②]、傅才武[③]等人初步重启太岁信仰的研究，点明太岁乃因应岁星而生的虚拟星体、介绍太岁的凶神性格以及“太岁头上动土”的民间传说；董中基[④]、章寅明[⑤]、郭子升[⑥]等人重新提出起源于金代的“顺星”习俗；“安太岁”的习俗则由李丰楙率先入门，但其后落入寺庙和命理师的宣传，脱离学术研究之列。

“安太岁”是近年来台湾民众在春节期间的大事，由于民间有着“本命年冲犯太岁”的说法，认为某生肖的人每12年再度循回到该生肖年时，该生肖的人就是犯太岁，一年中都将有厄运；与之相差六年的生肖者称为冲太岁，亦有厄运。其解除之道就是到庙里面“安太岁”，甚至加点“光明灯”，以祈求解除太岁之煞，全年平安。

然而依据研究，“安太岁”习俗原先并非委请寺庙进行的，民众只需要自行在家中以“太岁符”进行祭祷的简单仪式，就算完成。但是随着社会文化和生活形态的变迁，人们逐渐淡忘这项习俗，直到20世纪80

①刘坦：《中国古代星岁纪年》，北京：科学出版社，1957年版。

②刘逸生：《神魔国探奇》，台北：远流出版社，1989年版，第34—37页。

③傅才武：《中国人的信仰与崇拜》，汉口：湖北教育出版社，1999年版，第52—54页。

④董中基：《白云观里祭岁星》，收在文史知识编辑部编：《道教与传统文化》，北京：中华书局，1997年版，第341—344页。

⑤章寅明：《全真道第一丛林——白云观》，收在文史知识编辑部编：《道教与传统文化》，北京：中华书局，1997年版，第363页。

⑥郭子升：《北京庙会旧俗》，北京：中国华侨出版社，1989年版，第111—112页。

年代前后，因为由庙宇的重新宣扬，至于今日，“安太岁”习俗俨然成为年中行事的重要项目之一。[①]瞿海源在1990年的调查发现，有35%的台湾民众会参与“安太岁”的活动，较1985年增加14%。[②]

不但寺庙“安太岁”的习俗非常晚起，台湾地区各级政府所编纂的地方志，直到2001年前后，才有在春节的岁时习俗中加入“安太岁”一条的例子，此事很令人费解。特别是至今仍可见于部分农民历中附赠的“太岁符”，似乎是早期自行“安太岁”习俗的遗存，此事又与寺庙统祭太岁有不少差异。“太岁符”又见于福建地区，符上有“镇宅”字样，这是符箓中典型的镇宅符，并广为堪舆术所利用，如此一来“安太岁”就与堪舆术颇有渊源了。

此外，前辈日本学者增田福太郎（1903—1982）曾经在1943年搜集到一种“太岁钱”，有人认为太岁钱是安太岁仪式中的一部分，然而近年来“安太岁”习俗大盛，太岁钱却仍罕见，究竟太岁钱与“安太岁”之间存在怎样的关系呢？

笔者先前有《太岁信仰研究》一文，当中对于“安太岁”习俗有初步探讨，但对于其流变则力有未逮。本文将结合前辈学者的考察资料，并辅以台中东部几间知名寺庙的调查，重新探讨“安太岁”习俗的起源，以厘清“太岁符”、“太岁钱”与“安太岁”的分合。

①包括林怡青、陈峻誌、陈鹤文等的研究都指出在家“安太岁”是较早的形式，而台湾地区在1978年起较明显可见到“安太岁”的习俗，参见林怡青：《高雄县路竹乡安太岁文化研究与乡土教学上的应用》，台南：台南师范学院乡土文化研究所硕士论文，2002年版，第63页、第73—77页。参见陈峻誌：《太岁信仰研究》，台中：中兴大学中国语文研究所硕士论文，2007年版，第137—142页。参见陈鹤文：《台湾地区六十太岁信仰之研究——以台南都会区为例》，台南：台南大学台湾文化研究所硕士论文，2007年版，第58页。

②瞿海源：《宗教、术数与社会变迁》，台北县：桂冠图书出版社，2006年，第232页，表9-2。

第二节

北京的顺星习俗与定期祭太岁

“太岁”原初只是虚拟的星体，具有规律运行速度，被设定取代岁星（木星）的天文意义，并无任何神性。[①]太岁之为神祇，时间约在战国时代中后期，在东汉（25—220）时确定已经诞生了太岁神。[②]但是在明代以前，虽然有太岁为神煞的说法，但是太岁相关习俗并没有留下明确的细节，只是流传着一些冲犯太岁的传说。

中国历史上极少有祭祀太岁神的记录，并且太岁庙（非岁星庙）见于文献的时候都偏晚，仅知南宋绍兴初年（1131—1161）在杭州吴山的浑仪台旁建了“十一曜太岁堂”[③]以及金章宗明昌元年（1190）在北京建了祭祀六十元辰神的“瑞圣殿”[④]。较早的年代里只有自然崇拜中的岁星祭祀，另外就是不定期地在大兴土木之前的太岁祭祀[⑤]，而典出金代章宗（1188—1208）为太后祈福、原本属于祭祀本命元辰星的“顺星”仪式，才与太岁神较有关联，但当时金章宗所祭祀的是尚未与太岁神混一的本命元辰神。

本命元辰神即北斗诸星，可视为个人的守护神，在六十甲子的排

---

①岁星即木星，是真实星体，因此有两项不可变动因素干扰了需要稳定规律的占星术：1.其周天数是11.86年，并非准12年，因此久了会有误差。2.岁星为顺时针旋转的右旋，与日、月的逆时针左旋相反，不方便操作。于是古人假设了一个周天数正好12年，并且左旋的星体，就是太岁。

②陈峻誌：《太岁信仰研究》，台中：中兴大学中国语文研究所硕士论文，2007年版，第79—112页。

③丁丙：《武林坊巷志》（第二册）引史继宸《至德观记》，杭州：浙江人民出版社，1986年版，第461页。

④瑞圣殿在今日北京白云观中，有碑文曰：“明昌改元之日，敕遣中使论旨支度，拓观之左隙地，凡千步，起丁卯瑞圣殿，以奉太母本命之神。”参见日人小柳司气太编，《白云观志·白云观小志》，东京：东方文化学院东京研究所，1934年版，第1卷，第6页。

⑤如北宋欧阳修（1007-1072）有《福康公主宅修筑地基祭告太岁已下祝文》和《琼林苑交年祷祭太岁诸神祝文》收录于《欧阳文忠公集·内制集》，是他为朝廷所撰写的两篇祭太岁神文告；《古今图书集成·神异典》也录有王安石（1021-1086）的《景灵宫修盖神御殿上梁祭告太岁以下诸神文》。由此可知，北宋（960—1127）时官方已经有了的祭祀太岁之仪，不过从欧、王文章的题名可知是为了动土兴工而祭太岁，并非常态性的祭祀。

序之下，每个人都可以找到自己的本命星君，向其祭祷可保一年平安。金章宗之为太后的祈福，正是在皇太后的本命月、本命日的正月初八、丁卯日大祭本命元辰神。此后北京白云观就一直有着在正月初八“顺星”的传统。[①]

在白云观的传说中，凡是到星神殿祭星的人，一进殿门就往右数上自己的年纪，正对的那尊星神就是自己的本命星，这就是“顺星”的名称由来了。祭拜值年星宿的方式很简单，在找到本命星后，于神座下烧香、磕头、添香油钱，如此即算功德圆满。北京百姓不一定到白云观“顺星”，也可以自行在家中点108盏香油灯祭祀。[②]

“顺星”可说是太岁祭祀的前缘，但是如顺星般纯然焚香祭祷的祭祀方式和寻找本命星的习惯，显然与今日台湾所见的“安太岁”有所不同。今日台湾常见的“安太岁”仪式主要在农历正月寺庙中进行，其科仪开端如下：

> 安太岁时须把信众的姓名、出生年月日、住址等资料，书写在红纸上，安置于太岁灯上，或者写在太岁符上，张贴于太岁神位旁。

最后在农历十二月二十四送神，并取下太岁符烧化。[③]与上述北京的“顺星”相较，几乎可说是两种完全不同的习俗，因此台湾地区的“安太岁”必定另有来源。

底下将继续从台湾所见到的“太岁钱”和“太岁符”，对安太岁习俗的由来进行探索。

---

①在小柳司气太编的《白云观志》中，正月初八“为祭星之大典”，是白云观的斋日之一。见小柳司气太编：《白云观志·白云观记事》，第2卷，第59页。

②见清代富察敦崇编：《燕京岁时记·元旦·顺星条》，台北：广文书局，1969年版，第1卷，第10页。志案，摆放的星灯数目各说不同：《水曹清暇录》说也可用49盏灯，见汪启淑：《水曹清暇录》，上海：上海古籍出版社，2000年版，第4卷。《续修四库全书》第1138册影印飞鸿堂藏版，第190页。也有说81盏的，见唐鲁孙：《老古董》，台北：大地书局，1981年版，第56—57页。

③主要参考林怡青：《高雄县路竹乡安太岁文化研究与乡土教学上的应用》，台南：台南师范学院乡土文化研究所硕士论文，2002年版，第49页。

第三节
太岁钱及其用途

北京的“顺星”早先对于其他地区的影响似乎并不大，依照民国（1912—1949）初年的诸多地方志看来，除了北京地区明显有此风俗之外，“顺星”并不能在河北省的大多数地区普及，更遑论山东、山西乃至于河南、福建或台湾了。

事实上，台湾地区2001年以前的各县市地方志中，甚至连“安太岁”一事都未曾记录。“安太岁”虽然在农历正月进行，但在闽南新年行事中，虽然多有关于“春牛”的记录，却全然未见有关“安太岁”的说法。[①]民国以前地方志的记载往往不够详尽，姑且不论，但如日据时期（1895—1945）台湾研究的重要文献《台湾の家庭生活》所讨论到的艋舺年俗，也不见祭祀太岁。[②]刘淑慎的《台南の迎春》介绍了日据时期台南的新年行事，也不见太岁。[③]其他相关文献与记录亦同此类。

但是这并不表示早期台湾地区没有祭祀太岁的相关活动，前辈日本学者增田福太郎曾经在1943年的台湾搜集到一种“太岁钱”（图12—1），是一种印有太岁神图样的纸钱[④]。当代纸钱收藏家张益铭也收藏有两种太岁钱（图12—2、图12—3），这都说明了台湾地区在数十年前也存在太岁相关风俗，只是未能引起史家记录的兴趣罢了。

张益铭搜集的两种太岁钱，其一的整个版面就是一张凶恶的脸孔，充分展现了民间对于太岁神的恐惧心理（图12—2）。这一张太岁钱的时代不明，张氏认为：

①春牛在明朝以后与太岁发生连结，《安平县杂记》甚至说：“芒神者，值年太岁也，俗名春牛姻。”将春牛、芒神和太岁画起了等号。论见陈峻誌：《太岁信仰研究》，台中：中兴大学中国语文研究所硕士论文，2007年版，第125—128页。

②［日］池田敏雄：《艋舺月令》，《台湾の家庭生活》，台北：南天书局，1994年二刷，第315—325页。

③参见刘淑慎：《台南の迎春》，《民俗台湾》1942年第3卷3月号，第44—46页。

④关于纸钱的定义详后。

金银纸传递人类生活轨迹，以此太岁图案，有明代人留发满头的冠饰，可窥见那个朝代人民将太岁比喻为泰山狮王。①

以“留发满头”的特征断定年代，此说令人质疑，因为“留发满头”显然与人物特质有关，并不能作为断代依据。然而此幅刻画精致，形制也与一般的纸钱不同，或许属于作为神像使用的神祃，而非祭祷完毕随即焚化的纸钱，在别无旁证的情况下，只能暂时存疑搁置。

另一张纸钱较为特殊，其上写的不是“太岁”，而是“太帅”二字（图12—3）。张氏认为这是“台语的太岁译音，直接可看出这是反映外来政权日据时期的作品。”并将图中的凶恶“太帅”直指是日本政权的化身。②这张纸钱是否暗指日本政权不得而知，不过“太岁（tai—suei）”闽南语音读确实与“太帅（tai—suei）”相近，而“太岁”与“太帅”的日文音读也一样都是“たいさい（tai—sai）”，所以依照张氏的思路，这是故意用来丑化日本人的特殊样貌，或许因此为了区别而写作“太帅”的。

然而在台湾的纸钱当中，有不少使用音近字的例子，譬如有“形敇”钱，其实就是“刑煞”钱；又有“亡云”钱，其实应即“亡魂”。以上的帅/岁、敇/煞、云/魂音近甚至同音情形，是闽南方言如厦门、福州、潮州等地的普遍现象，进而产生的讹误字，显然无法从中读出时代性，更无法用以结合造像而断言是日据时期的作品，张益铭的说法必须存疑。不过很明显张氏认为太岁乃是负面的神祇。

台湾纸钱基本上都是版画的形式，《台湾传统版画源流特展》在说明台湾地区的版画源流时，提到其中一个重要源头就是漳州，并且：

台湾目前所存早期在台刊印的斗方、神祃，其图样很多是与上面所举相同，连用墨或用纸也相仿的。③

①张益铭著，张益铭、林钰茹摄影：《金银纸的秘密》，台中：晨星出版社，2006年版，第193页。

②张益铭著，张益铭、林钰茹摄影：《金银纸的秘密》，台中：晨星出版社，2006年版，第193页。

③潘元石、吕理政撰述：《台湾传统版画源流特展》，台北：“行政院”文化建设委员会，1985年版，第20页。

神祃与纸钱在较早的年代里是相类似的东西，因此这种“太帅”钱应该只是闽南地区纸钱做工粗糙的一种反映，无须与“日本人”作出联想。

●图12-1　1932年太岁钱（来源：增田福太郎，国家文化数据库http://nrch.cca.gov.tw/ccahome/literature/，2007.10.13查询）

●图12-2　明代太岁钱（来源：张益铭：《金银纸的秘密》，台中：晨星出版社，2006年版）

●图12-3　日据时期太帅钱（来源：张益铭：《金银纸的秘密》，台中：晨星出版社，2006年版）

●图12-4　亡云（亡魂）钱（来源：陈奇禄收藏，潘元石、吕理政撰述：《台湾传统版画源流特展》，台北：“行政院”文化建设委员会，1985年版）

●图12-5　形敕（刑煞）钱（来源：陈奇禄收藏，潘元石、吕理政撰述：《台湾传统版画源流特展》，台北：“行政院”文化建设委员会，1985年版）

●图12-6　五鬼钱（来源：陈奇禄收藏，潘元石、吕理政撰述：《台湾传统版画源流特展》，台北：“行政院”文化建设委员会，1985年版）

至于“太岁钱”的用途，张氏以为是安奉太岁时所用的纸钱，但近年来都改以一般纸钱为之。[①]然而施晶琳访问了台南市的金银纸业者以及宗教执事的人员却表示：“太岁钱”是新型式的纸钱，在1996年左右才出现，是一种利用传统信仰新造的纸钱，其用途在于制化太岁，禳祈不要降灾。[②]这里出现两个问题：太岁钱究竟是什么时候产生的？太岁钱的用途究竟为何？

一、太岁钱的产生年代

从增田福太郎有明确搜集时间的太岁钱就可以得知，台湾地区确实在日据时期就已经有太岁钱了。施晶琳在台南市所遇到的状况，与笔者在东台中几间寺庙所调查到的结果也很相近，都宣称安太岁时不必特别使用“太岁金”[③]，并说现在看到的太岁金是“商人自己刻的”。[④]东台中几间公庙在进行“安太岁”仪式时，都只使用一般常见的寿金、四方金、福金，并且有几位执事人员表示，他们没有见过太岁钱或者根本不晓得有“太岁金”。[⑤]

由此可见太岁钱在台湾民间，如果不是原本就极罕见，就是曾经一度几乎消失了。这种早先有太岁钱、后来没了、近年来才再度出现的情形，可能是因为台湾地区焚烧太岁钱的习惯原本就不盛行，最后终于在大部分地区中消失、甚至遗忘了。一直到1981年左右，

①苗栗县私立育民工业家事职业学校·育见未来：民俗奇人张益铭，http://librarywork.taiwanschoolnet.org/cyberfair2007/maioli/index.htm，2007.10.13查询。

②施晶琳：《台南汉人之信仰象征媒介物——纸钱》，《民俗曲艺》，第195—202页。

③台湾一般称纸钱为“金”。

④访问台中乐成宫、台中南天宫、大里振坤宫、大里福兴宫、大里新兴宫、大里草湖太子宫、大里瑞和宫（见附录一），笔者在撰写《太岁信仰研究》时曾经赴上述庙宇进行调查，其中乐成宫、振坤宫、福兴宫、新兴宫皆兴建于清代（拙作《太岁信仰研究》将瑞和宫之兴建年代误植为祖神来台的时间，使之成为近200年的老庙，借此更正）。以上7间寺庙的庙方人员都表示近几年才看到太岁钱，早期并没有这种东西，新兴宫的管理人并语带不屑地说：“人想印什么就可以印什么。”访问时间：2007年11月3日。

⑤只有草湖太子宫和大里新兴宫，表示法事都由法师主导，庙方对于详细情形并不确晓，在法师的主持下，都使用了太岁钱。兹胪列太子宫聘请的台中何厝灵安坛何法师主持之安太岁所用金纸及数量于下：大太极金3千、天尺金3千、寿生金3千、寿金18千、四方金20粒、福金20粒、补运钱12粒、花仔钱12粒、太岁金12粒、神甲马12粒、高钱1对（数据提供：大里草湖太子宫管理委员会，详见附录三）。新兴宫则由南屯广应坛何法师主持，拜公斗使用金纸如下：太极金1千、寿生钱1千、天尺金6百、寿金20千、四方金6支、福金6支、十二元神金15千、太岁金15千（详见附录四）。从金纸的使用数量可知，安太岁仪式中的太岁金，似乎只是陪衬性质而已，主要还是其他祈禳仪式共通可用的纸钱。

●图12-7　目前市面上常见的太岁钱①

●图12-8　太岁殷元帅（[元]秦子晋《绘图三教源流搜神大全》，上海古籍出版社，1990年）

“安太岁”的风气再起，才使得太岁钱重新面世。这一点从现在市面上所见到的太岁钱与增田福太郎搜集到的作比较，可得到一些线索。

许多民俗用品都极富任意性，特别是不可实见的神祇样貌，更不可能有统一的形态，特别是纸钱这种民俗艺品：

> 一般所见大率刻工稚拙，印刷草率（因为是烧化之用），但是由于种类很多，内容繁杂，而且图案任由民间雕版师自由想象。②

纸钱的使用方式中，很常见的一种就是将之烧化，而且一次使用的数量不少，因此制作精美与否并没有太大意义，所以除了图12—2时代不明的太岁钱之外，包括前引的亡魂钱、五鬼钱等在内，都可明显见出做工的草率，更不消说这几种太岁钱上的太岁神像，都与元代《三教搜神大全》上所刻的“太岁殷元帅”没有太多形态上的共通处了（图12—8）。

因此在如此任意的前提下，如果有不同时代的两种太岁钱型制极为

①就笔者所知，台中地区能见到的太岁钱皆为此版式，另外如宜兰、桃园，以及收录太岁钱的书籍如《金银纸的秘密》、《台湾传统版画源流特展》等亦为此版式，应该是台湾地区目前较为通行的版式。

②潘元石、吕理政撰述：《台湾传统版画源流特展》，台北：“行政院”文化建设委员会，1985年版，第58页。

相近，就可以认定两者之间有传承关系。

增田氏搜集的太岁钱虽然已经有点残泐，但可知两种的太岁神发型都同样是双马尾，一手操宝剑、一手提人头（或某种物品），在上方“太岁”两字之间都有五芒的符号（草或星）。由此可以推定，现在市面上普见的太岁钱，应当其来有自，不是近年来纸钱厂商的创新之举。

不过从东台中以及台南地区的宗教执事人员的认知中，却仿佛早期未曾有“太岁钱”这样的祭祀用品，并且在施晶琳的调查中发现：太岁钱在1996年左右才大量产生。

既然太岁钱在日据时期就已经有了，那么这种重新面世的太岁钱，究竟是旧有习俗的复活，还是一个全新的习俗呢？这还得从太岁钱的由来及其用途进行探究。

二、太岁钱的用途

关于太岁钱的用途，相当复杂，底下先探讨太岁钱的来源以及古代太岁钱的使用方式，再讨论近年来大量出现的太岁钱的用法是否有所差异。

（一）自古即有的太岁钱

太岁钱是一种神祃，源自古代的纸马。纸马主要绘以神祇，“作为请神、送神的依凭”①，用于各种习俗或祭祀活动。“纸马”所绘最早可能确实有马匹，但演变到后来则不一定有马匹，只是以纸绘代替实物的一种仿真巫术的民俗用品。据陶思炎研究，北宋已经有“纸马铺”，南宋纸马的使用已经相当普及，因此其产生年代必在宋朝之前。②

纸马上面依照所绘物的不同，就产生不同的作用，主要有画上神佛以祈求保佑禳灾、画上符咒祭祷以及当作冥钱三大类，台湾民间将这些都泛称为“纸钱”。③因此太岁钱虽然称为“钱”却不是财帛的替代品，而是属于祭祷用的神佛画，其称为“钱”只是民间习惯

①陶思炎：《中国纸马与日本绘马略论》，《民族艺术》，2002年第4期，第146页。

②陶思炎：《中国纸马与日本绘马略论》，《民族艺术》，2002年第4期，第144页。

③张益铭著，张益铭、林钰茹摄影：《金银纸的秘密》，台中：晨星出版社，2006年版，第43页。

将各种纸钱都加上“金”或“钱”的词尾罢了，如四方金、寿金、本命钱等，皆非财帛。

张益铭将纸钱的使用方法分为贴、供、挂、焚、带、藏六种①，陶思炎则简单区分为供、贴、挂、焚四种②，总之纸钱混合了神像、符箓与护身符的三种特性。简言之，在纸上画神像，就可以放在神龛上膜拜或焚烧祭祷，画上趋吉避凶的咒语，就可以禳灾求福保平安，可说是有极大方便和任意性的民俗用品。

目前能见到的太岁钱，由于纸材质的保存问题，年代都不会太久远，只能从文献里去追寻。在清代初年的小说《警寤钟》第十一回讲到，有人从土里挖了一个未知物，非常惶恐，于是找了高秀才来看看究为何物？高秀才说：“其物也，是名太岁，这就是他。快买分纸马安他。”③这是典型的地中太岁传说④，不过与其他早期的相同类型故事相比，这里讲出了对付地中太岁的方法：利用纸马安奉、制化，因为在历代的地中太岁传说中，有不少挖掘出太岁的人，最后都会惨死。譬如《广异记》记载有人挖到肉块，经胡僧指认，知其为太岁，结果“经一年，人死略尽。”⑤就是很典型的例子，并且与《警寤钟》的故事结构几乎完全相同，可知这是同类故事的演变。

以纸钱制化太岁是一种突发性灾难的解除法，并非例行性的祭祀仪式，与“安太岁”在形式上有些差距。若仅就“十二年犯一次太岁”的俗说而言，则可见于明朝初年的小说《水浒传》，在第六十回术士替卢俊义论命道：

> 员外贵造，一向都行好运。但今年时犯岁君，正交恶限。目今百日之内，尸首异处。此乃生来分定，不可逃也。⑥

这里的“岁君”不知指的是岁星君或是太岁君，但是岁星与太岁

①张益铭著，张益铭、林钰茹摄影：《金银纸的秘密》，台中：晨星出版社，2006年版，第43页。

②陶思炎：《中国纸马与日本绘马略论》，《民族艺术》，2002年第4期，第144页。

③嗤嗤道人：《警寤钟》，第113册，第141—143页。嗤嗤道人，真实身份不详，约为清顺治、康熙年间人，郡望或作清阳、或作云阳。

④关于地中挖出太岁的故事研究，可参见陈峻誌：《太岁信仰研究·传说与民间文学中的太岁信仰》，台中：中兴大学中国语文研究所硕士论文，2007年版，第160—168页。

⑤戴孚：《广异记》，第1页。戴孚，生卒年不详，仅知为至德二年（758年）进士。

⑥施耐庵撰，金圣叹批：《水浒传》，第888页。

在习俗信仰上往往混淆，[①]并且太岁神在道教神谱中又称为“太岁星君”，所以“今年时犯岁君”，应该就是指卢俊义今年犯太岁的意思了。由此可知，在宋元之际已经有类似今日所言“犯太岁”的说法了。

时代再往前追，就少有祭祀太岁神的记录了，仅知南宋绍兴初年（1131—1161）在杭州吴山的浑仪台旁建了“十一曜太岁堂”、金章宗明昌元年（1190）在北京建了祭祀六十元辰神的“瑞圣殿”（白云观前身）。但是从太岁信仰的演变看来，太岁庙一定早已经普及，而“犯太岁”的说法也理应广为流传，只是很可惜没有留下记录罢了。

从《水浒传》往后推，则明代中期的《西游记》第九回有人论道：“属龙的本命，属虎的相冲。寅辰巳亥，虽称合局，但怕的是日犯岁君。”[②]明末崇祯年间（1628—1644）的《西湖二集》三十三卷说：

> 这个八字，是十恶大败之命。据前岁流年看将起来，日犯岁君，又无吉星救护，死已三年矣，还算什么来？[③]

清代乾隆时的《跻云楼》在第五回写道：

> 大爷，你见今文昌星押运，兼以日犯岁君，定主利于场屋。且喜得贵人相助，今科断无不发之理。吕祖神签甚灵验。何不讨上一签？

这些小说中都提到“犯岁君”，应该都是犯太岁的意思。不过以上3篇却都写作“日犯岁君”，古代除了以太岁纪年，还可以太岁纪日，事实上就是干支纪年纪日的意思，这样说来“日犯岁君”就可能是在“日（day）”的小时段下的犯太岁了，这与前面《水浒传》、今日“犯太岁”都是以“岁（year）”为时间单位的说法就

①陈峻誌：《从岁星禁忌到数术太岁》，《太岁信仰研究》，台中：中兴大学中国语文研究所硕士论文，2007年版，第79—94页。

②吴承恩原著，徐少知校，朱彤、周中明注：《西游记校注》，第189页。

③周清原：《西湖二集》，第42册，第1390—1391页。

不一样。

然而从文本分析起来，这些“日”所言应该都是“今天”、“现在”的意思，而不是day，这些都是论命时说的话，用现代的话说，大约是“你今天/现在犯了岁君”，而非仅指说话的当天犯岁君。原因有二：一则回看前后文，有论“本命”、论“流年”、论考运，从这里就可以知道讨论的不是一天，而是一整年的运势；二则清嘉庆道光年间（1796—1850）的小说《九云记》也有类似的对话：

翰林贵造，一切都在好运。但今年时犯岁君，正交横厄，不徒造命如是，晚生粗解麻衣，翰林凤眼龙准，耳白唇红。

这句论命跟《跻云楼》如出一辙，却作“今年时犯岁君”，这个“时”就跟前面的“日”是一样的意思，指的是“这时”、“现在”，都是当下的意思。如此看来，今天民间常说的“犯太岁”一说，就可以一路从宋元之际推到现代了。

结合《警寤钟》和其他清代小说一起看，可信在清代，无论是突发性的遭遇太岁，或者流年犯太岁，已经有使用纸钱制化太岁的习俗了。自古即有的太岁钱虽然型制不明，但是应该与其他种类的纸马相似，都是一种将神灵的图样绘制于纸上，用以代表该神灵，可以进行各种祈禳仪式的用品，再参照今日所见的几种太岁钱，都是在纸上印制太岁神像的形式，可以推想宋元之时的太岁钱差异应当也不大。

（二）现今可见的太岁钱

虽然无法找到宋元明清的古太岁钱，但是可从存在于中国大陆各地区的各种太岁钱，进行共时性的联系。

纸钱从唐代以后就大为流行[①]，而纸马也产生于宋朝之前，那么在文化传播的角度看，势必不是只有台湾地区可以见到太岁钱类的纸马。以下姑以西南边陲、远离汉人文化圈的云南，以及代表南方汉人文化圈的江浙一带的太岁纸马，尝试讨论之。

今日的云南也可以见到纸钱，云南人通常径称为纸马，一般而言，云南的纸马大约等同于汉人的纸钱，因为这种俗信正是汉人在明代传入

①黄清连考证作为财帛替代品的纸钱出现于六朝，到唐朝中期开始普及，见黄清连：《享鬼与祀神——纸钱与唐人的信仰》，收于蒲慕州编，《鬼魅神魔：中国通俗文化侧写》，台北：麦田出版，2005版，第175—220页。

云南的，不过在一定程度上作了一些在地化的改变，譬如彝族增加了“土主”、白族增加了“本主”、“大黑天神”、“邓赕昭”等具有民族特色的神祇，而原本汉人的神祇如财神、城隍、斗母、东岳大帝、四灵兽等等，也都可以见到。[①]依照高金龙的调查，云南地区的纸马样式很灵活，“每一地以至每一村，都可能同时存有相似而版式不同的几种版本。”[②]这种情形与台湾所见的纸钱样式的多元是很相近的。

云南地区的纸马，同样可以见到太岁神，但其样式与台湾所见几种太岁钱差异甚大。仅就云南的两种太岁纸马比较（图12—9、图12—10），相同点是同样为武将形象，手中拿的兵器也同样都是枪或矛一类的长兵器。不同的是，其一乃三只眼，如二郎神一般的眼睛；其一则骑在马匹上。较之前面台湾地区的太岁钱，除了都是武将形象以外，可说毫无共通点了，事实上这就是民间信仰的随意性。

云南纸马传承自明代汉人，其使用法或许与明代相类似，高金龙在讨论了云南的彝族、白族对汉人纸马的在地化改造后，认为：“云南各地汉族纸马，却几乎原封不动地继承传统信仰的内容。”[③]

●图12-9　云南太岁纸马A（来源：高金龙《民间美术——云南纸马》，《汉声》第77期）

●图12-10　云南太岁纸马B（来源：高金龙《民间美术——云南纸马》，《汉声》第77期）

①高金龙：《民间美术——云南纸马》，《汉声》第77期，第84—96页。
②高金龙：《民间美术——云南纸马》，《汉声》第77期，第90页。
③高金龙：《民间美术——云南纸马》，《汉声》第77期，第93页。

●图12-11　江苏如皋值年太岁纸马（来源：陶思炎：《中国的纸马》，台北：东大出版社，1996年版）

●图12-12　江苏无锡太岁纸马（来源：陶思炎：《中国的纸马》，台北：东大出版社，1996年版）

亦即云南太岁纸马极可能呈现了明代时的习俗面貌，前文论及了明清时代太岁纸马的使用方式，因此云南地区太岁纸马的使用方式，大约也是流年“犯太岁”的当年或是挖掘出地中太岁以后，焚烧纸马以制煞。

汉人文化重心的江浙地区也有纸马，江浙纸马有刻版和手绘两大类，内容多半绘作神像，与兼具符咒意义的一些纸钱也有所不同，但是其使用的心理是一样的，都在祈求趋吉避凶。从太岁神的形象来看，如皋的太岁（图12—11）与无锡的太岁（图12—12）几乎完全两样，如皋太岁头戴武弁，满脸胡须，双眼伸出双手，跨骑在马匹上；无锡太岁头戴文冠，如文官之形，而身体只以色块抽象表示。除了如皋太岁似为武将之外，其余部分与台湾流行的太岁钱并无共通点。江浙纸马的祭祀方式比较随性：

> “一般在祭祀时没有一定的、主要的信仰对象，神像没有高低之分，没有固定的程序和制约，仪式也因地、因人而异，没有固定的场所，随时随地均可进行。”[①]

①徐艺乙：《江浙的纸马》，《民俗曲艺》，第186页。

这种情形与台湾地区“安太岁”时焚化太岁钱的情况不同，但与明清小说中，遇事才临时焚烧纸钱制煞的说法，更接近一点。因此江浙地区的太岁纸马与台湾的太岁钱并非同一来源。

从明清小说、云南纸马、江浙纸马之间具有的共通性可以推论，纸马原初的使用并无一定规范，主要都是突然发生大事灾难时，“临时”使用相对应的纸马进行祈禳与制化。这与现行常见的寿金、福金、四方金等纸钱的使用时机与方式，有很大差异，显然是一种习俗制式化的演变。

台中地区的太岁钱，使用的情况极为混乱。草湖太子宫安太岁仪式中所使用的纸钱，除了是由法师指定之外，也全交由邻近的颖成金纸香大卖场统筹，据店家表示，太岁钱只有庙方会来采购，一般人不会自行购买太岁钱制化。[①]台中乐成宫的执事人员则表示，该庙并不使用太岁钱，但是曾经见过有信众自行准备太岁钱来祭拜。其他的台中南天宫、大里振坤宫、大里福兴宫、大里新兴宫、大里草湖太子宫、大里瑞和宫都表示没有在安太岁仪式中使用太岁钱，因为他们在同一天要进行的仪典很多，太岁又非主神，所以准备的纸钱多是一般常见的寿金、四方金，以求便利。台中大里的新永圣香行则表示，随时都可以购买太岁钱进行安太岁，但是最好先向庙方询问清楚，因为“可能”还需要搭配其他种纸钱。[②]

1919年版的《台湾宗教调查报告书》第一卷记录了当时台湾的纸钱用途，当中有用来祭祀“星君”者，其下注明“别名十二星君、元辰”。“星君”实指太岁星君，因为太岁信仰与本命元辰信仰相结合，所以又可称为元辰，亦即太岁神。这种祭祀星君的纸钱使用与“解年经”一样，而“解年经”所制化的灾厄中，又有一项为“头值太岁使者灾厄”[③]，两相结合起来，明确可知太岁钱之作用就是在解太岁之厄。由此可知，虽然太岁钱的年代久远，但由于时代与习俗的演变，太岁钱已经不再是“安太岁”习俗中的必要物。

制化的行为其实就是一种“祭送”、“祭煞”的仪式。根据日人铃木清一郎在1944年所著的《台湾旧惯习俗信仰》表示台人遇煞时，往往请红头法师作法，请来祈福的神灵以及降灾的神灵，接着

①颖成金纸香大卖场，地址：台中县大里市东南路205号。访问日期：2007年11月3日。

②新永圣香行，地址：台中县大里市大明路206号。访问日期：2007年10月20日。

③台湾总督府编：《台湾宗教调查报告书》第一卷，台北：1919年版，第194—195页。

烧金纸，最后镇压神祟。[①]同理，如果冲犯了太岁神，也可以祭送太岁以求平安。如此则太岁是凶神。

此外，太岁信仰中的一大类就是动土兴功时的冲犯，若因此生病了也必须祭煞，方法是在金纸上比划咒文，再把作祟的神煞请送离开。[②]准此，如果把太岁视为凶神，那么冲犯了太岁神时所使用的太岁钱，就是祭送的仪式中的用品。但早期意义中的祭送神灵，皆非定期的祭拜仪式，而是临时遭遇灾厄才有的消解行为，与现在意义下的安太岁是不同的。

简言之，太岁钱的作用是在祭送太岁神的仪式中，焚烧以制化太岁凶煞，而这种遇事才临时祭送神祟的仪式，与明清小说、云南纸马、江浙纸马的用法相似，却与现行的有固定祈禳日期的“安太岁”显然不同。但是必须强调的是，台湾的太岁钱即便在形制和使用方法上都与余者不同，却依旧是一种绘有太岁神像的纸马，而非财帛类的纸钱。

台中地区现行的“安太岁”仪式中，有的寺庙使用太岁钱，有的则是信众自备，而且在说法与使用上颇相矛盾。事实上使用太岁钱的寺庙，也不是自主性使用的，而是依照道坛法师的安排，这样的情形可与早期信众自行在家安奉太岁的仪式相参照。亦即寺庙原本不具备为民众安太岁的职能，而是由信众自理。后来安太岁的习俗一度消沉，太岁钱也随之销迹。直到20世纪80年代台湾地区的太岁信仰又重新兴盛，到1991年左右已经成为普遍俗信，这时太岁钱再随着纷纷筹建的太岁殿，站上了历史舞台，成为今日的盛况。

① [日] 铃木清一郎著，冯作民译：《台湾旧惯习俗信仰》，台北：1944年，第70—71页。按：本书原名《台湾旧惯冠婚葬祭と年中行事》。

② [日] 铃木清一郎著，冯作民译：《台湾旧惯习俗信仰》，台北：1944年，第72—73页。

第四节
从堪舆术镇宅符蜕变而来的“安太岁”习俗

目前台湾地区寺庙所举行的“安太岁”仪式，都是从“安奉太岁符”开始的。台湾中部的民间黄历《“民国”九十六年中华历书》说：

> 可以安奉在厅堂神佛同位，或灶神　神位同位或其他清静之处，或安奉在庙寺道观法坛。[①]

并在所附的太岁符旁注记：“请剪下此太岁符奉安大吉”，亦即所安奉者就是该太岁符。接着在农历正月初九或正月十五早晨，以贡品安奉之，并在该年农历十二月二十四日酬谢太岁。

北港地区依照《从笨港到北港——北港镇》的调查为：

> 首先到寺庙或在黄历中取得太岁星君符，供奉前，先置于神案三天，再取下于左下角写下犯冲者姓名、地址，同祷祝太岁星君降临。[②]

另外，林怡青调查路竹乡各公庙的“安太岁”仪式，归纳科仪开端如下：

> 安太岁时须把信众的姓名、出生年月日、住址等资料，书写在红纸上，安置于太岁灯上，或者写在太岁符上，张贴于太岁神位旁。[③]

①三七堂地理择日馆：《“民国”九十六年中华历书》，第31页。志按：灶神后原书空格缺字。又，大里福兴宫之《农民历通鉴——福兴宫文献资料》，亦由三七堂编著。

②颜昭武等编撰：《从笨港到北港——北港镇》，第4页、第7页。

③林怡青：《高雄县路竹乡安太岁文化研究与乡土教学上的应用》，台南：台南师范学院乡土文化研究所硕士论文，2002年版，第49页。

最后在农历二月二十四送神，并取下太岁符。以上几种只是描述上的繁简不同罢了，本质都是一样的。

由上可知，“安太岁”仪式其实指的是“安奉太岁符”。“太岁符”即一种通告太岁神的文书，主要在符胆上有“奉请某某年某某太岁星君到此镇宅”一类的字样，为祭请值年太岁降临之词。

陈进国的田野调查发现，在福建地区的诸多镇宅符中，要属“太岁符”流传最广，是较典型的灵符，其作用在如果屋宅冲犯太岁方，可以利用灵符消灾。①虽然主要用途在安宅，但亦可视为太岁信仰的变形，因为太岁原本就与宅第吉凶有关。

台湾地区的“安奉太岁符”在样式上与这种镇宅用的“太岁符”全无两样，这种“太岁符”也出现在港澳地区，其作用在于“摄太岁”仪式时使用，大约等同于台湾地区的“安太岁”。因此安宅用的“太岁符”应该与“安奉太岁符”在实务运用上没有太大差异。换言之，“太岁符”实际就是堪舆术中的符箓制煞一类的转化，也就是一种镇宅符。

镇宅符的样式非常之多，大约都在祭请某一尊神灵降临镇宅，所以符胆上会有神灵名称以及“镇宅”二字。经由不完全的统计，似乎只要使用者愿意，任何神灵都可以请到镇宅符上来，譬如张天师镇宅符、姜太公镇宅符、岁德镇宅符、观音镇宅符、七星镇宅符、老君镇宅符、虎君镇宅符、五岳镇宅符、八卦镇宅符等等，而镇宅符与堪舆术之间的关系，是极为密切的。仅仅在《阳宅十书·论符镇》②中就有镇宅符138通，可知镇宅符不但有极大的创造性，更是堪舆术的制煞法中很重要的一个单元。如此则太岁与堪舆术之间就有着非比寻常的关联了。

太岁与堪舆术的关系，是从太岁的土地意象中衍生出来的。太岁在隋唐时代，从天上转移到了地下，于是带有土地神的意味，因此民间传说有兴土工会触犯太岁的说法。1915年《台湾日日新报》就有一篇《鬼神考》，专就“太岁”进行诠说，其开头就明确讲出最基本的太岁信仰：

①陈进国：《安镇符咒的利用与风水信仰的辐射——以福建为中心的探讨》，《世界宗教研究》，2002年第4期，第112页。拙作《太岁信仰研究》第134—135页认为太岁符最早可见于《正一法文十箓召仪》中的《赤箓券》，理由是《赤箓券》后接着《度太岁前谍》；今得《中华道藏》（第八册第366页）的新刊重排本，始知《赤箓券》应是皈依神道的登名录，与太岁无关，借此更正。

②王君荣：《阳宅十书·论符镇第十》，《古今图书集成》，第964—1003页。

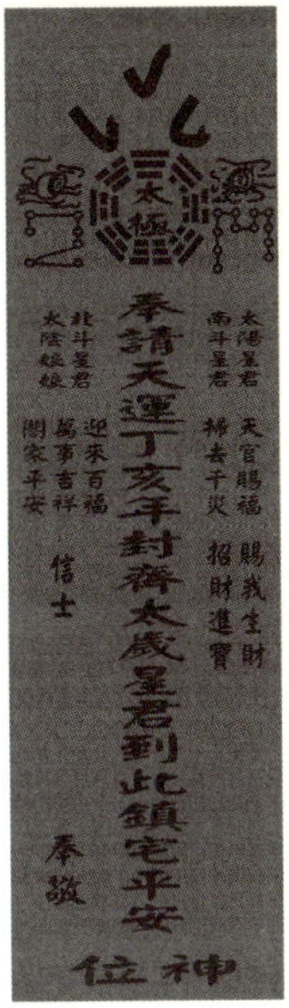

●图12-13　台湾地区之太岁符（来源：三七堂地理择日馆：《“民国”九十六年中华历书》，南投：三七堂，2007年版）

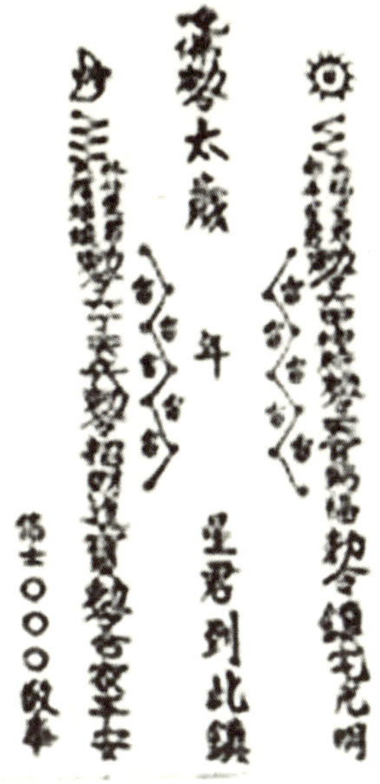

●图12-14　福建省仙游县城东镇先安村太岁符（来源：陈进国：《安镇符咒的利用与风水信仰的辐射——以福建为中心的探讨》，《世界宗教研究》，2002第4期）

●图12-15　香港圆玄学院太岁符（来源：清华大学·清蔚园·乌托邦，http://teens.theweb.org.tw/utopia/taisui/down_load.html，香港圆玄学院提供图档，2007年3月14日查询）

●图12-16　五岳镇宅符——中岳符（来源：王君荣：《阳宅十书》，《古今图书集成》）

●图12-17　六甲护宅符（来源：王君荣：《阳宅十书》，《古今图书集成》）

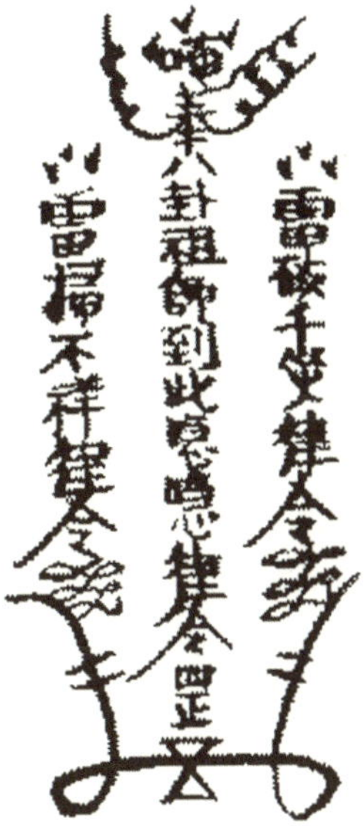

●图12-18　八卦祖师镇宅符（来源：坊间所见，2007年11月13日）

俗以太岁所在之方，所食之地，依地支十二字，每年挨移，凡所在之地，兴土兴工，则所食之地必有死者。①

这里的“食”是指侵害的意思，是王充《论衡》中的用语，后文除申引《论衡》之外，也讨论太岁所在之方与兴土工的关系，并提出了传统对太岁神究竟是何方神圣无法确定的混乱情况。虽然文中的“俗”不能确定是否包含当时台湾民间，但其结语认为太岁神是什么神都无法确定的情况下，“一若人世生死之权全操彼手，不亦异哉。”可确信这是一篇期望能“破除迷信”的文章，亦即在当时的台湾应该有一种太岁当年在何方，何方就不可兴土工的俗信才是。

如果依照这个兴土工会冒犯太岁，因此必须回避太岁的逻辑推演下来，太岁神一方面可能成为煞神，但一方面就获得了镇宅的职能。而人们的对应之道就是利用能够制化这种煞神的方式，以达到镇宅的效果，进而产生了今日常见的“太岁镇宅符”。

太岁与符箓之间的关系，可从两种路数理解。其一是依照太岁镇宅符之符胆文字，如“奉请某某年某某太岁星君到此镇宅”一类的字样，可知为祭请值年太岁降临之词，这是正向的请神。南宋理宗（1225—1264）时道士金允中所著的《上清灵宝大法》卷三十一有一份祭请太岁神降临解厄的《太岁牒》：

牒请详事理，疾速行下土府诸司，及见今营建坛所土神。并请时暂起离，权行回避。如其地有故炁伏尸，潜妖匿秽，并行收藏屏斥，毋致干侵。……仍冀神车下降，同证斋修。……牒至，幸疾速依应施行，谨牒。②

此牒提及营建时，祈求土神太岁暂时离开回避，并希望地中诸煞“行收藏屏斥，毋致干侵。”这与太岁镇宅符祭请太岁神降临驱邪、安宅的作用是一致的。这时的太岁符属于请神文告，并有除煞的意味。

其二的演变途径如《阳宅十书·论符镇》所述：

①不知撰著：《鬼神考》，《台湾日日新报·众谈》，1915年8月5日第8版。
②金允中：《上清灵宝大法》，《正统道藏》，第533页。

> 镇宅内误犯二十四位凶神：若犯太岁者，主伤家长，……桃木板一尺二寸，朱书六甲符，埋犯处。[1]

明白主张太岁是屋宅中的凶神，必须以符箓压镇之。《阳宅十书》为明代王君荣（1710—1791）所编，由此可知以符箓制化太岁在此前已有。再往前推，《太上秘法镇宅灵符》有一通“厌除太岁疾疫之之侵”的符箓[2]，作用虽然不在镇宅，却在辟除太岁之凶煞，其心理都是视太岁为凶神，所以要辟除之。

●图12-19　“厌除太岁疾疫之之侵”符（来源：金允中：《太上秘法镇宅灵符》，《正统道藏》）

简言之，视太岁为吉神则奉请之，此时太岁符目的在请神。视太岁为凶神则厌胜之，此时太岁符的作用在除煞。这种截然二分的对立，充分表现出太岁神的吉凶两面性。[3]

从台湾地区的“安太岁”仪式来看，其中太岁符的作用在于祭请太岁神降临，属于上文讨论的第一种形式。然而台湾民间却认为太岁是一种“煞”，信众乃是因为冲犯了太岁煞所以必须“安太岁”，这种心理就与祭请太岁降临的思维相扞格。

在第二种太岁符来源中，视太岁为凶神，而太岁符的目的在制化太岁之煞，与前述太岁钱的使用时机与动机相契合，都是冲犯了太岁之后的制化行为。因此台湾地区的“安太岁”信仰，一方面其太岁符蕴含了奉请太岁降临安宅的文化意义，另一方面则继承了视太岁为凶神的信仰，所以现行台湾地区安太岁习俗，乃是结合了两种相反的太岁信仰而成的。

①王君荣：《阳宅十书·论符镇第十》，《古今图书集成》，第1000页。

②不知撰著：《太上秘法镇宅灵符》，第184页。按：《道藏提要》以为是唐以后书，见任继愈主编，《道藏提要》，第64页。

③按：太岁原本是吉神，与之同在有福。后来渐渐转变为地中神煞，成为凶神。

第五节 结　语

太岁信仰经过2000多年的演变，在今日凝结成“安太岁”一事，并且在科学昌明的21世纪越发蓬勃，真是民俗研究的一大盛事。然而目前可见太岁信仰的两大仪式——“顺星”传统和“安太岁”，前者明确可考的是从金代的历史典故发展而来，后者的发展历程则隐晦且错杂不明。经过前述的讨论，可将“安太岁”的来源归纳如下：

一、“安太岁”原为安奉太岁镇宅符

从较早的文献以及口述访问中可知，到寺庙“安太岁”是近二三十年才有的事，原先信众只须自行在家进行即可。此外，无论自行在家“安太岁”或者庙宇里替人“安太岁”，所“安”者其实是一通源自堪舆术的“太岁镇宅符”，并且是结合了将太岁视为吉神与凶神的两种矛盾观点的两种祈禳系统所诞生的新数术。

但是从目前台湾地区的“安太岁”习俗内容来说，又是杂糅两种相反的太岁信仰而成，从安奉太岁镇宅符的角度看，是视太岁为吉神，因此祭请太岁降临除煞。但是从俗信认为太岁本身就是煞的角度看，是视太岁为凶神，所以即便太岁符上多书有“镇宅”二字，仍将太岁符当作制化用的符箓，欲厌制太岁。（见图12—20）

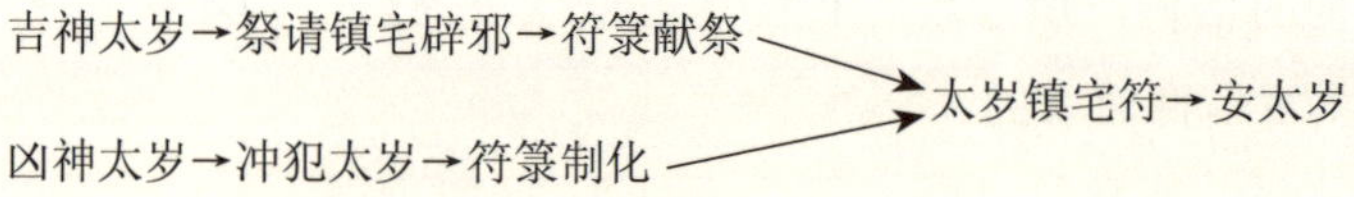

●图12-20

二、太岁钱的使用

前面提到张益铭认为太岁钱是在“安太岁”的时候所使用的纸钱，这个说法需要进一步分析。在早期的记载中，太岁钱都是用在祭送凶神太岁的制化物，并且是临事而祭的消解数术，没有固定的祭祀日期，亦即早期台湾地区并无现代意义的“安太岁”，而只有制化太岁，可知这里的太岁是被当作凶神的。

近几十年里，制化太岁的习俗虽然没有消亡，却也不甚普及，所以许多百姓并不知道这种习俗，因此不但少有人知悉太岁钱，更多人误以为太岁钱是近年来在商业操作下的新产品。

直到20世纪80年代起，“安奉太岁镇宅符”因缘际会扩展成为普遍的“安太岁”民俗活动，而焚烧太岁钱这种制化太岁的数术，就与安太岁合流，或者原本安奉太岁符时就必须焚烧太岁钱，那么这种太岁钱就与早期文献中所见不同，而是另一种尚待研究的民俗用品。总之，太岁钱在近几十年成为“安太岁”仪式的民俗用品之一，但是由于长期的不被注视，因此至今虽然“安太岁”习俗大为流行，太岁钱的使用仍有相当局限性（见图12—21）。

凶神太岁降灾→祭送太岁
祭请太岁镇宅→安奉太岁符
→焚烧太岁钱→安太岁时焚烧太岁钱

●图12-21

民间信仰的发展历程，往往为了融合多种不同来源的俗信，进行了调节，最后造成若干理论系统上的冲突与矛盾。太岁信仰本身也是如此，除了上揭的几项外，还可从若干寺庙对于太岁神圣诞日期的认知见出这点。

依照《玉匣记》的记载，太岁殷郊圣诞是农历七月十九日，其余神谱、农民历等或作“值年太岁星君千秋”，而日期都是七月十九日。但是台中大里的振坤宫却定太岁生为六月十九日，台中市的南天宫定为六月二十四日，皆有一个月的差距，可见台湾太岁信仰的纷乱。

民间信仰在多数情况下会忽略矛盾与冲突，有祭请太岁神降临镇宅的数术，又有冲犯太岁神的祭煞数术，只要将两者的成因掩盖起来，并多强调消灾解厄的面向，就成了保平安的“安太岁”了。

一种民间信仰一旦形成，就会有更多的民间愿望使之越来越扩大，以神其威，于是“安太岁”就从单纯的遇事后的祈福、消灾，一变而成为每年至少有一个生肖（1/12）的信众都热衷的盛大习俗了。

附录一：本文所访问之公庙庙址

庙 名	庙 址	主 神
乐成宫	台中市东区旱溪街48号	天上圣母
南天宫	台中市东区练武路427号	关圣帝君
福兴宫	台中县大里市福兴街1号	天上圣母
新兴宫	台中县大里市新仁路二段162号	天上圣母
瑞和宫	台中县大里市瑞和街36号	天上圣母
振坤宫	台中县大里市仁化路518号	天上圣母
太子宫	台中县大里市东湖里东南路207巷36号	太子爷

附录二：本文所访问之金纸铺地址

1. 新永圣香行，地址：台中县大里市大明路206号。访问日期：2007年10月20日。

2. 颖成金纸香大卖场，地址：台中县大里市东南路205号。访问日期：2007年11月3日。

附录三：大里草湖太子宫丙子年谢灯丁丑年开灯所需祭品（何厝灵安坛何法师）

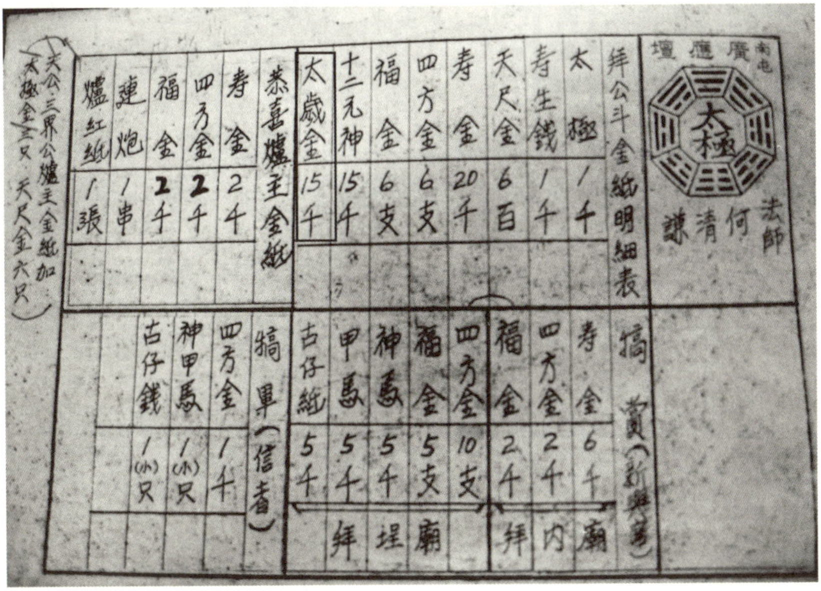

附录四：新兴宫安太岁拜公斗所需祭品（南屯广应坛何清谦法师）

謝燈

補燈

祈帶之祭品：

1. 菜碗36碗。
2. 糖果36碗。
3. 紅圓12碗。
4. 發粿6座。
5. 水果8盤。
6. 山珍海味2盤。
7. 錢盒2盤。
8. 三牲1盤。
9. 五牲1盤。
10. 米酒2瓶。
11. 白米4斗。
12. 新面巾1打。
13. 香煙（盒）1條。
14. 麵線6碗。
15. 紅章粿36條。
16. 紅龜粿36塊。
17. 春仔花6朵。

金紙類：

①大太極3千。
⑫高錢1對。
②天尺金3千。
⑬燈座1對。
③壽生錢3千。
④壽金18千。
⑤四方金20粒。
⑥福金20粒。
⑦神運錢、花仔錢各12粒。
⑧太歲金12粒。
⑨乳米斗燭5對。
⑩神甲馬12粒。
⑪運炮3團。

台中南屯廣應壇 何法師 87.2.18

台中縣大里市草湖太子宮管理委員會

台中縣大里市東南路二〇七巷三六號

参考书目和延伸阅读

郭子升：《北京庙会旧俗》，北京：中国华侨出版社，1989年。

陶思炎：《中国纸马》，香港：商务印书馆，1999年。

董芳苑：《台湾人的神明》，台北：前卫出版社，2008年。

陈峻誌：《太岁信仰研究》，台中：中兴大学硕士论文，2007年。

陈鹤文：《台湾地区六十太岁信仰之研究——以台南都会区为例》，台南：台南大学硕士论文，2007年。

施晶琳：《台南汉人之信仰象征媒介物——纸钱》，《民俗曲艺》，第195—202页。

第十三章

神圣空间的沉浮：台湾孔庙流变

孔庙是在何时登陆到台湾岛这个化外之地的？台湾孔庙知多少？有何鲜明特色？儒家信仰为什么能够和其他宗教信仰并行不悖？

第一节
引　言

从孔庙的历史源流谈起，一开始孔庙便成为学术、文化与政治三种力量的交汇场。学术上，孔子推广平民教育，后代以儒学建立学官，成为“学统”的体系；文化上，孔子承继禹、汤、文、武、周公，建立华夏的文化，为后世的“道统”谱系提供基础。孔庙的设立一开始即带有浓厚的政治色彩。历来的官员施政前必先参拜孔庙，代表政治上的正当性，确立“治统”。台湾孔庙之设置经历明郑时期到清领时期、日据时期、光复后国民党的执政，乃至于民主宪政的今日，孔庙的角色与定位在不同的历史时期，被赋予不同的话语诠释。孔庙的基本形貌与象征意义，可从孔庙的建筑配置和建筑细节中探索，一再地强调儒家的文化精神和道统意识。“左学右庙”的最初形式却逐渐被历史的洪流侵蚀，明郑时期、清领时期用来“教化”百姓的“左学”，于日据时期停摆、荒废，取而代之的是新式的学校制度，中国的道统文化也受到日本皇民化教育的冲击。光复后又于一系列的中华文化复兴运动中重新被诠释、理解，新一历史阶段的国家神话与孔子、孔庙的文化符码，在“左学”失落后，依赖“右庙”的形式支撑起来。

> 通吴表圣，问老探真。三千弟子，五百贤人。
> 亿龄规法，万载嗣禋。洁诚以祭，奏乐迎神。
>
> ——《郊庙歌辞·享孔子庙乐章·迎神》
>
> 孔圣家邹鲁，儒风蔼典坟。龙骖回旧宅，凤德咏余芬。
> 入室神如在，升堂乐似闻。悬知一王法，今日待明君。
>
> ——张说《奉和圣制经邹鲁祭孔子应制》

第二节 孔庙的历史源流

一、曲阜孔庙与庙学合一

孔子，字仲尼，为春秋末年重要的思想家与教育家，儒家初期的创始人物。鲁哀公十六年（公元前479年）孔子逝世，第二年（公元前478年）鲁哀公在山东曲阜阙里孔子旧宅为孔子立庙，陈列孔子生前的生活用品，并按岁时祭祀，祭祀对象为孔子与其母亲、夫人，曲阜孔庙是第一座孔庙，也是现今各地孔庙的源头。孔庙的设置代表对其所承继，自尧、舜、禹、汤、文、武、周公以来的道统之肯定，故司马迁在《孔子世家》中言：

> 诗有之："高山仰止，景行行止。"虽不能至，然心向往之。余读孔氏书，想见其为人。适鲁，观仲尼庙堂车服礼器，诸生以时习礼其家，余祗回留之不能去云。天下君王至于贤人众矣，当时则荣，没则已焉。孔子布衣，传十余世，学者宗之。自天子王侯，中国言六艺者折中于夫子，可谓至圣矣！（《史记·孔子世家》）

汉高皇帝十二年（公元前195年），行自淮南还，过鲁，以太牢祀孔，创2000余年来历代祀孔的范式，"为谒庙莅政之先河"。①汉武帝时（公元前140—前87年）董仲舒提出"罢黜百家，表彰六经"，汉代儒学成为官方学术之主流，发展至魏晋南北朝时开始于部分学校里兴建孔庙。这种"庙学合一"制度的施行在唐代更为广泛普及，庙学制度一直延续至清朝。

①黄得时：《台湾的孔庙》，台中市："省府新闻处"，1981年，第24页。

二、台湾孔庙之设置与清代儒学

台湾第一座孔庙“台南孔庙”建于1665年（明永历十九年，清康熙四年），由陈永华建议郑经在承天府桂仔埔建立。初设时仅大成殿，用来祭祠孔子，又称先师圣庙，之后又设明伦堂作为讲学之用，是为全台首学。这是目前台湾历史最悠久，建筑群最壮观的孔庙，也是全台唯一有泮宫石坊的文庙。格局为标准的左学右庙，前殿后阁的三合院，有三进两厢。右庙的第一进为大成门，分别设立了名宦祠和乡贤祠。第二进是大成殿，供奉孔子牌位。第三进是崇圣祠。左学为明伦堂和文昌阁，堂前有两廊，分列六艺斋、后建教官廨舍及斋厨，东边建朱子祠。朱子祠在日据时期遭毁坏。清康熙二十三年（1684）台湾正式纳入清朝版图，设立一府三县。在清朝教育体制与唐朝以来的庙学制度影响下，“各个府、县、厅等行政机关设治之后，于该府、县、厅设立一所地方官学（儒学）与孔庙。”[①]康熙二十四年（1685）分巡台厦道周仓和台湾知府蒋毓英主持改建孔庙为台湾府学，称“先师庙”，或称“文庙”，借以彰显推广文教之意。“依沿袭自唐贞观四年（630）诏令全国地方州县官学均建孔庙之规制，台湾所建各儒学，理应‘庙、学’（孔庙、明伦堂）同时建置。不过，台湾因处海外边隅，常先建象征文教所及之孔庙，后建实施教育之明伦堂。”[②]除台湾府府学外，尚有台湾县县学、凤山县县学、诸罗县县学。清雍正时期（1723—1735）台湾增添“一县二厅”（彰化县、淡水厅、澎湖厅），但仅增设彰化县县学，即今彰化孔庙。[③]彰化孔庙是由知县张镐倡县儒学，于清雍正

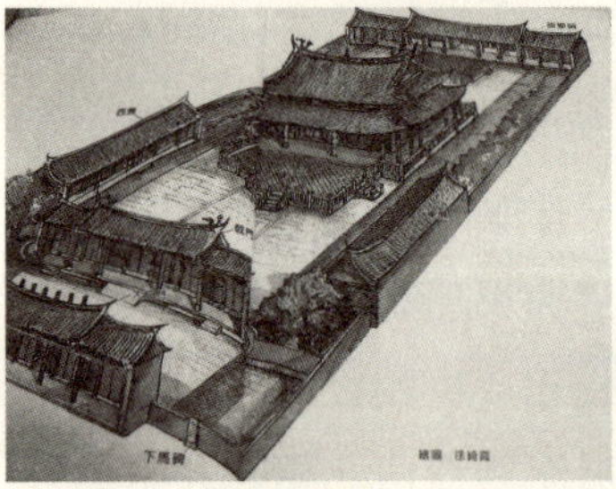

●图13-1　彰化孔庙的格局为四进三院[④]

●图13-2　孔庙亦称“文庙”，为彰显文教之意

①叶宪峻：《清代台湾儒学与孔庙之设置》，《社会科教育研究》，2008年第13期，第188页。
②叶宪峻：《清代台湾儒学与孔庙之设置》，《社会科教育研究》，2008年第13期，第195页。
③叶宪峻：《清代台湾儒学与孔庙之设置》，《社会科教育研究》，2008年第13期，第192页。
④陈仕贤：《彰化县古迹与历史建筑导览手册》，彰化市：彰县文化局，2006年，第2021页。

四年（1726）所建，后来经过多次大规模的修建，而现今的建筑格局是清道光十年（1830）时修筑的规模，最近一次重修则是在1978年。彰化孔庙的格局为四进三院，大成门的上方有六个通天筒象征“礼、乐、射、御、书、数”六艺，是较为特别之处。孔庙里奉祀孔子、孔子弟子与历代先贤之牌位，以及保有多块清朝皇帝御赐的古匾，是彰化境内唯一的一级古迹。[①]

①陈仕贤：《彰化县古迹与历史建筑导览手册》，彰化市：彰县文化局，2006年，第16—19页。

第三节

台湾孔庙的建筑配置

孔庙的建筑配置包含“左学”与“右庙”两部分，“左学”是以明伦堂为主的建筑群，“右庙”则是以大成殿为中心的建筑群，以下分别介绍：

一、左学之建筑群

（一）明伦堂

明伦堂位于孔庙左侧，为官办儒学学子上课的教室，“明伦”一词出自《孟子》“夏曰校，殷曰序，周曰庠，学则三代共之，皆所以明人伦也。”学子于此接受府学教授督导，一方面培养品德，一方面增进学识。目前台湾孔庙仅存台南孔庙保留此部分较完整的建筑。明伦堂三川门的横额分别写着“入德之门”、“圣域”、“贤关”，儒学讲究品德陶冶与希圣希贤的境界，①可借由明伦堂的空间营造与匾额上的文字看出，这种积极勉励进学修业的风格，正是儒学教育的特色。

●图13-3　明伦堂勉励进学修业：壁为《大学》文

●图13-4　台南孔庙明伦堂外观

①何培夫：《台湾古迹与文物》，台中市：台湾省新闻处，1997年，第163页。

●图13-5

●图13-6　东西庑屋项采闽式硬山项内祀历代孔门先贤先儒

（二）藏经阁、魁星阁、文昌阁与朱子祠

藏经阁乃作为藏书之用的图书存放处，此外在明伦堂的后方，常会设置魁星阁、文昌阁或朱子祠，分别祭祀魁星、文昌帝君与宋儒朱熹。魁星阁的设置与文昌帝君的祭拜皆受到道教信仰的影响而产生，位于明伦堂的左后方，乃孔庙建筑群里，唯一的楼塔状建筑。魁星阁或文昌阁由圆形、方形台基而到一楼方形、二楼圆形、三楼八角形，富于造型变化，呈现“天圆地方”的象征意义。[①]从建筑物的外观看来，很明显地，可以发现魁星阁或文昌阁和其他自儒家思想具体化的空间模式，极不相同。魁星、文昌的祭祀也曾产生一定的争论，“到底孔庙或书院应不应该祭拜文昌与魁星？”牵涉到道统与信仰间的调和与冲突。朱子祠的设立则多见于南方的孔庙，与朱子晚年于南方讲学有关，且清代以朱子注解的四书作为科考之定本，进而使学子对其格外崇敬。

（三）东西庑

东西庑位于大成殿两侧，内祀历代孔门代表性先贤先儒，先贤以孔子七十二弟子为主，在德行修养方面有杰出贡献者，先儒则包括历代之大儒者，对儒家学说有传道弘扬或著述者。各地孔庙配享先贤先儒名位，排列次序稍有参差。

（四）棂星门

棂星门为孔庙第一道大门，朱红色的大门上有108颗门钉。平时棂星门并不开放，一般由侧门进出，只有释奠典礼（祭孔大典）才

①何培夫：《台湾古迹与文物》，台中市：“台湾省新闻处”，1997年，第166页。

●图13-7

●图13-8

开启。古代礼制只有皇帝与状元能由棂星门进出，现释义为最高元首莅临才能隆重开启，此乃沿袭古制仪节而行，亦是对孔子思想、学说表示崇高的敬意。

二、右庙之建筑群

（一）大成殿

大成殿是孔庙里最核心的建筑主体，凡是孔庙必定包含大成殿之建筑，故为主殿，又称中殿。据《古迹入门》对大成殿建筑形式的分析：大成殿宏伟壮观，位于独立高耸的台基之上，前方有月台（丹墀），为祭孔跳佾舞时的场所。其屋顶采用高层的重檐歇山式，屋身则有“柱廊式”与“无柱廊式”两种。前者下檐以柱列支撑，出檐较深，四周形成环绕建筑一圈的走马廊，正面则设有一对龙柱，如彰化孔庙与台北孔庙，其大成殿之建筑，即是采用此种“柱廊式”建

●图13-9　塔状建筑：台南文昌阁

筑。另一种形式的屋身“无柱廊式”，其下檐以斗拱支撑，出檐较浅，没有廊柱，外观朴拙厚实，颇具威严。如台南孔庙之大成殿，即采用“无柱廊式”建筑。[①]殿中祀奉孔子以及四配（宗圣曾子、复圣颜子、述圣子思、亚圣孟子）与十二哲（除南宋朱熹外，皆为孔子弟子）的神位。以下为大成殿相关图像：

●图13-10　大成殿宏伟壮观，位于台基之上，前方有月台

●图13-11　屋顶采用高层的重檐歇山式

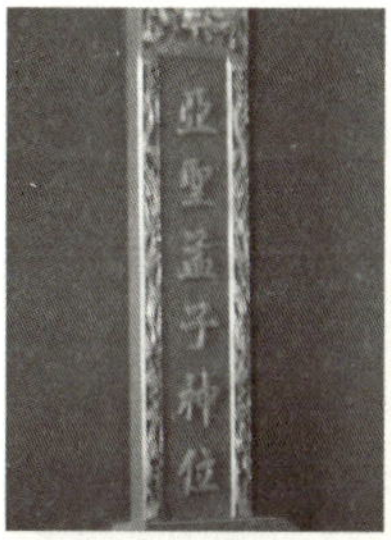

●图13-12

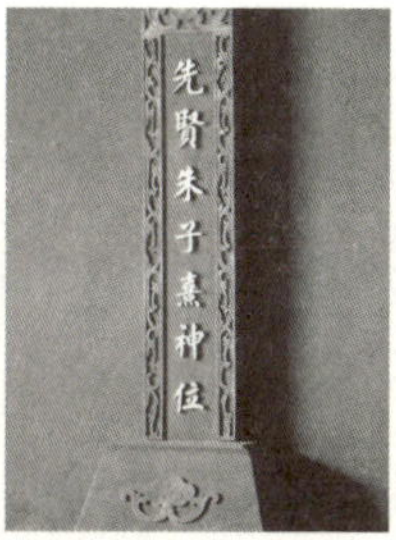

●图13-13

●图13-14　殿中祀奉：四配（宗圣曾子、复圣颜子、述圣子思、亚圣孟子）与十二哲

●图13-15　殿中祀奉孔子大成殿内悬挂行政首脑所颁匾额、保有多块清朝皇帝御赐的古匾

①李干朗：《古迹入门》，台北市：远流出版公司，2000年，第51页。

大成殿祀位表

至圣先师孔子	
宗圣曾子	复圣颜子
亚圣孟子	述圣子思子
先贤冉子	先贤闵子
先贤宰子	先贤冉子
先贤冉子	先贤端木子
先贤言子	先贤仲子
先贤颛孙子	先贤卜子
先贤朱子	先贤有子

（二）崇圣祠

崇圣祠位于大成殿后方，亦称“圣祖殿”，为孔庙里最后一个殿堂。主要祀奉孔子五代祖先，配祀孔子兄长及先贤父辈之牌位，表现儒家重视宗族伦理的特质，性质上近于孔子家庙。建筑形式与一般殿宇相似，为燕尾脊屋顶，左右房多作为礼器库与乐器库。①

●图13-16

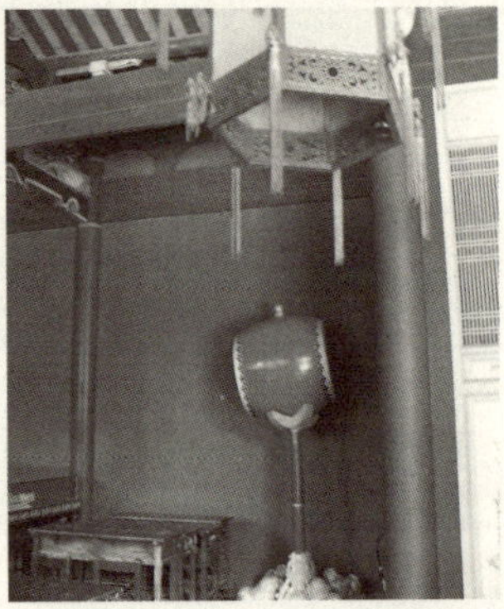

●图13-17

●图13-18　崇圣祠为燕尾脊屋顶，上方是外部图与内部图

●图13-19　左右房多作为礼器库与乐器库

①李干朗：《古迹入门》，台北市：远流出版公司，2000年，第52页。

●图13-21

●图13-20　东西庑位于大成殿两侧，其装饰不若大成殿华美，较为简洁

●图13-22

（三）照壁（万仞宫墙）

万仞宫墙为孔庙早期的外墙，语出《论语·子张》子贡曰："譬之宫墙，赐之墙也及肩，窥见室家之好；夫子之墙数仞，不得其门而入，不见宗庙之美、百官之富。得其门者或寡矣。"意指孔夫子学问渊博道德高深，若要求取上进，并无快捷方式，唯有进黉门或泮宫（古代之学校）潜心修习，才能窥其堂奥。

（四）泮池

泮池意即"泮宫之池"，是位于大成门正前方的半月形水池。依古礼，天子太学，中央有一座学宫，称为辟雍，四周环水；而诸侯之学，只能南面泮水，故称泮宫。因孔子曾受封为文宣王，所以泮池为其规制。《诗经》泮水篇有："思乐泮水，薄采其芹……"古时士子中了秀才，到孔庙祭拜时，在泮池中摘采水芹，插在帽缘上，以示文才。今台南孔庙池畔砖壁中央嵌着"思乐泮水"的石刻，便是出自这个典故。彰化孔庙的泮池则在日据时期，为拓宽通往神社的道路遭到填平，另"万仞宫墙"亦因同样理由被拆除。

三、孔庙建筑细部

（一）通天筒

●图13-23

●图13-24　孔庙檽星门的屋脊有二或六支竹形的“通天筒”

●图13-25　细部图：又名“藏经筒”

（二）下马碑

●图13-26　下马碑：“文武官员军民人等至此下马”

●图13-27　下马碑：“文武官员军民人等至此下马”

●图13-28　重修县学碑记

（三）鸱鸮装饰

●图13-29

●图13-30

●图13-31

大成殿屋脊有鸱鸮装饰，鸱鸮这种不孝及不祥的鸟，飞经孔子讲学之处，亦受到感化，故置于孔庙屋脊，象征孔子有教无类的精神

第四节
孔庙特殊历史文化意义

一、孔庙承载儒家道统的概念

道统在儒家被当作是把握儒家思想的原则，即体察天地万物与道德修养所持之思想原则。[①]早在孟子之时便言：“五百年必有王者兴，其间必有名世者。由周而来，七百有余岁矣。以其数，则过矣；以其时考之，则可矣。夫天未欲平治天下也；如欲平治天下，当今之世，舍我其谁也？”[②]这段话是最早以自觉的姿态谈续道统意识的文字，孟子自比为圣人的继承者，展现出“发扬圣学舍我其谁”的气度。孟子对孔子学说的阐发对后世有很大的影响，并且延续了周文化的正统性。在道统观中孟子于《公孙丑·下》所说的言论直接影响了韩愈，故《原道》里提到“曰：斯道也，何道也？曰：斯吾所谓道也，非向所谓老与佛之道也。尧以是传之舜，舜以是传之禹，禹以是传之汤，汤以是传之文武周公，文武周公传之孔子，孔子传之孟轲”。又说“轲之死不得其传焉。”不但肯定尧、舜、禹、汤、文武周公在政治文化上的功绩，更以孔子作为一个转折，且以道统的继承人自居。此外，还批评荀子与扬雄的不见道，未能理解儒家义理的精微之处，仅是“择焉而不精，语焉而不详”罢了。之后孙复将“道统”又析为“圣人之统”与“贤人之统”，说：“吾之所谓道者，尧、舜、禹、汤、文、武、周公、孔子之道也，孟轲、荀卿、扬雄、王通、韩愈之道也。”而石介踵饰孙复之说，并认为在伏羲、神农、黄帝、少昊、颛顼、高辛、唐尧、虞舜、禹、汤、文、武、周公、孔子等十四位圣人中，“孔子为圣人之至”，于孟轲、荀卿、扬雄、王通、韩愈等五贤中，“吏部（韩

①唐宇元：《“道统”抉微》，《哲学研究》，1995年第3期，第61页。

②杨伯峻：《孟子译注》，台北：五南图书出版股份有限公司，1992年，第145页。

愈）为贤人之卓”。孔庙承载儒家道统的概念，道统中的圣人、贤人与儒者，直接影响孔庙中的建筑配置、圣贤供奉与祭祀行为。

道统观发展至宋代有了转变《明道先生行状》中以为“自孟轲没，圣学失传，学者穿凿妄作，不知入德。”[①]反映出对汉唐儒者的不认同，进而说自孟轲以来的千年，无续道统之人。先王之大道赖明道先生以传，先生辨异端似是之非，开百代未明之惑，以兴起斯文为己任。对二程的主观肯定到朱子时更为彰著，朱子《中庸章句序》屡言：“盖自上古圣神，继天立极，而道统之传有自来矣。”而以允执厥中为尧、舜、禹之所传授，以子思上接道统之传。”[②]且以孟子承之，其后为周濂溪、二程、朱子陆续继承道统之发展。这大抵是传统道统观之面貌，由《宋史·道学传》亦可得到验证。

除传统之道统观之外尚有陆象山、陈亮、叶适对道统的不同看法。钱穆先生认为当时反对朱子者，除浙东史学派外，尚有江西心学一派，主要代表人物便是陆象山。陆象山曾说：“我读《孟子》而自得之于心。”此即反映出象山以为先塑真传可自得于心。而陈亮与朱熹展开王霸之辩，他主张以汉唐承继禹、汤、文、武、周公的三代统绪，欲以汉唐的“正统”取代孔、曾、思、孟、周、张、程、朱的“道统”。又牟宗三先生曾说叶适“为儒家真正的叛道者”，叶适的道统观言道始于尧，其后为舜、禹、皋陶、汤、伊尹，再者为文王、周公、孔子。但反对孔子殁，道传之曾子，曾子传子思，子思传孟子的说法。以为曾子之学于大道多所遗略，导致后世之人惑于性命之理。强调“尧、舜、禹、汤、周公、孔子之所以一者，非特以身传也，存之于书，所以考其德；得之于言，所以知其心。”钱穆先生以为叶、陈二人皆明白反对朱子，他们所提出之意见亦有其力量。水心反对朱子所定《四书》，否认孔、曾、思、孟一线单传之观点。龙川则反对朱子《伊洛渊源录》之传统，认为汉唐儒学亦各有其地位，不得谓唯有宋代伊洛一派始为孔孟传人。

二、孔庙与正统的塑造

孔子之前的道统以正统、文化为判准，其道统的代表人物“伏羲、

①程颢、程颐：《二程集》，台北：汉京文化事业有限公司，1983年，第329页。

②饶宗颐：《中国史学上之正统》，上海：远东出版社，1996年，第78页。

神农、黄帝”与“尧、舜、禹、汤、文、武、周公”多为帝王或神话传说中的人物，正面肯定其在正统、文化上的意义而产生之寄托，不必然非得为信史。就如同牟宗三先生于《政道与治道》里所说，尧舜之治乃“立象”之义，未必是历史真实。但孔子以后的道统却是以义理、哲学为判准，代表人物为“孔子、颜渊、曾参、子思、孟子、周濂溪、二程、朱子”，自代表人物可看出孔子之后全然未论其“文化”层面。道统的属性之质疑与争辩从陈亮、叶适的道统观便已提出。道统的属性时常混淆掺杂政规与道范，而在成为帝王朝代之统或哲学家之统两者间的相互摆荡，加之以经治派对经典的看重、事功派争汉唐的王霸义利之辩，道统的属性问题便更模糊不清了。尤其是清朝初期政权的意识形态：

> “政教合一”虽为儒家长远以来的政治理想，但这个理想落实到制度结构上，却是一分为二，各由“统治者”和“士人阶层”所承担；宋代以降，“道统观”逐渐发展成形，更赋予“士人”意理的基础，倚之与政权抗衡。但在康熙帝的统理期间，由于“道统”与“治统”的结合，使得“政教合一”的象征意义和结构上（黄权）真正化而为一，致使士人失去批判政治权威的理论立足点。①

学者罗义俊以为“道统不是一纯哲学问题，它对应着时代。事实上，在中国历史上，当中国文化遭遇到严重挑战或处于生存危机之际，道统即成了极受关注的问题，这正是道统之说产生的背景。”②否定道统为哲学家主观意识下之产物，并非一纯哲学问题。钱穆在《中国学术通义》中说：

> 关于宋明两代所争持之道统，我们此刻则只可称之为是一种主观的道统，或说是一种一线单传的道统。此一统是截断众流，甚为孤立的；又是甚为脆弱，极易中断的；我们又可以说它是一种易断的道统。此种主观的单传孤立的易断的

①黄进兴：《优入圣域：权力、信仰与正当性》，台北：允晨文化出版，1994年版，第88页。

②罗义俊：《中国道统：孔子的传统——儒家道统观发微》，《鹅湖月刊》，2005年第30卷第7期，第20页。

道统观，其实纰缪甚多。若真道统则须从历史文化大传统即是道统。如此说来，则比较客观，且亦决不能只是一线单传，亦不能说它老有中断之虞。[①]

钱穆看出了道统的"中断性"，因而言"主观的道统"是一线单传的，不同于以历史文化为判准的"真道统"。道统的意义与论述道统的言说者有着密不可分的关系。

台湾的历史中经历清朝统治与日据时期，统治者往往掌握论述、言说的权力，企图塑造统治的正当性，而成为唯一合法的政治权力中心——透过学统、道统与治统的结合，建构国家的神话、统治的正统性。因此孔庙便成为众多力量向度拉拒之轴心，孔庙作为道统与学统的具体化身，谁掌握了道统的论述权，谁就获得政治上的正统性。福柯认为面对历史时，不应预设有任何不朽的事物存在，所有被视为统一或恒定、连续的历史论点，其实都是人们有意或无意形塑出的。破除突发事件与必然连续性的关系的建立，"一个事件不是一个决定、一项协议，而是一种力量关系的逆转、一种权力的争夺或语汇的占用，这些力量并非受命运、控制机制的支配，而是为因应一些偶然冲突所产生的结果，故事件的随意性、无目的、偶然性取代了连续性的形式。"清朝在各个府、县、厅等行政机关设治之后，便于该府、县、厅设立一所地方官学与孔庙，开始了一连串"文化再制"的工作。布尔迪厄认为："文化再制是指一个社会透过教育系统而对各阶级之间的权力关系和象征关系进行结构再制。"[②]掌握象征权力的统治阶层往往会透过文化教育系统，来分配社会阶层的权力关系，也就是依其利益取向，来将世界分离、重组、分解、分析、组合、综合……当权者利用自身创造的价值体系，不断地重建或重新诠释生存世界的一切现象。反之，当日本占领台湾时，儒学与孔庙已经内化为台湾与清朝的文化纽带，因此为了破坏并重新建立统治的正当性，对孔庙的建筑、文物加以摧折，并设立新式的学校，最后进一步施行皇民化运动。统治者对孔庙的态度取决于对道统的论述，而对道统的论述则是为了巩固政治上的正统性。

①钱穆：《中国学术通义》，台北：学生书局，1984年版，第94页。

②周新富：《布尔迪厄论学校教育与文化再制》，台北：心理出版社，2005年版，第105页。

第五节 结语

从孔庙的历史源流谈起，一开始孔庙便成为学术、文化与政治三种力量的交汇场。学术上，孔子推广平民教育，后代以儒学建立学官，成为“学统”的体系；文化上，孔子承继禹、汤、文、武、周公，建立华夏的文化，为后世的“道统”谱系提供基础。孔庙的设立一开始即带有浓厚的政治色彩，历来的官员施政前必先参拜孔庙，代表政治上的正当性，确立“治统”。台湾孔庙之设置经历明郑时期到清领时期、日据时期、光复后国民党的执政，乃至于民主宪政的今日，孔庙的角色与定位在不同的历史时期，被赋予不同的话语诠释。孔庙的基本形貌与象征意义，可从孔庙的建筑配置和建筑细节中探索，一再地强调儒家的文化精神和道统意识。

“左学右庙”的最初形式却逐渐被历史的洪流侵蚀，明郑时期、清领时期用来“教化”百姓的“左学”，于日据时期停摆、荒废，取而代之的是新式的学校制度，中国的道统文化也受到日本皇民化教育的冲击。光复后又于一系列的中华文化复兴运动中重新被诠释、理解，新一历史阶段的政治神话与孔子、孔庙的文化符码，在“左学”失落后，依赖“右庙”的形式支撑起来。“左学”失落使台湾孔庙除了13座官方设立的孔庙之外，陆陆续续与地方的民间信仰结合，形成一种独特而混同儒、释、道三家的地方性孔子崇拜与孔庙祭祀。因此除了官方性质规模宏大的孔庙之外，尚存在许多带有地方色彩、私人性质，规模较小且信仰混同的孔庙，其着重点在于祭祀活动与崇拜心理，成为“左学”失落后民间的奇异光景。现今全台孔庙约有40余座，它们分别代表台湾不同的历史发展阶段，承载不同程度的文化或宗教情感，也在不同的时代被装饰不同的权力话语，究竟何者是孔庙的真实面貌呢？也许只有在这时间的长轴中观看，方能窥知全貌。

参考书目和延伸阅读

陈昭瑛：《台湾儒学：起源、发展与转化》，台北：正中书局，1990年。

陈其南；《台湾的传统中国社会》，台北：允晨文化实业股份有限公司，1987年。

追云燕：《儒释道诸神传奇》，台北：满庭芳出版社，1992年。

吕理政主编：《台湾生活图历》，台北：历史博物馆，2006年。

叶舒宪主编：《儒家神话》，广东：南方日报出版社，2011年。

郑志明：《台湾传统信仰的宗教诠释》，台北：大元书局，2005年。

张德胜：《儒家伦理与社会秩序》，上海：上海人民出版社，2008年。

第十四章

神圣空间的多元化：台湾书院三百年

台湾的著名书院知多少？从书院到鸾堂的活动演变是怎样发生的？透过对台湾书院制度的审视，可以获得台湾人精神生活的真实信息。

第一节
引　言

满清治台的200余年间，全台各地先后筹建了五六十所书院，这些南北林立的书院，主要源自宋代理学大师朱熹的学院系统，兼具义学、诗社、文昌祠等多项文化功能，且有孔庙化的倾向，一砖一瓦处处可见儒家的文化图腾，既是汉文化东渡台湾的重要据点，也是儒家讲经论道的神圣空间。乙未割台（1895）后，书院逐渐受到禁制。到了日据后期皇民化运动严厉推行，书院弃毁泰半，少数书院与民间鸾堂扶乩信仰相结合，在时代变局下，展现其经世致用的积极性格，并以潜隐与改装的方式延续儒学命脉。台湾光复（1945）后，残存下来的书院经修复后成为观光古迹，供人游憩观览。近期庶民文化当道，各地书院一改森严肃穆形象，转型成文化创意空间，积极对外开放，成了考生祈求考运的万民殿。300年来作为儒家神圣空间的所在，台湾书院不断随着主流价值自我定位、彰显功能，延续着既泛圣又泛俗的文化生命力。

古代天子设置太学时，建有“辟雍”（学宫），四周以360度之圆形水池环抱。为避天子讳，孔庙与书院前乃设置180度之“半月池”，或称“泮池”。

●图14-1　现今彰化县和美镇道东书院之泮池

第二节 清代台湾书院的发展

传统书院的主要功能是讲学、藏书与祭祀。书院可能是官设也可以是民间集资兴建，设置的地点多选择山林名胜之处，建筑简洁少彩绘，具有园林院落的特色。大致而言，官学废弛，则私人书院发展兴盛，而地方或私家兴办书院，也会受到官方监督和辅导。以台湾彰化道东书院为例，清咸丰七年（1857）地方士绅倡议兴建书院弥补儒学的不足，主祀创立书院宗旨的理学家朱熹，以“王道东来”之意相标榜。道东书院从空中俯瞰建筑呈现口字形殿堂式布局，殿宇气势恢弘，屋顶龙脊凤尾，前埕有半圆形的泮池及寓意万仞宫墙的照壁，前殿旁有惜字亭，又称“圣迹亭”，可说是典型的学院建筑。然而书院既非官学，在礼制等级上既不能和官学建筑相比，官建与民建的差异，混淆了书院的功能和寓意，也导致了建筑上的特殊移动，以至于许多书院非官非署、非公非私，既像是祠堂、道观、庙堂，也像是学堂、民宅。书院的治学范围渐广，性质也日趋复杂，高举中第光宗耀祖的世俗理想，形成巨大力量，使书院失去原本的讲学风气，学术功能逐渐淡化，部分书院孔庙化成为“圣域”，更多书院偏重科考举业，因文昌帝君的崇拜而庙宇化。每当秋闱开考之际，准备供品上香祝祷者络绎不绝；又或鸾堂化，原本庄严肃穆的讲经论道之所，成为台湾常民信仰万神崇拜的独特空间。

早期清廷接受施琅上疏正式经营台湾（康熙、雍正年间），主要是为了军事战略考虑，并未着力于地方教育，所以清廷统有台湾的200多年间（1683—1895），地方共成立约60所书院，官方则仅设立13所儒学，且多借用当地庙宇、空屋权充，设备简陋、成效不彰。在官方儒学废弛的情况下，私人兴办的书院发展蓬勃，经历过一段从义学到正式书院的过渡期。

一、书院的阶段性建置

根据现存台湾各地方志统计，清一代全台陆续出现了五六十所书院。①就书院的种类而言，在不同的时代背景下，先后主要出现过“义学式书院”、“正音书院”、“官方课考型书院”、“文社型书院”等几种形态的书院。

（一）义学式书院、正音书院

康熙二十二年（1683）施琅率领清朝大军攻下台湾，开始着手台湾的文教工作，沿着台湾府衙周围成立西定坊、弥陀室等多家书院，时值兵马倥偬之际，故其性质却多属地方义学而已。之后的50余年间，历任职官多有增建。义学式的书院严格来说并非正规书院，其经费不裕，规模也小，设置的目的乃为补官方儒学之不足，受教对象多为贫寒子弟与偏远地区幼童，对推广基础启蒙教育功效甚大。

入关以来对书院一向采取压制政策的满清政府，在雍正七年（1729）时起了有趣的转变，导因乃是胤禛皇帝听不懂方言，他说：“朕每引见大小臣工，凡陈奏履历之时，惟有福建、广东两省之人仍系乡音，不可通晓。”②再也忍受不了的皇帝，谕令福建省、县皆设“正音书院”以矫正乡音。正音书院虽言之为书院，事实上却不是从事一般书院的教学活动，其成立目的乃是配合官方政策，可说是为政策需要而阶段性地存在，兴废之间完全受到当局权力所左右。该类书院既立意特殊，又无文化背景力量支持，所以存在时间也不过短短20余年。

（二）课考型书院

课考型的书院顾名思义就是以应付科举考试为目的而成立，该类书院从康熙四十三年（1704）的崇文书院，到光绪十九年（1893）的崇基书院为止，一共有40余所，占台湾书院数量达半数以上。清代书院成立的主因本来就是为了弥补官方学校之不足，故书院学规往往开宗明义地表示科考的重要，如康熙二十七年（1688）台湾道兼提督学政觉罗四明定下的《勘定海东书院学规》纲有“习举业”、“立课程”之说；乾

①关于台湾书院之数目问题，各家记述不一；考诸家书院数量之异同，亦是对书院性质之界定标准不一所致。

②刘良璧：《重修福建台湾府志》，台北：大通书局，1984年版，第24页。

隆三十四年（1695）澎湖通判胡建伟的《石书院学规》勉励学子要“定课程”、“惜光阴”；其他诸如写成于嘉庆十六年（1811）彰化知县汤桂森定下的《白沙书院学规》及光绪初年金门举人林豪的《文石书院学约》里，都有对学子举业的要求与期勉。课考型书院极度重视学生的读书方法，从教材的选择到读书的方法都有明文规定。尤其元代程端礼《读书分年日程》里绵密读书法移植到清代台湾的书院后，更强化了科举对学子的约制性。这种绵密紧凑的持学法可说是应科举制度下的“怪物”，地方志书里记载了文石书院当时的授课情形：

> 本日读何书、何处起止，或生书、或温书，并先生所讲何书，午间何课、夜间何课？一一登记簿内，从实检点，不得虚张滥记。积日而月，积月而岁，历历可考。[①]

读书法分年、月、日来分配读书进程，并且随时抽背予以赏罚，“背念不熟者，即申饬示罚，以为怠惰者儆。”与现代学子升学压力相比，有过之而无不及。这种以科举考试为目标的教育方式，成了台湾书院的主流，学生入学后的一切生活作息都是以练习八股应制诗为主。课考型的书院培养出专注于功名举业的师徒心态，素有“全台文教领袖”之称、清代台湾位阶最高的海东书院学规里，也语气铿锵地引用朱子的话“使孔子在今日，也须应举”，来强调举业是儒生毕生的第一大业。

（三）文社型书院

台湾嘉庆、道光年间蓬勃发展的文社型书院有振文书院、超然书院、文英书院、聚奎书院、登瀛书院等，其特征乃在于除了举业外，平日也常举办诗歌吟唱活动，形成诗社性质的书院。此时期的书院有半数以上都是地方绅民所兴办，可见自康熙以来历经百年教育能量的蓄积，台湾已从移民色彩浓厚的垦殖荒地，渐渐形塑出地方性的文教场域。文社型书院大多分布在重要港市（如奎壁、登云、聚奎书院）或农垦聚落区（因应新开发农垦区大量人口聚集的需求而出现，如修文、奎文、兴贤、登瀛、超然、文英、鳌文等书

①林豪：《澎湖厅志》，台北：台湾银行经济研究室，1963年版，第124页。

院），这显示清代对台的开发重心已渐渐移至中部地区。一般而言，台湾早期书院的院长（又称山长）多是直接由地方官员担任，但就道光年以后出现的文社型书院而言，书院山长不再由官方派遣，而是由地方热心士绅来担任。咸丰年间（1851—1961）所新增之道东、玉山、树人三所书院也都是由民间士绅自发性地筹建而成。中部地区的社会、经济环境已不仅能够支持蓬勃发展的文教事业，书院发展更是一枝独秀于全台的文教场域。文社型书院既是士子们以文会友、切磋诗文的“文社”场所，也可扩充为指导童生或生员读书作文之书院，组成分子热衷诗文创作并定期举办会文活动，构成了此类书院特有的行事风格。

二、书院的多重文化功能

清代台湾书院因其设置目的与性质的不同，使得书院的文化面貌多元而丰富。书院除了在教育意义上取代功能不振的官方校学外，其性质也与孔庙、诗社、文昌祠等机构互有叠合，具有多向度的文化功能，既是统治者文化再制的主要机构，也是儒家文化传承的神圣空间。

如澎湖群岛虽是满清最早入驻之所，但终清200余年却始终未获朝庭许可正式设置学校，直到乾隆三十一年（1766）在地方官员胡建伟主动筹建文石书院后，才开启当地的文教活动。文石书院除了讲学

●图14-2　咸丰年间创设的道东书院（今彰化县和美镇）占地2000余坪，格局完整，气势恢弘，是台湾中部现存清代书院最具规模者

授课外，平时也是士子间往来酬唱的诗会场所，书院内部则供奉文昌帝君供士子膜拜祷诵，并定时于春秋二季祭祀程、朱。林豪任书院山长时描述当时盛况："前祀程、朱五子，后奉文昌帝君，中为讲堂，左右耳舍十余间。"①或为童蒙文教、或为课考、或为诗歌酬唱等多向度的文化功能并非文石书院仅有，而是台湾书院的普遍情况，看似单纯的教育机构，实则是权力、宗教、道统、学统等多方力量相互角力竞逐，却又相互依存包容的场所，对知识分子（儒生）而言，书院更是一个多元的神圣空间。

（一）由俗入圣的祭祀活动

祭祀活动是古代封建社会里常见的重要仪式，神圣慎重的典礼背面，其实隐含了教忠教孝、重视人伦的传统价值观。早在周朝的时候，学校每年都要按四季释奠先师，来表示尊师重道之意。随着儒家在中国政治上的地位获得确立，孔庙祭典在历朝各代也日益完备而隆重，以异族统治中国的清朝也将每年的祭孔典礼视为国家大事，祭孔祀贤在中国大陆不论在儒学或书院都是普遍的现象。然而祭孔乃官方儒学所专行，为了避免冒渎官方，所以台湾民间书院与闽地书院一样于春秋二季举行祭祀大典，但主祭乃朱子而非孔子。余贤从祀，已示本分，如同治十二年（1873）凤山县庠生蔡垂芳作《凤仪书院宗五子并立院田碑》时提到：

> 顾思书院创制，宜崇祀先贤，以正学统；学统正，而后世识所依归。有宋濂、洛、关、闽五夫子，上接洙泗之渊源，下开万古之聋聩，是必增祀斯堂，春秋典礼勿替。②

台湾的地理位置因与福建一衣带水，故一切政教制度多直承闽地而来，凤仪书院所崇祀"周濂溪、张载、程颢、程颐、朱熹"五夫子，在学术意义上乃自承理学兴盛的福建而来，并借以表明对于儒家千古道统之传承，这也是台湾所有祭祀五子书院的共同特点。

对儒生而言，书院里的祭祀活动具有极为重要的意义，必须借由例行性的祭祀仪式，才能维持书院空间的神圣性。伊利亚德（Mircea

①林豪：《重修文石书院落成记》，参见《澎湖厅志》第13卷。

②台湾银行经济研究室编：《台湾教育碑记》，南投：台湾省文献委员会，1994年版，第49页。

Eliade，1907—1986）在《圣与俗：宗教的本质》一书里提到所有空间都具有“神圣”与“凡俗”两种存在模式。就凡俗经验来看，空间乃同构型的存在，并无特殊之处，但对宗教人而言，空间实则存在着断裂点（interruptions）或突破点（breaks），[①]从中可体验到“神圣空间”。因此，圣殿、教堂、庙宇都是一个小宇宙，都是一个神圣空间，圣境与俗界是一体两面的存在，彼此既是对立也是统一。对知识分子而言，书院正是他们投射内在意志的神圣场域，儒生在袅袅香火中虔诚祝祷，跨越圣俗界线，由实入虚、由俗入圣，对所祭祀的先哲前贤投注精神向往，冀希圣人完美的人格范型能对自己产生潜移默化的影响，达到精神还乡的目的。祭祀完毕后回到世俗领域，着手实现生命自我价值，借由官方科考，完成修身、齐家、治国、平天下的人格实践。借着定时、定期、重复性的诗文考较与祭祀活动，书院能在神圣时间内不断圣化这个世界，许多先贤圣哲的神圣事迹就像神话故事般，反复被回忆与追述，参与的人们也成为了儒家神话历史的传承者、发扬者。

（二）道教文昌信仰的渗入

事实上，台湾书院的祭祀对象队伍庞大，除了朱子外，文昌帝君、梓潼帝君、奎星、仓圣都可以是陪祀或主祀的对象。文昌帝君是台湾书院除了朱子外，最常见的祭祀对象，如南社、凤冈、蓝田、萃文、奎文、奎壁、龙门、登瀛、树人、雪峰、明新等书院都祭祀有文昌帝君。

●图14-3　今日英才书院（文昌祠）正殿供奉“文昌帝君神像”，中立一神牌位，牌位上中书“至圣孔子神位”，左书“文昌帝君”，右书“苍颉圣人”，是台湾民间祭祀里典型的儒、道合流现象

●图14-4　道东书院正殿屋脊上出现一“太极”图像

①伊利亚德（Mircea Eliade）：《圣与俗：宗教的本质》，杨素娥译，台北：桂冠出版社，2000年版，第29页。

有些书院则有兼祀情形，如凤山县凤仪书院祀有文昌、奎星、仓圣、五夫子等。[①]又如澎湖文石书院则祀有五贤夫子、文昌帝君、魁星神君等。[②]

●图14-5　台南孔庙孔子牌位上有太极八卦图

文昌、奎星、仓圣、梓潼等是被道教吸收的民间神祇，作为儒家文化传播中心的书院，却在内部的祭祀活动里出现道教神祇，并不是台湾书院所特有，在中国明清之际早已是普遍的现象。陈昭瑛《台湾的文昌帝君信仰与儒家道统意识》一文认为：

> 明清出现于大陆的三教合流现象也自然而然地出现于台湾，甚至由于台湾是移民社会，迷信之风更为炽烈。从敬字仪式的极端热闹，可见道教兴盛一斑。道教中以文昌信仰与儒生阶层有最密切的关系，因此我们在台湾也看到了儒生迷信文昌的现象。[③]

台湾儒学既是移植于中国大陆而来，儒学内部自然不免也掺杂了佛、道思想，但若进一步观察某些台湾方志里的教育碑记，则可发现有识之儒也对佛道思想的渗入有了反动排拒。除了道教神祇外，台湾书院建筑雕饰上，也常见到“太极”、“八卦”图形，除了与渊源于闽地程朱理学书院系统有关外，也反映出书院里的儒道合流现象有关。

若再从权力场域的观点来看，文昌信仰与科举制度的结合，多少是官方推波所致，清代雍正皇帝曾直言不讳：

> 孔子之教在明伦纪、辨名分、正人心、端风俗，亦知伦

①参见《凤仪书院宗祀五子并立院田碑》。台湾银行经济研究室编：《台湾教育碑记》，南投：台湾省文献委员会，1994年版，第49页。

②参见《续修文石书院记》。台湾银行经济研究室编：《台湾教育碑记》，南投：台湾省文献委员会，1994年版，第40页。

③陈昭瑛：《台湾儒学：起源、发展与转化》，台北：正中书局，1990年版，第116—117页。

纪既明，名分既辨，人心既正，风俗既端，而受其益者之尤在君上也。[①]

事实上，因为道教文昌、奎星信仰实有助于官方用以科举笼络、羁縻士子心智，权力阶层在儒、释、道合流的学术趋势下，利用道教思想引入儒家传统神圣的孔庙、书院祭祀中，此举淡化了儒家的道统意识，以舒缓儒学正统对异族政权的敌意。尤其历史上的两次异族统治时期，都由官方带头祭祀文昌帝君，如元代延祐三年（1316），仁宗封梓潼神为“辅元开化文昌司禄弘仁帝君”，文昌一跃成为正祀的科举之神[②]，享有全国学子秀士的万代香火；嘉庆六年（1801），清仁宗将文昌帝君列入国家祀典。[③]难怪梁启超在晚清的《变法通议》上感叹道：

入学之始，（文昌、魁星）奉为神明，而反于垂世立教至圣之孔子，薪火绝续，俎豆萧条，生卒月日几无知者。[④]

官民一心将文昌、魁星塑造成掌管文运，司命司录之神，供士子膜拜，但仍有少数“不语怪力乱神”的儒学正宗，主张透过学规来强化士子的道德修养，让书院作为维系儒家道统之所在。

①庞钟璐：《文庙祀典考》，台北：中国礼乐学会，1977年版，第12页。
②吕宗力、保群：《中国民间诸神》，台北：台湾学生书局，1991年版，第121页。
③吕宗力、保群：《中国民间诸神》，台北：台湾学生书局，1991年版，第119—120页。
④梁启超：《饮冰室文集》，台北：中华书局，1978年版，第49页。

第三节 书院空间的孔庙化

2000多年来，以孔子为中心的儒家思想一直被中国封建社会所奉行，在历代君王不断褒封的推波助澜下，孔子逐渐神格化，作为“百世文官表，历代帝王师”被祭拜，是中国文化体系里不可撼动的“素王”。满清入关后，持续尊孔的政策，顺治皇帝封孔子为“大成至圣文宣先师”；康熙皇帝亲至孔庙手题“万世师表”；雍正四年（1726）则定农历八月二十七日为孔子诞辰，全国军民斋戒一日，地方府县所在处亦皆设置孔庙。

●图14-6　彰化道东书院墙上之“卍”字纹饰与彰化孔庙大成殿基座上“万字盘长”之砖纹相同

●图14-7

●图14-8

彰化道东书院正厅供桌与彰化孔庙大成殿前御路石上都有龙形雕刻

清代将儒家视为国教的举动，使得士子投入科举的风气日炽。官方一方面设置学校，一方面推行科举考试，达到“天下英雄，入吾彀中”的笼络目的。由帝王带头大加褒封祭祀的结果，使得孔子神格化、宗教化，且与道教主管科场命运的功名利禄之神——文昌帝君（梓潼帝君）相结合，从纯粹祭祀儒家的祠庙，变成儒道合一的庙宇（文庙）。以孔子为中心的儒家思想，一方面由官方主导推广，一方面与民间宗教合流，很快地获得全面性的发展。清人将台湾纳入儒家的文化场域后，也将孔庙文化带入台湾，只是孔庙的数量并未随着行政区的拓展而同时增加。光绪十四年（1888）时台湾虽已有“三府十一县四厅”的行政规模，但孔庙数量却与领台初期相去不远，较具规模者仅在台湾府、县（今台南）、凤山县（今高雄）、诸罗县（今嘉义）、彰化县（今彰化）、淡水厅（今新竹）等少数几处。[①]其建置过程屡有损毁，且多赖地方官员热心捐俸渐次修筑方得勉强维持。真正支撑当时文教重任的，仍是相继兴起的四五十家书院，当时台湾北、中、南林立的书院，

●图14-9　台北孔庙照墙上题有“万仞宫墙”，以示对孔子之尊崇

●图14-10　道东书院仿孔庙照墙设计，差别在于墙上不书文字

●图14-11　道东书院主殿正脊两端盘据着龙形鱼身的“鸱尾”（图左：道东书院），用以镇压火灾，其造型乃仿孔庙而来（图右：台北孔庙）。“龙”是儒家文化里的神圣符码，相传为古代最大神兽，能呼风唤雨、镇邪消灾，极具威仪

①现今台湾符合古制的孔庙，计有台北、台中、彰化、台南、高雄、屏东、宜兰等7座。

实质上取代了孔庙的教育功能，大批士子于其中修习举业，缅怀先人，祭祀圣哲。台湾书院的孔庙化现象，还可在建筑结构上明显看出端倪，许多书院的格局、祭祀多与官方孔庙同步。如嘉庆年间（1796—1820）成立的屏东书院，历经多年的修筑后，甚至改建成一座孔庙。孔庙化的趋势在公元1945年光复后益发显著，纯粹朱子闽式书院已不复见。许多书院重新修筑后，在建筑结构上除了维持泮池、照墙外，同时还供奉孔、孟、颜、曾、程、朱等儒家圣哲，建置规模与细部设计上处处可见孔庙化之倾向。书院文化的生命力表现在多元的文化面向上，书院可以变成孔庙（如屏东书院），可以变成文昌祠（如英才书院），也可以由文昌祠变成书院（如兴贤书院），实际上它就是一个结合孔庙、书院、文昌的复合式文化建筑，是儒家文化在台湾保留、传承薪火的神圣空间。

第四节
从书院到鸾堂

台湾民间的扶鸾活动在日据之前已有不少记载，此与移民垦殖社会时常发生饥荒、瘟疫的特性有关。高拱干于康熙三十三年（1694）修《台湾府志》时称汉人风俗“信鬼神、惑浮屠”，相隔百年后周玺于道光十六（1836）年作《彰化县志》时仍称汉俗“俗素尚巫，凡疾病辄令僧道禳之。”从这些方志的记载中反映出清代台湾民间信仰活跃的现象。甲午战败乙未割台（1895）后，郑鹏云在《新竹县志初稿》里仍如此记载闽粤风俗：

居丧者，延请僧、道诵经拜谶，求为考妣超升，相习为风；间有守道不为者，群罪以不孝。而又信鬼、尚巫，遇病群相祷禳，曰“进钱补运”；金鼓喧腾，昼夜不息。有为乩童

●图14-12　明治三十二年（公元1899）海东书院的外观（石川源一郎《台湾名所写真帖》）。海东书院素有“全台文教领袖”之称，其规制一直是台湾书院的取法对象

●图14-13　南投县蓝田书院在光复后开始有扶鸾活动。图为正鸾生（文乩）手持桃木枝写下善书

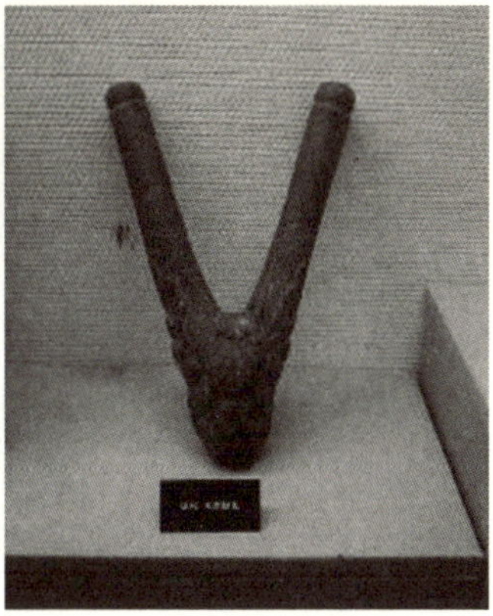

●图14-14　扶鸾用的“丫”形桃木

者，披发露臂，手持刀剑剖额、刺肤以示神灵，妄示方药；又有扶乩出字，谓神下降，指示方药，并能作诗作文，事尤灵怪，不可深知。[①]

志书里提到民间信仰信鬼、尚巫的风气有愈演愈烈的趋势，甚至到了“金鼓喧腾，昼夜不息”的地步。台湾全岛除了到处充斥的道教神坛和寺庙外，民间还广泛流行着“扶鸾”的宗教活动。有别于一般浅陋的巫术神坛，在扶鸾仪式位居要角的“正鸾”必须具备古典诗词的写作能力，故其身份多是由地方绅儒（如进士、举人、生员）所担纲，一旦书院与鸾堂相互结合，便能在民间产生一定的号召力而迅速发展。如光绪十三年（1887）、十四年（1888）间曾任宜兰仰山书院院长的杨士芳与地方绅联合创设鸾堂（唤醒堂），借扶鸾宣讲教化乡民。又如光绪十五年（1889）、十六年（1890）间登瀛书院的筹设人陈抡元本身也担任鸾堂（鉴民堂）堂主[②]，书院的学生也多是鸾堂堂生。鸾堂成了文人士子聚会、兴遣之所，借由扶乩活动问科题、功名，彼此考较诗文、相互唱和。

民间的扶鸾信仰吸收了儒、释、道三家的基本教义，也保留了许多地方性巫术和泛灵信仰。有别于一般神坛借舌语解惑的“童乩”。鸾堂的特色在于以文字进行教化活动，这种神明降文的扶乩

①郑鹏云：《新竹县志初稿》，第186页。
②宋光宇：《书房、书院与鸾堂——试探清末和日据时代台湾的宗教演变》，《国科会研究汇刊：人文及社会科学》，1998年7月，第8卷第3期，第375页。

仪式，一般称为“文乩”。扶鸾仪式乃由“正鸾”作为与神灵沟通的中介，透过通灵与神明交通，在精神恍惚的状态中手持桃枝在沙盘中写字，再由一旁的鸾生宣唱、抄录，逐字积累成一篇乩文，累积至一定数量便集结成书，一般称作“善书”。除为信众治疗疾病、解决疑惑、卜吉问凶外，更借由善书推广儒家的伦理道德，进行劝善惩恶的教化工作。

1895年日人据台后着手摧毁前朝之文教制度，地方儒学、书院逐渐遭到禁绝、毁弃，百年来的书院文化教育被新式日本皇民教育所取代。在多方冲击下，台湾书院文化几乎全面性停滞，代表旧传统的书院一旦失去文教功能，也就迅速凋零颓敝。全台数十间书院不是任其闲置毁弃，便是权充公务用途。如奎壁书院变成警察宿舍，文开书院改作日军营房，道东书院则改作日人公学校社。在绝大多数书院相继荒废的情况下，少数儒生转而以民俗性的信仰活动来保存书院文化，借由扶鸾著作善书，书院与鸾堂的复合体便成了当时最佳的文化搭配。如明新书院主持人陈长江于大正元年（1912）将书院改成“明新书院崇德堂”，从事扶鸾活动，著有鸾书《导化金篇》；振文书院主持人刘晚鉴于昭和九年（1934）改称“懿德堂”开始降神扶鸾。鸾堂且以神明劝善协助瘾君子戒除鸦片恶习[①]，故能在民间迅速传播，再加上鸾生具有浓厚的士儒风格，谨守戒律，故日人将之视为一种“儒教”[②]，以观望、监督的态度观察，在全面皇民化之前，并没有强力禁制。

台湾的书院在日政权的压抑下，改以民间习俗与信仰的面貌继续生存，从书院到鸾堂的过程虽然杂染了神秘的宗教色彩，却使儒家文化暂得保存，也是时代变局下的莫可奈何。日据后期台湾展开“皇民化运动”，日人强力取缔鸾堂，书院里的扶鸾活动才开始受到禁绝。在不同的时空环境下，台湾的书院可以是孔庙、文昌祠、诗社、鸾堂的综合体，日据时期的儒生则在别无选择的情况下，主动与宗教结合，抵抗文化殖民主义，力图保全儒家道统，可视为书院文化的一种潜隐与改装。

①王世庆：《日据初期台湾之降笔会与戒烟运动》，《台湾文献》，1986年，第37卷第4期，第111页。
②增田福太郎：《台湾本岛人の宗教》，重刊于台北古亭书屋，改名《台湾の宗教》，1975年版，第16页。

第五节

文教嘉年华的万民殿

书院在日据初期因转型为鸾堂而得以存留，但日据后期又遭到全面禁抑。1945年日本战败退出台湾，国民政府全面推动现代国民教育，书院的发展虽然不再受到压抑，单一的儒学教育却也走到时代的尽头，多数书院乏人管理任其荒废或成为古迹，少数书院成为祭祀文昌的文教圣地而仪式性地存留。20世纪60年代对比着大陆的“文化大革命”，全台兴起一波“文化复兴运动”，儒家道统又重新获得重视，各级学校也开始以《大学》、《中庸》、《孔子》、《孟子》四书为文化基本教材。

在这波回归传统文化的思潮下，祭孔大典成了年度盛事，各地孔庙、书院也陆续重新修建。然而书院失去现代学制与现代教育功能，仅能以古迹的形式留存，历经改朝换代的反复波折后，现存书院的数量已锐减至十余所。20世纪80年代之后，地方政府积极发展观光产业，书院成为各地的名胜景点。20世纪90年代之后，后现代思潮日炽，各地书院一改森严肃穆的形象，在县市文化单位的主导下，以“文化创意”形式重新包装，积极对外开放，提供民间举办诗歌吟唱、戏曲教学、文艺竞赛、民俗技艺的展演空间。清代台湾

●图14-15　近年来地方政府大力推动文化创意产业，传统的书院转型成为现代观光景点，也租借场地作为民间工艺传授的场地

●图14-16　和美道东书院考生祈福袋

●图14-17　道东书院近年来连续举办励志祈福活动，盼求学子们鱼跃龙门，高中名榜

●图14-18　员林兴贤书院举行的祈福活动，吸引近千名考生跪地祝愿，祈求顺利金榜题名

书院为避官方孔庙忌讳，原本不祀孔子，以示主从本分，如今这种现象已不复存在。书院的祭祀对象除了程朱外，也出现了孔子的牌位，并与文昌帝君及魁斗星君等神灵结合，香火袅袅，成为万民祭祀的殿堂。

近年来，苗栗英才书院、鹿港文开书院、员林兴贤书院、和美道东书院、南投蓝田书院等，每年考季前必定举办祭祀文昌的祈福活动，各地考生蜂拥而至，祝祷考运鸿通，热闹景象仿若一场场的文教嘉年华，已成为各家书院的年度重头戏。300年来作为儒家神圣空间的所在，台湾书院在现代潮流的冲击下，仍能找到新的文化效能，延续着书院既泛圣又泛俗的生命力，只要考试制度还存在，膜拜文昌帝君的庙堂永远是香火鼎盛。

参考书目和延伸阅读

[清]刘良璧：《重修福建台湾府志》，台北：大通书局，1984年。

王世庆：《日据初期台湾之降笔会与戒烟运动》，《台湾文献》，1986年，卷37第4期，第111页。

李干明等：《古迹入门》，台北：远流出版事业股份有限公司，2007年。

许佩贤：《殖民地台湾的近代学校》，台北：远流出版事业股份有限公司，2007年。

曹永和：《台湾早期历史研究》，台北：联经出版公司，1991年。

戴炎辉：《清代台湾之乡治》，台北：联经出版公司，1991年。

第十五章

妈祖的神话

妈祖神话是如何流传到台湾的？妈祖祭典游行为什么会成为岛上最盛大的民间宗教活动？其最重要的祭祀地点和庙宇情况如何？岛民心目中的妈祖有着怎样一些灵验传说？

第一节
唐山过台湾

自从17世纪以后，汉人大量地从山多田少又人口稠密的福建、广东移民台湾。当年过海乘坐帆船，船上的设备没有今日的精密，面对大自然无情的台风、横渡黑水沟的危险潮流，移民的内心，充满着忐忑不安的愁绪。登船踏上旅途，海上官方对偷渡的查缉、海盗的骚扰掠夺等，无不给移民们重重的考验，他们只能在精神上祈求家乡神明的庇佑，人人带着神明的香火渡海，希望神明保佑他们平安踏上台湾的土地。

妈祖成神的圣地湄州，一向是海船必经之地，在海商的崇奉下，妈祖成为海上的守护神，船郊商号奉祀特别虔诚，船上多设有妈祖的神龛，因此渡海的人无不诚心祝祷，祈求渡海平安。其次闽、粤一带山岭盘踞，溪流纵深，各地的乡土神众多。然而妈祖在大陆上，早年随着闽商外出营生，香火供奉在会馆，加上宋、元、明、清历朝政府在政治上的推波助澜，妈祖在中华的土地上早已是超越族群的信仰的神，因此妈祖的香火随着汉族移民的脚步东渡台湾，泉、漳、闽、粤等族群不仅建庙奉祀妈祖，并且向平埔族传播妈祖信仰。移民平安抵达台湾以后，为感谢妈祖，为她置了神位、组织神明会供奉，拓垦数年以后，生活安定、经济情况日好，大家集资为妈祖建庙。清朝年间建立的妈祖庙不论是官建或是民建的，日后均有融合族群、调和地方势力的作用，而且到了今天，这些庙宇大多数成了台湾知名的妈祖庙，例如北部的台北关渡宫、中港慈裕宫、大甲镇澜宫、旱溪乐成宫、彰化南瑶宫、鹿港天后宫、北港朝天宫、新港奉天宫、台南大天后宫、台东天后宫等均属之。

在地处中台湾滨海的大甲，此一现象更加明显。泉、漳、闽、粤等移民族群在这一块土地上与平埔族杂居，他们虽然曾经发生过小冲突，但绝大多数的时间则是和平共处、相互依赖的。这5个族群与清朝来台官兵一起捐钱、捐地，共同建立了大甲镇澜宫。本文借着大甲镇澜宫的历史与神话，简述各族群的融合。

第二节 大甲镇澜宫的历史

相传清雍正八年（1730）福建省莆田县湄州屿人氏林永兴夫妇东渡台湾，行前自湄州祖庙朝天阁奉请天上圣母神像一尊祈保平安，定居在大甲，当时移民的家中少有神像，听说林家奉祀湄州妈祖，纷纷前来参拜，圣迹昭著。地方上的人见香火鼎盛，征得林氏同意，择地于现址，于雍正十年（1732）初建草寮奉祀。

此后居民日增、经济稳定成长，地方士绅连昆山捐地建庙，乾隆十七年（1752）完成，正式命名为“镇澜宫”，奉为地方之守护神，农历十一月中聘道士举办“三朝清醮”答谢神恩。乾隆三十五年（1770）在地方绅董林对丹的奔走劝募下扩大重建，聘请漳州南山寺若清湛禅师驻庙管理，官方称之为“天后宫”。乾隆五十二年（1787）大甲西社平埔族人巧家献地，武举人台湾北路淡水营都司陈峰毫、地方人士吴偏等人发起重修。道光年间（1821—1850）大甲巡检宗覲廷与地方缙绅、大甲团练局五十三庄正副庄正重修、增建戏台。迨至光绪十四年（1888）林凤仪扩建庙宇，将戏台增筑为山川殿，围出天井，整修厢房，今日“镇澜宫”的规模才大体完成。日据时期1914年第八代住持僧与地方士绅重修，购买观音石聘请福建惠安石匠，将三川殿木结构的门面改为石堵，聘工匠烧造交趾陶安置于水车堵。1924年完成，住持因故离庙，改为街庄民所有制，推举地方士绅相继担任管理人。

1934年10月士绅王燕翼发起重修，翌年中部大地震。1936年春旱，祈雨有降，未久四境田园又罹患“乌龟仔”，再求妈祖禳灾。不久之后，灾氛消散，民众感念妈祖慈恩广被，遂于同年10月16日落成时，镇澜宫炉下三街庄——大甲街、大安庄、外埔庄联合举行“三朝祈安清醮”大典，搭建四大醮坛，叩谢神恩。未久，日军侵华，继之以正厅改善、皇民化运动，企图毁我华人意识，民间信仰遭遇浩劫。镇澜宫虽未被日本人摧毁，民众也不敢公开为妈祖举行盛大祭典，却私下偷藏神像，关起门来暗中偷偷祭祀。

台湾光复后，镇澜宫1946年改制成立管理委员会，1964年再议重修，组成重修委员会，聘请三重名匠陈天乞修改屋顶剪粘，增筑南北钟鼓楼，翻除六角砖地板为磨石子，内部重新彩绘。聘鹿港名匠施镇洋雕造神龛六座，至1973年落成举行谢土大典，答谢神恩。1978年管理委员会改组，成立财团法人处理庙务。1980年地方人士眼见神殿梁柱腐朽，遂拆除改建，前后历时8年，1988年落成。炉下大甲、大安、外埔三乡镇信徒，举行“五朝庆成祈安清醮”大典，搭建六大醮坛，文建会委托基金会前来协助办理各项民俗曲艺等文化活动，将宗教信仰与文化艺术做结合，提升建醮庆典的活动内涵。

1987年适逢妈祖成道1000周年，镇澜宫董监事会排除万难经日本转上海返回湄州进香，全台瞩目。翌年变更行之有年的“北港进香”为“绕境进香”，遂与北港之间有分灵之争，镇澜宫董监事会在不满意北港的说辞下，转往一水之隔的新港“绕境进香”，影响到整个台湾妈祖庙界的信仰生态，各庙不再迷恋大庙的香火，撼动北港妈祖庙的地位。伴随两岸关系的日益改善，2000年镇澜宫以陆空海接驳的方式将大甲妈祖的进香銮驾在厦门、泉州、莆田、湄洲岛游行，并在湄洲岛祖庙举行谒祖大典，透过电子媒体对全中国与世界转播，让华人世界对妈祖信仰烙下的深刻印象，也影响到整个民间信仰的生态，再度推动了妈祖信仰的普及。

第三节
大甲移民传播妈祖信仰

大甲镇澜宫建庙已经200余年，迟至清朝中叶以后，已经成为附近五十三街庄的信仰中心，其间分灵了多少妈祖神像与香火，委实难考。迄今可以考订者，远在清朝咸丰年间（1851—1861），大安溪北的平埔族人移居时，以扁担挑着妈祖的神像与香炉进入埔里，在当地卜炉主维持祭祀，至战后建立了双寮双吉宫。战后大甲居民前往芳苑乡汉宝拓垦，移居基隆在港口讨生活，他们分灵了妈祖前往祈求平安，分别建立了镇安宫与圣安宫，年年迎妈祖返大甲进香。20世纪70年代以后，移居台北、高雄、台中、丰原、屏东、中坜的大甲子弟，他们事业有成，感念镇澜宫妈祖的庇佑，分灵妈祖神像、组成妈祖会返乡抢香，如今也分别建立庙宇，供奉妈祖。

●大甲镇澜宫（叶舒宪　摄）

第四节

大甲镇澜宫的进香历史

大甲镇澜宫创建以后，庙务虽由住持僧负责，然而因为是地方上五十三庄共有的庙宇，所以维持炉主头家的祭祀制度。清朝年间每隔12年，炉主奉请妈祖神像搭帆船回湄州进香，刈火回大甲，维持与祖庙间的香火关系，此一方式维持到日据时期1899年。大甲金万和郊负责完成湄州进香，此后就在日本政府的管制下，大甲的港口——大安港因泥沙淤积而废港，日本人扶持北港朝天宫，提倡岛内搭火车进香，遂造成大甲也从1914年以后开始前往北港进香。日据时期大甲每隔数年才南下北港进香，正厅改善于二次大战期间中断十余年。战后1948年开始年年举办，从百余人的团体逐年发展，至1987年最后一次北港行时已有十余万人参加。1987年重阳节适逢妈祖成道1000周年，大甲镇澜宫的董监事迎妈祖辗转从日本经上海返湄州进香，翌年即在更改进香名称为“绕境进香”与澄清分灵的议题下，大甲镇澜宫毅然地改道新港绕境进香。迄今大甲维持着年年绕境进香与湄州进香活动。

第五节 大甲妈祖的灵验传说

一、节妇祈雨妈祖降乩化解灾难

清朝同治元年（1862），台湾中部四张犁戴潮春叛清，戴军占据彰化县城，并派遣王和尚、林日成等三次北上进攻大甲城，企图切断台湾南北的信道。大甲城内因地理环境上缺乏水井，平日民众均需取水城外。戴氏叛军三度围城，切断水道，城内军民乏水饮用洗涤，情况危急。地方士绅央请贞孝节妇林氏春娘向大甲城隍爷祈雨救急，三次天降甘霖，化解危机。其第三次王和尚以炮攻城，轰毁南门一带的城墙，居民惶惶不安，当天林氏春娘祈雨之际，镇澜宫妈祖捉生乩降下指示："今夜大难，随当空书符以厌之。"众人不解，没想到当天晚上风雨大作，吹垮王和尚存放火药的茅屋，火药被雨淋湿，无法使用，戴氏叛军遂无力攻城，城内乡勇趁机开城门追击，王和尚不支溃败，围遂解。

二、官军献匾

清同治元年（1862）王和尚失败之后，淡水同知增派军队防守大甲城，并以大甲城为指挥中心，派兵围剿扫荡附近的戴氏叛军。当年协防大甲城官员王桢、郑荣将要进兵梧栖海埔厝一带，行前到镇澜宫祈求妈祖庇佑，结果顺利平定梧栖海埔厝的戴氏叛军。同治二年（1863）丁曰健奉旨接任台湾兵备道，九月抵台湾接印平乱。十一月王桢、郑荣随丁曰健的大军进攻戴潮春占领的彰化城，再次入宫祈求妈祖帮助，出兵顺利，乱事平定之后，王桢、郑荣有感于神恩隆重，敬献"慈芘兵戎"与"德保生民"两块匾额，叩谢大甲妈祖之助。

三、雨妈、过水妈

大甲妈祖一向被南部的人敬称为“雨妈”或“过水妈”。被称为雨妈的原因是大甲妈祖南下进香时，几乎都有雨水随驾，常常为沿途的庄头带来春雨，及时雨。虽然工作人员也因此常常淋到雨，但人人不以为忤，都认为这是妈祖为民众普降甘霖。过水妈则源自西螺大桥完成前。某年大雨，浊水溪水渐涨，西螺人力劝暂缓北返，然副炉主轿前卜问，妈祖指示按时起驾，信众擎起大甲妈祖的銮轿，集体涉水北返。西螺人立于浊水溪畔目睹大甲妈祖与众人宛如鸭子伐水般地轻盈过溪上岸，不禁赞叹“大甲妈真是过水妈”，话才说完，溪水汹涌滚滚而下，众人才深感妈祖神威显赫。

四、南洋救军夫

二次大战期间，大甲地区有不少的子弟被征召到南洋担任军夫工作，临行前来镇澜宫求妈祖香火随行，祈保平安归来。曾有数名军夫在午睡中，梦寐中仿佛听到妈祖对他们喊“炸弹掉下来了”，那军夫立即惊醒逃开，几秒钟后，刚才睡卧的地方已被美军轰炸掉了。光复后回乡，他们年年随驾妈祖进香，只因为感谢妈祖救他们一命。

五、2000年湄州谒祖进香的雨水

2000年夏天，镇澜宫原希望以两岸直航的方式前往湄州进香，碍于两岸政策，出发一个月前，镇澜宫当机立断放弃直航，改走陆空海接驳的方式，经由香港转厦门，夜宿莆田文峰宫，翌日经由妈祖出生地港里天后祖祠，晋谒圣父母，再渡海到湄州。这一路上经过驻驾的庙宇有莆田文峰宫、港里天后祖祠、湄州祖庙、泉州天后宫，令人称奇的事就发生在每次要入驻驾庙前，原本晴空万里的天空，突然乌云密布，随即下起倾盆大雨。一旦入庙停驾雨又停了，让随香客啧啧称奇，大甲妈真无愧为“雨水妈”，因为在台湾大甲妈已经是雨水随驾闻名，如今在大陆更是大显神威。而这一路上的地方父老闻讯皆感激大甲妈祖带来雨水，因为这一段路上听说已经三个月没下雨了，就连电子媒体也为之播报。

然大甲老香客则有不同的见解，他们说："大甲开基祖妈已经200余年没有回湄州了，今年首度回娘家，又怎能不掉眼泪呢？更何况离开湄州时天气尚好，一上船天气就变，妈祖大轿才走出文甲码头，那来势汹汹、风云变色的大雨才吓人，妈祖又要离开故乡返大甲，又怎么不大哭掉泪呢？"

●大甲镇澜宫妈祖像（叶舒宪　摄）

附录前述台湾妈祖庙的简史：

一、北投关渡宫

台北市北投区关渡里知行路360号，所奉祀的妈祖俗称干豆妈。据《诸罗县志》的记载，关渡宫创建于清朝康熙五十一年（1712），通事赖科纠众建庙，初名天妃庙，每年元宵节举办灯会。关渡宫的妈祖因长年被北台湾各地的村庄、部落迎请而闻名。

二、中港慈裕宫

苗栗县竹南镇民生路7号，与后厝龙凤宫的妈祖对称“外妈祖”。相传原立小祠于开元里。据庙中石狮的落款创建于乾隆四十八年（1783），《淡水厅志》记载建庙于嘉庆二十一年（1816）。道光六年（1826），慈裕宫因漳泉械斗的波及而毁，加上原庙地势低洼，经常苦于水患。道光十八年（1838），将庙宇重建于中港街现址，自此以后代有重修。每年端午节以举办“洗港”活动而闻名。

三、旱溪乐成宫

台中市旱溪街48号，所奉祀的妈祖俗称旱溪妈。相传清朝乾隆初年有林姓人氏自湄州祖庙迎来“老二妈”至此地开垦，暂时奉祀于妈祖婆厝，乾隆五十五年（1790）建庙于现址，日据时期的1920年，进行扩建工程，聘请陈应彬担任监造人，1928年竣工。旱溪妈祖在此次重修期间，于1924年正殿完成后，返回大陆湄州的天后宫进香。这一次的进香活动虽然中途曾因罗盘损害，暴雨侵袭以致险象环生，但最后仍因妈祖保佑得以平安完成进香。乐成宫以旱溪妈祖游十八庄的活动而闻名，与旱溪林家的关系深厚。

四、彰化南瑶宫

彰化市南瑶路43号，因创建时，此地乃是“邑治南门外尾窑”，故以“南瑶”为名，所奉祀的妈祖俗称“南门妈”。《彰化县志》记载为乾隆中建。相传清朝雍正年间建县城时，烧窑工人杨谦自笨港携来香火，因夜见豪光，附近居民集资雕刻妈祖圣像祀于土地公庙。乾隆三年（1738）遂立小祠，塑妈祖神像五尊，正式定名南瑶宫。乾隆年间续有增建，嘉庆七年（1802）南瑶宫主殿重建，庙基扩大；同治十一年（1872），士绅再次鸠赀整修；日据时期的1913年再度重修，之后屡有兴改，直到1936年，才完成后殿重修及各殿宇之改建。由于历代的增修改建，使得南瑶宫成为一处夹杂闽南、日式以及北方风格的建筑群。最特殊者为观音佛祖殿，为一融合闽南、西洋风格的日式建筑，不仅有歇山重檐的屋顶、闽南建筑的构架，更掺杂了街屋露台的点缀与欧风柱廊的外貌。南瑶宫自建庙后，声名远播，各地信徒为数众多，并自行组织銮班会及舆前会，作为每12年一次圣母正驾前往发源地——笨港进香时的护卫。信徒又组“妈会”负责进香，自清朝嘉庆年间迄今已有10个妈会，轮办笨港进香以及重要祭祀事宜。会员分布于彰化县、台中县市、南投县，除了每12年按值年年份进香之外，每年定期在南瑶宫举行祝寿祭典称之为“作会”，并且轮流值角过炉，每在值角当地掀起迎妈祖的热烈活动，举庄若狂，欢迎妈祖的到来。

五、鹿港天后宫

彰化县的妈祖庙，位于鹿港镇中山路43号，鹿港居民称之为“妈祖宫”或“旧祖宫”，所奉祀的妈祖俗称鹿港妈。相传清朝康熙二十二年（1683）施琅奉旨征台，由湄州祖庙恭请妈祖随军，事平之后，其侄施世榜恳留神像在台奉祀，初建庙渔船仔头。雍正三年（1725）施世榜献地迁建于现址。《彰化县志》记载为乾隆初年士民公建，嘉庆十九年（1814），鹿港八大行郊鉴于妈祖庙已栋宇腐朽，鸠赀重修，立有“重修鹿溪圣母宫碑记”。同治八年（1869）再修，今日所见庙貌则大体为日据时期1922年重修之遗。正殿神龛上悬有乾隆皇帝御赐的“神昭海表”、“佑济昭灵”以及光绪皇帝御赐的“与天同功”等匾。天后宫自建庙后，经常返回湄州进香，庙中尚保留民国初年前往湄州祖庙进香的照片，为毁于“文革”的湄州祖庙留下珍贵的记录。

六、北港朝天宫

云林县北港镇中山路178号，俗称“北港妈祖庙”。按庙中的碑记创建自清朝雍正八年（1730）。按其庙中的历代僧侣牌位则与建于康熙三十九年（1700）的天妃庙有关，相传树壁和尚迎来妈祖神像，移民恳留而建庙。乾隆十六年（1751），朝天宫进行首度整修。到了乾隆四十年（1775），笨港县丞薛肇熿捐俸倡议重修，之后屡有重修。道光十七年（1837）重修，还留有福建水师提督王得禄的献匾。咸丰五年（1855），朝天宫大幅度重修，也增建供奉圣父母及兄姊的后殿，咸丰九年（1859）才完成。光绪二十年（1894）北港街大火，波及前殿拜亭。日据时期1905年嘉义大地震，朝天宫毁损严重，1908年在名匠陈应彬主持下重修，对外募款遍及全台，今日庙体结构即为此次重修之遗，唯正殿于1959年改建，升高结构。

七、新港奉天宫

嘉义县新港乡新民路53号，今称“新港妈”。按庙内所镌刻的碑记言，因清朝嘉庆年间的乌水泛滥，在笨港的天后宫被摧毁，因此街民迁往麻园寮重建，嘉庆十六年（1811）建庙。按《嘉义管内采访册》则记载建于嘉庆二十三年（1818）。此后屡有重修，日据时期的1905年发生嘉南大地震，奉天宫受损严重，翌年开始整修。1912年聘请北部名匠吴海桐主持，1917年完工。1961年增建圣父母殿、怀笨楼及思齐阁等。奉天宫修建的工匠，包括吴海桐在内，多为粤系匠师，因此该庙具有不同时期之粤派风格，装饰之交趾烧亦属珍贵之古迹文物。

八、台南大天后宫

台南市的妈祖庙。位于台南市永福路二段227巷18号。大天后宫原为永历十八年（1664）宁靖王府邸。康熙二十二年（1683），施琅领军攻台，郑克塽出降，郑氏败亡。康熙二十四年（1685），施琅以清军攻台曾得妈祖显灵协助，将王府改建为大天妃宫奉祀妈祖，在庙中立“平台纪念碑”。康熙五十九年（1720），大天妃宫改称为大天后宫，陆续增建及整修。嘉庆二十三年（1818）三月，大天后宫遭遇火灾，建筑及匾额几尽烧毁，台南三郊募款整修，道光九年（1829）竣工。大天后宫的四进格局，主要是继承明朝王府的格局，为台湾仅见的明朝王府之遗。

九、台东天后宫

台东县台东市中华路一段222号。天后宫的创建肇始于光绪十四年（1888）因清丈引起民变，防守官兵受困，统领向妈祖祷告掘井得泉，光绪十七年（1891）官员题名为“灵泉井”立碑纪事。光绪十五年（1889）众议建庙于今和平街东禅寺址，光绪十七年（1891）竣工，蒙光绪皇帝赐匾，日据时期的1929年重修改建于现址。

参考书目和延伸阅读

Strathern, Marilyn：*Cultural Diversity*（文化多样性），台北：“中研院”《民族学研究所集刊》，第78期，1994年秋季号。

叶舒宪：《现代性危机与文化寻根》，济南：山东教育出版社，2009年。

李露露：《妈祖信仰》，北京：学苑出版社，1994年。

黄敦厚、洪莹发：《台湾疯妈祖》，台北：博杨文化，2009年。

张珣、黄敦厚、洪莹发：《大甲妈祖进香的仪式与祭典》，台中：大甲镇公所，2007年。

蔡相辉：《台湾的王爷与妈祖》，台北：台原出版社，1989年。

黄美英：《台湾妈祖文化语汇全记录》，台中，中兴大学硕士论文，2004年。

林美容：《妈祖信仰与台湾社会》，台北：博杨文化，2008年。

陈均：《妈祖传奇》，北京：东方出版社，2008年。

罗春荣：《妈祖文化研究》，天津：天津古籍出版社，2006年。

第十六章

保生大帝神话

保生大帝是何许神灵?为什么台湾各地遍布保生大帝的信徒和庙宇?保生大帝神话如何从大陆民间道教移植到台湾社会之中?著名的台北市保安宫有着怎样的历史沿革和香火现状?

在闽、粤移民东渡台湾的岁月里，闽、粤地区的乡土神，随着移民的脚步，纷纷落脚台湾。移民面对新的土地，瘴疠之气也随时觊觎着移民，对于医药保健的需求与日俱增，民众除了看中医吃中药之外，也祈求医药之神，求药签、求草药进行民俗医疗等等。在台湾民间信仰的神明中，作为闽南移民的守护神、医药之神——保生大帝，台湾的人民为它建立了200多座的庙宇，难以计数的神坛，它在民俗医疗中占有很重要的地位。在今日台湾保生大帝的众多庙宇中，有两座庙成为台湾重要的文化遗产，一是台南学甲的慈济宫，另一座为台北市大龙峒保安宫。两座庙宇在硬件上、活动上各有特色，本章特为介绍。另外中部则介绍大甲保生大帝会，以期让读者了解台湾神明会的变迁，定点庙与迁移会不同的信仰方式。

第一节 台南学甲慈济宫

台南学甲的慈济宫为南台湾重要的保生大帝庙，这座庙除了因拥有清末叶王烧制的交趾陶而闻名之外，尚有“上白礁谒祖”活动为人所重视。学甲慈济宫主神保生大帝于明末随着郑成功的部队来台，日后建立了慈济宫。清朝时期学甲居民经常在保生大帝圣诞前搭船渡海返回白礁慈济祖宫谒祖。日据时期因管制受阻，出海不易，因此每隔数年就在昔日登岸处头前寮将军溪畔设坛，迎保生大帝至此遥祭祖宫。20世纪中叶以后每年举办。1977年以后台湾兴起寻根热潮，上白礁祭典也因此受到官方重视。由于标举饮水思源的概念，加上政治上的需求，官方与民意代表纷纷加入祭典，官方人士成为主祭者，为南部的五大香科之一。

第二节
台北市大龙峒保安宫

北台湾重要的保生大帝庙为台北市大龙峒保安宫。台湾北部开发之初，瘴疠瘟疫是移民挥之不去的梦魇。移民决议返回白礁慈济祖宫迎保生大帝，庇佑拓垦的平安。至清朝乾隆、嘉庆年间，当地王、张、陈、蔡四大姓集资盖庙，供奉从大陆迎回的保生大帝。日后逐渐发展形成一、二、三堡的祭祀范围，地域上包括今日的大龙峒、沪尾、北投、和尚洲、三重埔、新庄、大稻埕。保安宫今日已经成为台湾重要的文化遗产。因保安宫自1994年开始维修保存现有的大木结构，历时七年，获颁联合国教科文组织2003年亚太文化资产保存奖。此外保安宫将传统上的庙会活动，加上现代的人文精神，自1994年起转型为“保生文化祭”。庙埕连续多日表演戏曲，绕境踩街结束当天晚上，民众聚集庙埕观看“放火狮”，炮声火光，十分壮观，并为一年一度的绕境推上最高潮，谱下休止符。

●台北大龙峒保安宫（叶舒宪　摄）

第三节

大甲保生大帝会

除了庙宇祭祀众神之外，在台湾尚有以会的形式延续祭祀者，这些会之所以存在至今，均有其历史因素。例如台湾的大甲以举办妈祖进香活动，名声响彻寰宇。然而在这里也有保生大帝的信仰，以会的形式维持祭祀。大甲人奉祀保生大帝已经是清朝中叶以后的事情，这个时期大甲人并未就近自台湾各大庙分灵，他们饮水思源地回到泉州，赴祖宫所在的白礁分灵香火。以后面对日本政府政策性的夺产、压制，即使一线如缕，濒临废灭，会员依然不屈地延续保生大帝香火。

清朝道光三年（1823）大甲地区的泉州裔商人发起奉祀保生大帝，委由黄姓郊商到泉州西佛国雕刻一组神像，并到白礁祖宫开光，接引香火回来轮流奉祀。道光十五年（1835）大甲附近发生漳州、泉州移民械斗，事平之后，大甲团练局则迎请大甲保生大帝的副炉为守护神，成立子公会（子公会的田产于光复后耕者有其田政令下被农民放领），正炉保生大帝与从祀兵将留在旧会组织中。两会自行发展分别有多处田产支应每年的祭典。到了日据时期，日本人以建立学产为名，强行要求保生大帝会提供田产支应，会员遂无力为保生大帝建庙，仅能维持三月十五圣诞日的庆典，演戏祭祀。日据末期正厅改善与皇民化运动，为了躲避日本人的迫害，黄姓会员私藏神像，偷偷祭祀，不敢公开活动。台湾光复以后，苦于民生凋敝，此会的活动缩小到会员轮流祭祀，保生大帝神像长期供奉在会员家中，一般民众祭拜不便。加上会员老化，活动能力转弱，镇公所提供的祭典经费无法随着物价指数调整，该会基本的庆典、演戏、过炉活动消失，造成大甲地区的民众逐渐忘记了地方上曾经有过的保生大帝信仰。但是当年两会的后人，依然紧守着保生大帝的祭祀。直到最近该会的会员年轻化了，深知以会的形式延续祭祀有其盲点，对外走向开放之路，大甲人才开始逐渐知道先民有过这一段保生大帝信仰的历史。

第四节
大甲保生大帝的灵验传说

相传日据时期中叶以后，有一年大甲地区霍乱严重。由于当年面对霍乱并无特效药，日本当局只能采取隔离措施。然而他们的做法相当的不人道，一旦发现有霍乱患者，警察随即将病人押到东南边的郊外集中管理，美其名曰对民众声称避免传染，实则不分症状，只要有霍乱征兆的病人，均强行拖往。不仅任病人自生自灭，甚至严重的病人，尚未过世就将之活活烧死，造成大甲地区民众的恐慌。这时大甲保生大帝供奉在黄姓郊商金胜吉的后代会员家中，民众常往黄家求保生大帝救助，保生大帝指示该会员的妻子摘草药，免费提供给求助的信徒，存活百姓甚众。当年圣诞之日，重卜炉主，保生大帝示意留在黄姓会员家中，未久，日本政府宣布正厅改善，黄姓会员私藏保生大帝与众神神像于密室中。随后皇民化运动、二次大战爆发，经过十余年，台湾光复，该会会员才又重新公开祭祀。

●大甲保生大帝会（叶舒宪　摄）

第五节

台北市大龙峒保安宫保生大帝灵验记录

1943年台湾北部旱灾严重，水田缺水灌溉。农民与地方士绅恳请保生大帝代众人向上天忏悔、请命，向“皇天乞雨救万民”，祈求普降甘霖，得到保生大帝俯允。遂于5月16日迎出保生大帝金尊于中庭设坛祈雨，进献祈雨文疏，果真于19日起开始下雨。至21日所求雨水已足，农民士绅随即缮写疏文，跪拜宣读，叩谢神恩。

参考书目和延伸阅读

范正义：《保生大帝：吴真人信仰的由来与分灵》，北京：宗教文化出版社，2008年。

范正义：《保生大帝信仰与闽台社会》，福州：福建人民出版社，2006年。

田兆元：《神话与中国社会》，上海：上海人民出版社，1998年。

王见川、李世伟：《台湾的民间宗教信仰》，台北：博杨文化，2000年。

“中研院”民族学研究所编：《台湾民间信仰研究书目》增订版，台北：“中研院”民族学研究所，1997年。

刘还月：《台湾民间信仰小百科》，台北：台原出版社，1994年。

李丰楙：《行瘟与送瘟——道教与民众瘟疫观的交流与分歧》，《民间信仰与中国文化国际研讨会论文集》，台北：汉学研究中心，1994年。

第十七章

台湾轩辕教：浓郁的中国意识

台湾当代的轩辕教是如何突出其中国根和中国意识的？围绕中华民族共祖黄帝而形成的轩辕教对凝聚岛上汉族社会的文化认同起到怎样的作用？轩辕教在大陆的道教根脉和在台湾的现实政治语境是怎样因缘际会、应运而生出新神话的？

第一节
引　言

在小小的台湾岛上，宗教活动十分密集且兴盛，目前已正式登记的宗教就有12种之多。除此之外，坊间亦有多种民间信仰，台湾的寺庙与教堂的平均密度更是高居全球之冠。有宗教信仰的人口在台湾总人口中几乎高达百分之九十，信徒的结构下至平民百姓，上至高官贵人，包括了整个社会阶层。①除了从大陆流传过来的某些传承已久的主要民间信仰，如妈祖、保生大帝、玄天上帝、观音佛祖……在台湾新创的宗教也有不少，轩辕教就是其中一种。

轩辕教乃王寒生先生于1957年创设，此宗教以民族主义为本，兼及道家、儒家与墨家休养之道。轩辕教从台南文化古都做起，1970年以后迁至台湾北部，1975年以后则多在北部活动。在台北市、嘉义市、基隆市、花莲县、台东县等地都设有宗社。而轩辕教总部则为台北市大同区的黄帝神宫。②

①严安、林九元：《台湾宗教活动之现状及发展趋势》，《华东理工大学学报文科报》，1997年第2期。
②参考网站“轩辕教简介”：http://www.catholic.org.tw/cirpcu/Relig/xuan.htm。

第二节 轩辕教的中国意识

轩辕教虽然创设于祖国的宝岛台湾，但其中国意识十分浓厚。轩辕教以民族主义作为发展精神，根源于儒家“大一统”思想，宗旨在于复兴华夏文明中国文化，振作道德伦理传统。笔者实际走访台北大同区黄帝神宫、关渡黄帝神宫与淡水黄帝神宫后，并从庙中的各项摆饰中看到轩辕教教义里明显的中国意识。

一、门联

（一）大同黄帝神宫：

1. 涿鹿虎贲开拓中华万里川甸，鼎湖龙驭超升太昊七重云天。

2. 教化万民一统中华五千年文化，鼎湖升天福泽炎黄八百兆子孙。

（二）关渡黄帝神宫：

1. 涿鹿虎贲开拓中华万里川甸，鼎湖龙驭超升太昊七重云天。

2. 九天星斗朝宫阙，万国衣冠拜冕旒。

二、令箭与剑

根据庙方表示，在古时轩辕黄帝以令箭传递讯息与命令，故在神像前摆设的令箭主要象征着当时黄帝统率四方天下的权力。剑亦同为代表权力核心的象征。

三、指南车

指南车是黄帝重要的发明之一，不仅具有文明发展意涵，在黄帝与蚩尤一战中也扮演着重要角色。黄帝靠着指南车的发明大败蚩尤，从此不仅奠定了天下共主的地位，也成为中华文明的创始人。

四、庙宇墙上、神龛上装饰与其他

各庙建筑装饰物中，不见石狮，主以龙作装饰。如大同区黄帝神宫全以龙作装饰。在淡水黄帝神宫则有一龙凤双置的雕饰。盖自古以来多以龙为黄帝的象征（也为中央王权的象征），且黄帝最后“升格”为神时亦乘着龙升天。

五、教徽

轩辕教教徽以太极为中心，并从中向外延伸出四个如蓝色花瓣形，带有浓厚象征意义。1973年长沙马王堆三号汉墓出土战国佚书四种，其中《十六经·立命》篇记：

> 昔者黄宗（帝）质始好信，作自为象（像），方四面，傅一心。四达自中，前参后参，左参右参，践立（位）履参，是以能为天下宗。①

此处指黄帝有四张脸，具有神话特质，而其身份是四方天下共同归顺的统治者，并能够“前后参询，左右采获”②，广纳各方意见。

在《太平御览》卷七九引战国时佚书《尸子》时：

> 子贡曰：古者黄帝四面，信乎？
>
> 孔子曰：黄帝取合己者四人，使治四方，不计而耦，不约而成，此之谓四面。

司马迁《史记·五帝本纪》中亦云：

---

①转引自叶舒宪：《中国神话哲学》，西安：陕西人民出版社，2005年版，第193页。

②转引自叶舒宪：《中国神话哲学》，西安：陕西人民出版社，2005年版，第195页。

（黄帝）举风后、力牧、常先、大鸿以治民。[①]

意指黄帝派遣四人治理四方。在司马迁《史记》将关于黄帝的话的内容转为历史，黄帝也由“神人”变成“贤人”。如就“四”这个数字看来，“四”不仅被喻为“神秘数字”，叶舒宪先生认为其中更包含许多意涵：

“四”被用于宇宙创始神话，并被用以表达方位。诸如：四域、四方、四联神或四相神、四季、四时期、四元素等等。四成分体现为种种几何体；诸如此类的几何体具有极大的神话诗作功用，诸如：方形、“曼荼罗”、“十”字形。[②]

台湾轩辕教当初在设计教徽时是否有联想至“曼荼罗”等心理意象，笔者不得而知，但其他如四域、四方等空间方位概念，甚至是四面神（人）等神话历史概念，便很明显地符合轩辕教“开拓中华万里川甸”、“万国衣冠冕旒”、“黄帝子孙认祖归宗”等教义精神。另由轩辕教出版的《轩辕黄帝》一书中由诸子各书摘录而成的“黄帝圣训”中，其中有一条是：

四为正，四为奇，余奇为握机。（黄帝兵法握奇经）（见唐太宗与李卫公兵法问答，似诸葛亮之八阵图，余奇为中央，执中以御八方也。）[③]

由此也可见以自身为中心，统治各方的神圣形象。另在《轩辕黄帝》中记有一章，专就轩辕教教义出发，讨论黄帝的道学思想。其引用《道原经》文：

是故上道，高而不可察也，深而不可测也。显明弗能为名，广大弗能为形。独立不偶，万物莫之能令。天地阴阳，

①司马迁：《史记》(一)，台北：金川出版社，1977年版，第6页。
②叶舒宪：《中国神话哲学》，西安：陕西人民出版社，2005年版，第203页。
③王寒生：《轩辕黄帝》，台北：龙华出版社，1980年版，第47页。

四时日月，星辰云气，规行侥重（动），戴根之徒，皆取生。道弗为益多。

其认为道以几乎微小不可见的形态存于宇宙、大自然中，也构筑宇宙与大自然一切事物，构成动物、植物，构成人类。而人类顺适生存于这“道”之中，就像人以吸用空气维生而不自觉，就像鱼游于水中也不自觉。道是十分精微地存在天地宇宙中，万有的一切全是它成的。上道难以察见，也无法测量，它独立不变，不仅生化成人，也生化成神，人与神只是变化之不同而已。道家以“归真返璞”为最高目标，即返于“道”也。既然“道”是创造万物的主宰，那么若能返于道，则我也是宇宙的主宰。在轩辕教中，把这“道”又给予另一个名称：“昊天上帝”。由照片中可知，昊天上帝即“天”，即“道”，是高于轩辕黄帝的存在，呼应前文中神亦由“道”生化成的理论。另《淮南子·览冥训》记：

昔者黄帝治天下，……以治日月之行，律治阴阳之气，节四时之度，正律历之数；别男女，异雌雄，明上下，等贵贱，……于是日月精明，星辰不失其行，风雨时节，五谷登孰。

叶舒宪先生在《中国神话哲学》中也并举了相对应的句子。

太极生阴阳。（《易·系辞传》）
皇帝生阴阳。（《淮南子·说林训》）
两仪生四象。（《易·系辞传》）
黄帝四面。（《太平御览》卷七九引《尸子》）[1]

并归纳如下的三个对应模式：

1→2→4
黄帝→阴阳→四面
太极→两仪→四象[2]

①叶舒宪：《中国神话哲学》，西安：陕西人民出版社，2005年版，第236页。
②叶舒宪：《中国神话哲学》，西安：陕西人民出版社，2005年版，第236页。

●台北关渡黄帝神宫（叶舒宪　摄）

古代的空间秩序方位定位起源于日升日落的现象，即日（光明）夜（黑暗）、阴阳的轮替现象经由日升日落的位置定出东西二方位，之后前后（北南）位置也确定下来，最后则是自己位置的“中央”。[①]相传黄帝当时能治日月之行，律治阴阳之气，节四时之度，又是统治四方的共主。轩辕教的教徽样式正是以上论点相综合的形象，尤其是“太极→两仪→四象”的意象尤为明显。

①叶舒宪：《中国神话哲学》，西安：陕西人民出版社，2005年版，第234—236页。

第三节
轩辕教的思想体系

接下来讨论轩辕教之思想体系。轩辕教以“继承黄帝道统”为宗旨，上宗轩辕黄帝，下合道、墨、儒三家学说。道家学说境界高妙，穷神知化。墨家则一心服务社会，摩顶放踵，利天下而为之。儒家重人本主义，讲究中庸之道，以诚心修身为要，固轩辕教提出“三位一体”，并以《易经·系辞传》作结论：“广大悉备，有天道焉，有地道焉，有人道焉”。又言：

> 天地人原为三个代名词，代表三个不同的境界。但专讲天道，易远离现实，专讲人道，易流于肤浅。今合三家为一体，则是天人合一，体用兼施，泯人我之私见，致大同之盛世。[①]

因重视道德伦理的实行，固轩辕教提出“宗教原为最高生活范畴，道即生活，离开生活，便无真道”[②]的观念。又引《中庸》句云：“道不可须臾离也，可离非道也。”强调宗教落实在生活中，将宗教生活化的观念。轩辕教有十戒、四律、七愿。除了一些基本的社会生活规范，在七愿的内容中便可分看出道、儒、墨三家的特色：

> 一、愿有大人之志（夫大人者，与天地合其德，与日月合其明，与四时合其序，与鬼神合其吉凶）。（道家）
>
> 二、愿有浩然之气。（儒家）
>
> 三、愿有揖让的风范。（儒家）
>
> 四、愿有摩顶放踵的救世精神。（墨家）
>
> 五、愿有先天下忧后天下乐的襟怀。（儒家）
>
> 六、愿有己饥己溺的同情。（儒家）

①王寒生：《轩辕教简介》，台北：龙华出版社，第13页。

②王寒生：《轩辕教简介》，台北：龙华出版社，第13页。

七、愿有穷则独善达则兼善的楷模。（儒家）[1]

可知虽然崇尚道家，但如论落实在生活上的方法规范，仍是以儒家为本，毕竟儒家本讲入世精神（墨家亦然）。但如再细说，则其实以孔子作代表的儒家追求的最高境界乃是“仁”，而非如道家以无为言“道”，这也是儒、道二家出世入世精神不同的主要原因。十戒[2]、四律[3]内容多为生活中的修身准则，七愿内容又以儒家救世入世精神占多数，故落实在生活方面的“道”最终是属于比较形而下而非形而上的。

轩辕教同时提出进修功夫的程序，将之分为人道、地道、天道。“人道”指人本主义，即以人为本位，主以重实践精神的儒家的《大学》、《中庸》为代表，讲慎思、明辨学问以致己博学，以诚意、正心、修身、慎独立本。在言“明明德”、“致良知”时除了定、静、安、虑、得之外，还多加了一“止”的功夫。“止”即“归宗”，归宗即“归道”，有所归，乃能有所止。而此处的归宗除了“归道”外，归于轩辕黄帝此道祖亦是重点。以上为人道，目的在于自我的健全发展。

自我健全发展完成后再讲救世，为社会服务，这即轩辕教中所说的“地道”。主以墨家精神为准则，提出锻炼体魄，坚定意志后兼爱天下、摩顶放踵，为社会牺牲的精神。最后是天道，天道指天人合一。轩辕教认为天道是形而上而不可言的，但若强为之言，则以《黄帝经》、《易经》、《道德经》、《南华经》、《冲虚真经》为代表，但重点在于自我领悟。

轩辕教虽说三家原是一家，只是之后三家分殊。如今轩辕教将三家重新收归为一家，建立完整的思想体系，但如今看来，也算是杂家一派学术。

①王寒生：《轩辕教简介》，台北：龙华出版社，第20页。

②十戒：一、信仰上帝。二、孝敬父母。三、爱你的邻里。四、帮助困苦的人。五、做事公正。六、饶恕他人的过错。七、不说谎。八、不贪财。九、宣扬正道。十、愿世界永久和平。王寒生：《轩辕教简介》，台北：龙华出版社，第16—17页。

③四律：第一律（生活）：不可奸淫。不可偷盗。不可赌博。不可酗酒。不可残暴。不可忌妒。不可奢侈。不可怠惰。第二律（伦常）：父严母慈。子女孝敬。兄友弟恭。夫敬妇顺。朋友诚信。第三律（社会）：革除奢侈、提倡纯朴风俗。主张公道，遇事辨别是非。保护善良、维持人间正义。救济灾难，扶助老弱孤寡。第四律（世界）：人类同源，四海一家。不分种族，互相扶助。根绝侵略，永久和平。泯除私见，世界大同。王寒生：《轩辕教简介》，台北：龙华出版社，第17—19页。

第四节

英雄的造神运动

一、文化英雄——人格黄帝时期

前文提到轩辕教之寺庙多以龙作为装饰，盖长久以来，“龙”形象一直与黄帝、中央王权有着密不可分的关系。本节就图腾信仰来讨论黄帝本质由“人”到“神”的形成过程。

《逸周书·尝麦》：“蚩尤乃逐帝，争于涿鹿之阿，九隅无遗。赤帝大慑，乃说于黄帝，执蚩尤杀之于中冀，以甲兵释怒。”由此条资料，我们可知在古时有不同集团正有彼此争战的行为。若考虑实际时代，大抵距石器时代时间不远，正是文明初发展之际。而所谓的不同集团即为各地不同的部落，由“赤帝大慑，乃说于黄帝”一句看来，甚至还能推测当时已有部落联盟形式的可能。不同的部落各有其专属的图腾，而黄帝在当时则是一个在黄河下游势力特别强大的部落的酋长或领袖。在战胜蚩尤后势力空前壮大，于是成为当时附近部落联盟的共主。而黄帝部落当初的图腾信仰究竟为龙或为熊？最近已有愈来愈多学者与证据都提出熊图腾的观点。但不可否认的是，即使当初略为走偏了些，最后发展成的龙图腾之后几千年即使不断地改朝换代，在中国文化仍留下了无可比拟的文化象征地位。关于龙图腾最普遍的解释为“龙”乃是想象出来的动物，它撷取各个部落图腾物的一部分来合成为“一”，表示着当时各个部落彼此间的联系、融合，最后变成一种中央权力的象征。再之后不仅代表着华夏文化，也代表着“天子”王权的地位。而在民间传说中当黄帝最后要由“人”升天为“神”时同样也是乘驭着龙。在黄帝神宫的门联“鼎湖龙驭超升太昊七重云天”一句中便可知轩辕教对此传说是抱持着肯定的态度。而当黄帝成为部落联盟的共主后，其身份地位提高，影响力也提高，于是有了经历“第一次造神运动”的机缘，成为文化英雄。

以仓颉造字为例，相传仓颉为黄帝史官，其根据六书原理造出中国文字，开启了文明的曙光。但事实上较可靠的说法为当时文字其实已经开始渐渐发展了，而仓颉则进行整理文字的工作。相对于其他文明亦有可能是同样的情形。不管如何，这次的机缘让黄帝成为中国文化的创始者，所谓的“黄帝子孙认祖归宗”，不仅是只有血缘上（想象）的亲属关系，也因其处于文化源头地位的关系而在精神上也产生了一种归属感。我们可以说是文化的归属感。在轩辕教教义中，黄帝对中华文明的贡献还不仅如此，主要内容如下：

（一）设立官制置左右太监暨六相。
（二）画野分州。
（三）仓颉造字。
（四）大挠作甲子。
（五）容成造历。
（六）隶首作数。
（七）伶伦作十二律乐名咸池。
（八）制衣裳作冕旒充纩。

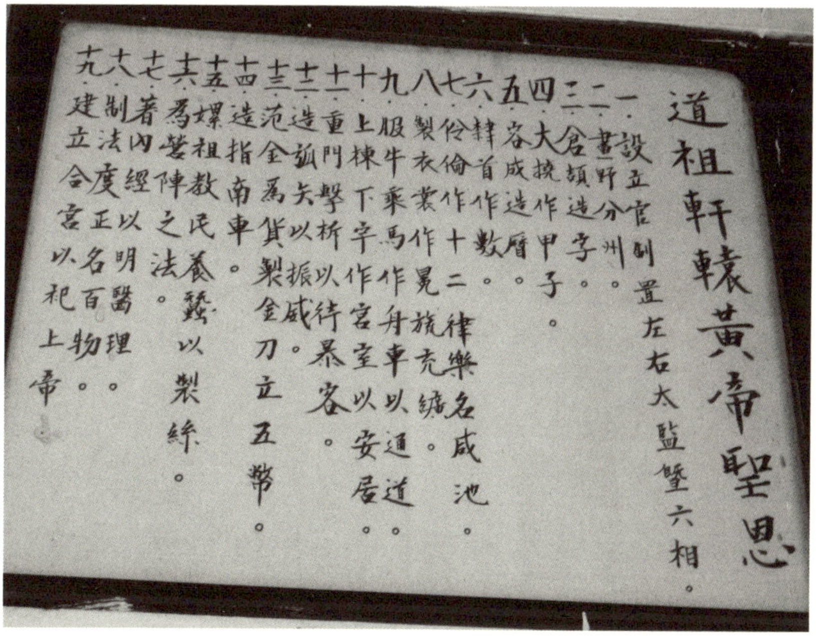

●图17-1

（九）服牛乘马作舟车以信道。
（十）上栋下宇作宫室以安居。
（十一）重门击柝以待暴客。
（十二）造铁矢以振威。
（十三）范金为货制金刀立五币。
（十四）造指南车。
（十五）嫘祖教民养蚕以制丝。
（十六）为营阵之法。
（十七）着内经以明医理。
（十八）制法度正名百物。
（十九）建立合宫以祀上帝。

至此，中华文明已大致有雏形发展，黄帝也奠定其华夏始祖的地位。

二、神话中的黄帝——神格黄帝（第一时期造神运动）

以《山海经》为例，在《山海经》中有很多关于轩辕黄帝的描写，如《海内西经》：

海内昆仑之虚，在西北，帝之下都。昆仑之虚，方八百里，高万仞。上有木禾，长五寻，大五围。面有九井，似玉为槛。面有九门，门有开明兽守之，百神之所在。[①]

又《大荒北经》：

蚩尤作兵伐黄帝，黄帝乃令应龙攻之冀州之野。应龙畜水，蚩尤请风伯雨师，纵大风雨。黄帝乃下天女曰魃，雨止，遂杀蚩尤。魃不得复上，所居不雨。[②]

①袁珂校注：《山海经校注》，台北：里仁书局，2004年版，第294页。
②袁珂校注：《山海经校注》，台北：里仁书局，2004年版，第430页。

这段在描写黄帝与蚩尤争战时的事迹，黄帝不仅可使役有神力的应龙，他自己的女儿魃更有招旱的特殊神力，可见黄帝的神性与地位。一个人的影响力一旦增强，便会经人不断地附加上传说、神异之事，甚至被神化。

三、宗教中的黄帝——神格黄帝（第二时期造神运动）

轩辕教中的轩辕黄帝已非单纯的神话人物，而是拥有另一种性质、宗教性的神明。轩辕教发展时间虽然不长，但也已初具宗教的“整合功能”、“认知功能”与“生存功能”，如今在台湾也有一定的影响力。[①]王寒生所著之《轩辕教简介》中在前言提到：

> 轩辕教是从前期宗教演进出来，而今单独成立的。所以轩辕教上宗黄帝，下贯百家，自成一体系。轩辕教的要旨“继承黄帝道统”，其思想本质“神学哲学科学合而为一”。爱因斯坦云“没有宗教的科学是跛子，没有科学的宗教是瞎子。”轩辕教中有科学精神，为太空时代开辟一新境界，这是可庆幸的。[②]

在宗教性质的教义简介中看到主动提到科学，并将之纳为己宗精神的一部分，这是很罕见的现象，但也由此可以旁证轩辕教乃近代之新兴宗教。它虽具宗教的神秘气质，但也重视道德伦理，视道德伦理为重要依归并求将它们落实在信众的生活中，生活化、世俗化气息浓厚。盖轩辕教不排斥科学的原因与其教义亦吸收精于科学方面表现的墨家精神，与黄帝自己本身就是个“发明家”有所关联。

虽然轩辕教在教义中表达了科学的理性精神，但其实一般宗教一

---

①人类学家史拜（Melford Spiro）认为，宗教的功能主要有三种：“整合的功能”、“认知的功能”和“生存的功能”。一个宗教，如果具有整合（团结）村民、乡亲、族群或社群的功能，（即具有“整合的功能”。如果能提供一套知性的宇宙人生观，作为信徒的生活指南，即具有“认知的功能”。如果能帮助信徒解决婚姻、家庭、事业等个人问题，则具有“生存功能”。（Cf. Melford Spiro, ‘Religion: Problems of Definition and Explanation’, in: Kilborne B.&L.L.Langness, ed., “Culture and Human Nature: Theoretical Papers of Melford Spiro”, Chicago: Univ. of Chicago Press.）以上注释转引自杨惠南，《台湾民间宗教的中国意识》，《台湾文艺》，2000年6月。

②王寒生：《轩辕教简介》，台北：龙华出版社，第1—2页。

些祈求超然力量、特殊感应的仪式仍然同样发达，甚至还自成一特殊风格。除了一般的求签问卜、点录光明灯、元辰灯、安太岁与祈福禳灾的诵经仪式外，轩辕教还独自创设了“八卦九宫灯”、“九宫转轮灯”。九宫转轮灯除了造型特殊外，它还会持续不断地转动，主要用来祈福禳灾。而八卦九宫灯后供奉的三尊神像由图左至图右分别为墨子、老子与孔子，象征着天人合一，总摄各家思想学说精神。

第五节 结 语

神话与其中的人物会经由时间、不同的时代、不同的社会需求做出相对应于人们的改变，虽然某些本质已变，但其仍然可对社会造成持久的影响。以轩辕黄帝为例，因为有着成为文化始祖的机缘，先从人类的身份转化成神话人物，并成为中华文化的精神代表，经过数千年不衰。现今轩辕黄帝在宗教活动异常发达的台湾岛上又改换了另一种面貌，以另一种形式继续影响着人们。黄帝在这里增加了功能神的特性与身份。虽然具有浓厚的中国意识文化寻根意识，但轩辕教的发展对安定台湾的社会人心，提振道德伦理精神亦有一定的贡献。

附录：黄帝神宫庙宇墙上、神龛上装饰与其他

●图17-2

●图17-3

●图17-4

●图17-5

●图17-6

●图17-7

●图17-8

●图17-9　令箭与剑

●图17-10　教徽

●图17-11　“八卦九宫灯”与“九宫转轮灯”

参考书目和延伸阅读

侯俊明：《搜神记》，台北：时报文化出版社，1994年。

侯俊明：《侯俊明的罪与罚：1992—2008六脚侯氏版画创作事件》，台北：田园城市文化事业有限公司，2009年。

侯俊明：《镜之戒：一个艺术家376天的曼陀罗日记》，台北：心灵工坊。

侯俊明：《可以哭泣吗——一个年轻艺术工作者对埋冤之祭的体认》，《雄狮美术》第245期，1991年7月，第153—156页。

杨明锷：《拥抱执着——侯俊明的迷离幻境》，陈淑玲主编：《现代美术》双月刊第115期，台北：台北市立美术馆，2004年8月，第46—55页。

高宣扬：《流行文化社会学》，台北：扬智文化，2002年。

刘纪蕙：《心的变异：现代性的精神形式》，台北：麦田出版，2004年。

唐家路：《民间艺术的文化生态论》，北京：清华大学出版社，2006年。

王幼华：《我有一种高贵的精神病》，台北：华成出版公司，2002年。

[美]金白莉·帕顿等：《巫术的踪影——后现代时期的比较宗教研究》，北京：中国人民大学出版社，2005年。

叶舒宪编选：《神话——原型批评》增订本，西安：陕西师范大学出版社，2011年。

第十八章

神话再造与艺术治疗

台湾神话历史的深厚积淀是怎样在当代图像叙事中得到表现的？其最有代表性的艺术家——六脚侯氏，有着怎样一种个人通神体验之心路历程？如何解读其神话题材画作的符号原型意蕴与当代创意价值？

第一节 引　言

看过侯俊明作品的人，不管是欣赏赞叹或厌恶排斥，应该都会留下深刻印象的。而其人其画所引起的种种争议与讨论，也是画坛少见：从被骂“变态”、“色情狂”到被追着跑的当红画家。画作从乏人问津到炙手可热，甚至飙到千万高价①，可说是艺术界的异数。

侯俊明8岁开始作画，曾专注地投入素描、油画与写生，也曾疯狂地仿效梵高，画出燃烧忧郁的作品，直到猛爆性胃出血住院，出院后又反复发作，导致他无法尽情作画或外出写生。他开始忧虑青春生命将随排泄流失的血块而早逝，因而每天检视生理状况，观察“蹲踞”结果与色泽变化，存亡危机促使他思索身体与意志、原欲的问题，并重新探究创世神话与其他远古神话，如女娲造人补天、盘古开天与夸父追日等，追溯生命缘起及其生殖力、创造力，进而展开种种关于社会、文化现象与自我发展的多面向思考。最后反映在艺术创作上的，是突破绘画的平面框架，跨越传统绘画注重外在形式的限制，结合任何可用素材，或以集体行动装置、展演，或将图像与文字交错并置，呈现一个奇谬的异想世界。

虽然侯俊明不像有些艺术家拥有特殊的身世背景或创作经历，但出生于地名充满歧义、引人异想的小镇——嘉义六脚乡，似乎预示了这位成长于教师家庭、绰号“猴子”的少年，有朝一日将从“循规蹈矩”的创作轨道脱胎换骨，转为张牙舞爪的“变相王子”。1986年起，他以“六脚侯氏”为名发表画作（图18-1②），创作形式繁复，包括行动装置、表演艺术及大型版画；曾获高雄美展油画首奖、台湾美展油画第一名，以及文建会、“国家文艺基金会”的多项奖助。1990年代后，作品

①侯俊明1993年创作的《搜神记》版画，在香港2007年佳士得“亚洲当代艺术”春季拍卖会中拍出港币264万元价格（约新台币1100万元），创台湾当代画家最高纪录。这项殊荣使他一扫过去长久以来的自卑，并从一个“穴居”艺术家变成勇敢走入人群的台湾当代艺术家代表。见林亚伟《跟妖魔鬼怪玩游戏，呈现最赤裸情欲的侯俊明》，《商业周刊》，2007年第1045期。

②本文中所附图画皆自侯俊明网站中复制而得，特此申谢。

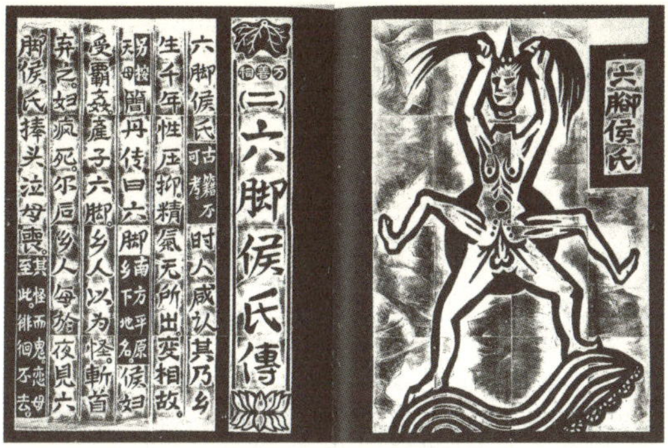

●图18-1 《六脚侯氏》

●图18-2 《搜神记》部分图画

大胆挑战社会禁忌，具仪式性与反叛性，而受到当代艺坛瞩目。1995年以《搜神记》系列版画（图18-2）代表台湾参加威尼斯双年展。

视觉图像文本如同书写，含有思想、情感、语言、行为、文化、象征等多重符码。这些交错并呈的符号系统，使图像的指意活动牵涉甚广。另外，在阅读任何图像时，还需注意符号系统背后隐藏的论述位置与创作者的主体位置。因此，面对图像，除了要注意图像的符号系统之外，也需注意图像所呈现的某种预设的观看框架与观看位置，以及特定的论述位置①。

图18-1《六脚侯氏》是侯俊明《搜神记》版画的第二图，以“六脚”作为身体异化核心，画出身首分离的雌雄同体人，兼有男性性器与女性乳房，而两乳宛如双眼，肚脐张大似口，其四脚接合之处却也是两性交合的下体，具现肉身变形的怪诞谬思。左边文字则述说“六脚侯氏”的两种来历：一说是因千年性压抑精气无所出而衍生变貌；另一说为六脚乡妇侯氏受霸奸而产下六脚之子，乡人以为怪，将之斩首弃尸，侯妇因此发疯而死。这种荒谬化的神怪演绎，使身体与时空之间形成特殊关系和指涉：糅合作者出生地名六脚与古籍《山海经》刑天“以乳为目，以脐为口”故事，展演肉体变相

①刘纪蕙：《心的变异：现代性的精神形式》，台北：麦田出版，2004年版，第64—65页。

图式，反映了内在自我裂变、雌雄不分、似是而非的不确定性，以及他者对其成长地缘的歧义联想。

侯俊明《搜神记》是仿古籍木刻版画方式，用简单线条、黑白反差色块画出18组图文并置的“变相图”：画作左边有拟仿庙宇签诗、为人物立传的大字侯氏书法，传文内容采两种观点并现手法，互相参照，互相比较，形成对话状态，开放观看框架与观看位置。右边是诡诞夸张、猥亵不雅的男女图，迥异传统艺术形制与格式的规范。整体而言，图画与文字各具独立却又不完整的意涵，互相解释，互相补充，时而文字是图画的说明，时而图像是文字的插画，模糊了何者为主何者为辅的界线，并呈现意欲摆脱理性约束的游戏性与自由感。图18-2列举其中的第四、五、七图。

第四图《女娲》右边的影像中，裸体女娲穿着高跟鞋，半蹲立于4人桌上，丰乳挂胸，大腿张开，展露阴部，有供人观赏意味。最异常、突出的是，女首化为男性阳具龟头，朝向左方如蛇一般吐信。左边文字呈现两种叙述观点：一说女娲见世纪末男权当道，乃再出打不平，克恶男；另一说女娲乃现代激进女子，婚姻不美满却叱咤商场，无人能挡，日久成精，首化龟头，如蛇吐信，众人惧怕，然而效法者日多，视为新时代新女性。后说与图画呼应，前说则自成一论，与图画关涉不大，何说为确？由观者各是其所是，观看框架与位置开放，提供观者与作者之间沟通或对话的空间。

第五图《白马郎君》的左边文字转化民间故事，述说白马郎君恣意纵性，导致阳物被惩而兽化为马首。马儿猛烈，不受羁束，骋驰市街，马上郎君反受牵累，不过虽苦却也乐在其中。台北东区白领新贵因工作过劳而阳痿，乃崇祀郎君并伏祷之。右边图像仿佛文字的插画：下体兽化为马首的白马郎君，伫立十字路口，身虽疲累（从马嘴吐舌喘息可见）表情却愉悦。图文互相呼应补充，影射现实人生的性泛滥及阳物崇拜。

第七图《甘霖神君》的图像突出拥有3只阳具的男性性器，身体前一只放电的巨大阳具垂向下方，双手奋力操控如驾驶盘状而暴涨放电的双阳具。左边文字说明甘霖神君以人民福祉为重，看似好神，却以一己之“私”，广施爱心，并挥动无远弗届的巨大“神鞭”，呼风唤雨，泄下“甘霖”福泽苍生，但人民若不知闪避而沾其神液则废。立传文字以大字正文和小字批注参差对照、补充方式，导出恶质伪善的神祇形象，具现作者以阳具作为权力象征的明显意图。

第二节
侯俊明创作的文化元素——从脱衣舞娘到乩童

日据时期，台湾艺术前辈的创作素材，多以现实生活中的所见所闻为主。“国府”时期，艺术则成为政治宣传工具，人物、花鸟、故国山水等传统绘画，因符合政治诉求而当道称尊。至于依据西方艺术流派或形式而创作的，只要内容与当时文艺政策——复兴中华文化、阐扬伦理道德、歌颂真善美等相符者，尚有生存空间；若是反思社会环境、文化氛围或政治情势的作品，轻则被限制展出，重则遭卫道人士群起挞伐，自由创作空间受到压抑。直到1970年代乡土文学论战后，艺术家才渐渐觉醒，重新回归脚下立身的土地，省思乡土文化的价值。上世纪八九十年代，台湾经济起飞，许多随之而生的本土特有社会现象，如槟榔西施、工地秀、牛肉场、脱衣舞娘、电子花车等，提供了丰富的创作养料，成为艺术家笔下表现个人观想的题材。

1984年侯俊明随学校迁居台北外围的芦洲之后，便游走于城乡之间。翌年，几件重大社会事件引发各界关注与讨论，一是阿秋槟榔摊的开幕，带动台湾独特的“槟榔西施”风；二是作家陈映真创办《人间》杂志，反映现实，关怀社会底层大众；三是以铁链拴铐精神病患的收容所“龙发堂”[①]曝光，社会哗然；四是作家龙应台出版《野火集》，针砭时政，刮起一阵“龙卷风”。当时就读大三的侯俊明，在这股社会氛围的影响下，也开始将观察视角转向外在现实环境，于是在校区附近投注大量时间与精力，捕捉城市边缘种种光

① “龙发堂”创办人释开丰和尚1970年收留一名久治未愈的精神病患为徒，以自创民俗疗法照料竟而痊愈。因此名气渐开，闻风而来者如滚雪球般，遂成为精神病患收容所。最初，释开丰以绳子和徒弟相系，透过讲解佛经，稳定患者病情。他称师徒或病患间相系连的绳子为“感情炼”，彼此借以互相扶助；后来因病患激增，“感情炼”变成“铁链”，数百名病患以铁链拴铐，1985年曝光后，引发外界挞伐。资料来源：www.lalulalu.com/thread-610373-1-1.html

怪陆离的文化现象[①]。

艺术源于对外在事物的模仿与反映。当台湾庶民利用“客厅工厂”日以继夜地创造经济奇迹的同时，街头巷尾、荒郊野地却随处可见肆无忌惮地展示赤裸女体的“工地秀”与“牛肉场”，连各种庙会、丧礼及“爱国自强晚会”中，也充斥着各式各样刺激感官的情色表演。如此畸形的社会现象冲击、试炼着血气方刚、精力旺盛的侯俊明，同时这也成为他最便利的取材对象，于是展开系列以原欲为主轴的创作，画出大量反映现实并具反思性的记录性素描，为他日后的毕业制作奠立基础。

艺术，比任何学科更需要人的本能直觉与主观意识的介入。1986年，侯俊明跟随指导教授下乡，走访台湾民间原生文化，采集创作素材，先后参观台南有“阴庙”之称的东狱殿[②]、高雄“龙发堂”，并拜访南投素人雕刻家林渊[③]，甚至远到兰屿游历。法事道场上生死两隔、幽冥灵异的仪式，精神病患收容所里心理失序而被禁锢的生命，乡野素人的直觉创作与生活一体的家居，以及离岛雅美族的异质文化，都共同揭示生命底层接近原始状态的本能、欲望与恐惧。这些神秘而不可思议的生命力，再次撞击着习惯于理性思维、概念辩证而直觉本能早已萎缩的侯俊明。因此，经过这趟丰富的乡野采风之旅的洗礼后，学院派的正规理论观点与民间原生艺术力量之间的对话，已在侯俊明的心中伏下对踮性[④]张力，并开启了他日后被称为“下了地狱”的系列创作[⑤]。

1991年是侯俊明的宗教年。这一年他机动的、不设限的奔走于台湾

---

①1970年代末的芦洲，是台北汇集外县市打工人口的代表地区，台北艺术学院校园旁到处是工地秀、牛肉场与电子花车表演。

②台南市的“东狱殿”，俗称“岳帝庙”，为三级古迹。清康熙十二年三藩举事，郑经计划西征，乃建东岳殿于城隍庙东南，以与三藩分称东、西帝；士民以东岳帝管辖阴司地府诸神鬼，遂奉祀于正殿，另奉祀地藏王及十殿阎罗王于后殿，视为地狱神殿。庙内两旁侍立牛头马面与鬼使神差，气氛阴森为全台寺庙之最。资料来源：travel.kingnet.com.tw/worldandtaiwan/taiwan/twview

③林渊是台湾艺术界的传奇人物。平时以刻石自娱，65岁自农务退休后，正式投入石雕创作，不讲究技巧，没有任何学院理论基础，无师自通，风格质朴纯真，自成体系。1982年展出作品，震惊艺坛，也引发人们研究其创作历程与作品的兴趣，而有埔里“牛耳艺术公园”及“林渊美术馆”的成立。资料来源：members.at.infoseek.co.jp/.../scenic/midtw/neweraartpk.htm

④卡西勒认为：在一切人类的活动中，有一个“根本的对踮性”原理，即一种存在于稳定和进化之间的紧张，一种存在于导向固定和稳定的倾向，和另一种颠覆这种固着架构的倾向之间的紧张；一个寻求保守故旧的形式，而另一个则努力寻求创造新的形式。在传统和革新、重制和创造的力量之间，存在着一种无休止的奋斗，这种二元走向在文化生活的一切领域中存在，所不同的是不同时代、不同社会中这两个对立因素的比例。见卡西勒（E.Cassirer）著：《论人》，刘述先译，台北：文星书店，1959年版，第256页。

⑤指《工地秀》、《大肠经》以降到《侯府喜事》的系列作品。见侯俊明：《可以哭泣吗——一个年轻艺术工作者对埋冤之祭的体认》，《雄狮美术》，1991年第245期，第153—156页。

乡野各处，广泛接触民间各种庆典祭仪（包含原住民祭典），以期全面认识所有民俗宗教活动及其文化意涵，并试图从广大而质朴的乡野里，直接感受活力充盛的生猛“欲望”与温厚“人情”，之后再选择特定地点、人物、事件，进行长期而深入的观察，希望从中获得更丰富的创作元素。

台湾常民文化繁复多元，三月疯妈祖，四月迎王爷，七月普渡放水灯，善男信女南奔北走跟进香、参庙会，到处赶场吃拜拜。侯俊明从中领略到常民文化的“家常性”、“普遍性”与“非常性”。特别是那种走到哪儿吃到哪儿、住到哪儿（通常是庙宇或民家）的开放性田野工作，对他个人性情的改变与开展更具意义。此外，侯俊明因受到剧场界朋友的启发，而对阵头文化如车鼓、宋江、八家将、官将首、乩童等较为关注，尤其是乩童。各式迎神赛会活动中，远道而来锣鼓喧天、鞭炮烟硝震耳刺鼻的进香队伍里，许多手执各式奇门兵器的乩童，夹杂在男女信众之间，踩着夸张而机械化的步伐，为了驱魔辟邪庇佑村民，为了向神明表达无比虔敬，而展演操刀割舌、铜针穿颊的恐怖美学，令人不敢卒看。或许有人会质疑起乩过程充斥拼阵炫秀的刻意操作，但敏感的侯俊明却认为起乩中乖张狂烈的自残举措，正是受到生命底蕴一股澎湃难以自抑的“表现冲动”的拨弄与驱使[①]，而选择“异常为”[②]方式来疏通体内贲张失衡的血脉，以期活得畅快自在。

生猛炽烈的阵头文化，充分展现台湾岛民在长期拓垦中沉淀下来的身体美学与本土特性。侯俊明生于斯长于斯，耳濡目染常民文化，再加上自己的贴近观察和参与，自然受到影响，并认为这些内蕴巨大能量的台湾“生命/生死礼俗”与“傩文化”，尤其是“仪式性”行为、音乐与器物（包含乩童、道士、信众所衍生的各种事物与讯息），与他在绘画、装置和表演艺术中所要传达的关于生命的仪式与意义契合。于是，这些意蕴丰厚的文化元素不断牵引着侯俊明，启迪他的创作，并促使他尝试建构具有主体性格与文化特点的台湾艺术美学。

①侯俊明：《可以哭泣吗——一个年轻艺术工作者对埋冤之祭的体认》，《雄狮美术》1991年第245期，第153—156页。

②刘纪蕙：《孤儿、女神、负面书写》，台北：立绪文化出版社，2000年版，第190页。

第三节
刑天系列创作三变

1987年，是台湾政治、社会的解严年，也是侯俊明创作生涯中首次受挫之年。侯俊明虽然个性忧郁，但在道德上百无禁忌，创作时也不理会文化制约，认为艺术创作就是要“最真实的呈现”，因此在艺术学院验收学生数年培育成果的决战场——毕业制作展中，侯俊明先推出一年多来用心观察现实的结果——一个名为《工地秀》的装置艺术（图18-3），让那些在各种婚丧喜庆悲欢场合中大胆裸裎的女体，以及挑逗感官、无奇不有的“性事”具体呈现。同时，为了要传神生动地再现这些特殊的社会样貌，他摒弃过去讲究的视觉性、绘画性美感经验的营造，而力求图像如利刃般单纯直接，呈现人性底层那股原欲冲动、那个灰色却敏感的地带[①]。

上世纪八九十年代台湾一波波文化新浪潮，不断冲撞传统道德的高墙，墙内的卫道人士不遗余力地捍卫既有体制规范。此时，侯俊明在保守的校园展出描绘赤裸情色的社会写实作品，自然引发强烈争议与抵拒，并被讥斥为“性幻想狂”、“色情狂”，最后被隔离在礼堂的地下室。接着毕业作《大肠经》，则是在佛经《九天玄女救世真经》上创作（图18-4）：将原本白纸黑字的经书涂上或紫或橙的底色，并删去大半

●图18-3　《工地秀》

①侯俊明：《侯氏刑天》，收于氏著《搜神记》，台北：时报文化出版社，1994年版，第190—193页。

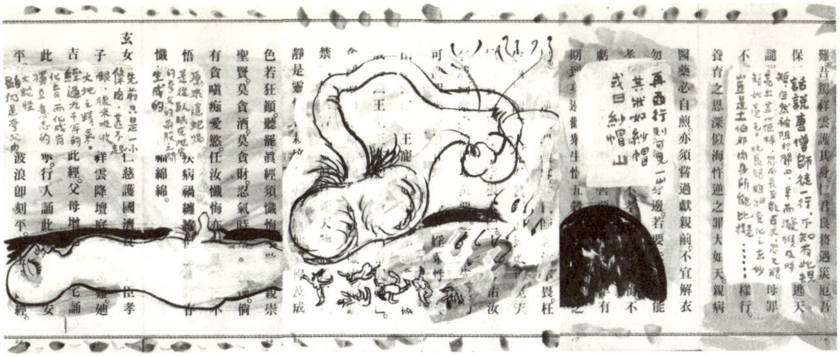

●图18-4　《大肠经》部分画面

经文，换上他以红笔改写的糅合夸父追日神话与《西游记》故事，内容以影射男女性事为主。于是，孙悟空手中长短粗细变化玄妙的金箍棒与出没草莽、会喷出千万只小精灵的巨大灵蛇，都成为男性性器的象征，而浓密草莽则隐喻女性阴户，再配合情节需要，画上局部放大的性器或赤裸女体。这种做法在当时简直就是离经叛道、亵渎宗教典律的行径，因而被老师逐出展览会场，只好独自在校区旁的防空洞拉线接电展出。这出乎意外的结果，对以榜首考进艺术学院美术系第一届、自恋自负又神经质的侯俊明造成极大打击，并在其意识上留下难以磨灭的印迹，而对他日后的创作发展起到决定性的作用。

一、个人处境与心理投射的侯氏刑天

毕业入伍后，旧伤未愈的侯俊明再遭逢相恋多年的女友分手的打击。两年规律单调的军旅生活，并没有让侯俊明心理沉淀走出痛苦深渊，反而更脆弱与偏执，自尊受创感被扩张到极致，因而长期处于不满与悔恨的情境中。于是，艺术创作成为他纾解负面情绪的有效寄托，而两次的创伤经验，也转化为日后重建自我、重拾尊严的创作能量，成为他发展“刑天”意象的源头。此外，他也把对学院传统美学理论与意识形态的省思、批判植入作品中，并将个人遭遇与社会集体困境进行模拟，而引领观者进入他强力控诉、大胆破坏、自溺自救的艺术天地。

侯俊明除了以艺术创作作为自我宣泄的出口外，也试图借由阅读各类图书来获得逆转生命低谷的契机。初读《山海经》的刑天故事："刑天与帝争神，帝断其首，葬之常羊之山。刑天乃以乳为目，以脐为口，操干戚以舞"[①]，侯俊明就被神话中超乎寻常的异化形象与抗争精神所震撼：一个被砍了头的人，为了抗争到底，不惜异化自己，纵使身首分离，依旧无畏无惧，以乳为目睥睨一切，以脐为口发出怒吼，执干戚奋战，顽强不屈，宛如死不瞑目的人，充塞着无法弥补的强大憾恨与不可动摇的执著意念和复仇力量[②]。于是"刑天"的变异模式与战斗不懈精神，如醍醐灌顶，指引他解决人生窘境的方向。从此，侯俊明每逢生命不顺遂、精神紧绷心理失调时，"刑天"那断首残身凌厉直前、生死以之的英雄形象，便如不散阴魂，不断显灵，并凝塑为日后系列创作的原型。

从文化生态角度看，文学、艺术的功能之一在于维系作为语言符号动物的人类的精神生存与健康[③]。侯俊明的所有创作，可以说都是在解决他个人生命中的问题或难题。侯俊明透过阅读进入各种神话世界后，原本想象力匮乏的问题得到弥补，使他更加天马行空地幻想。于

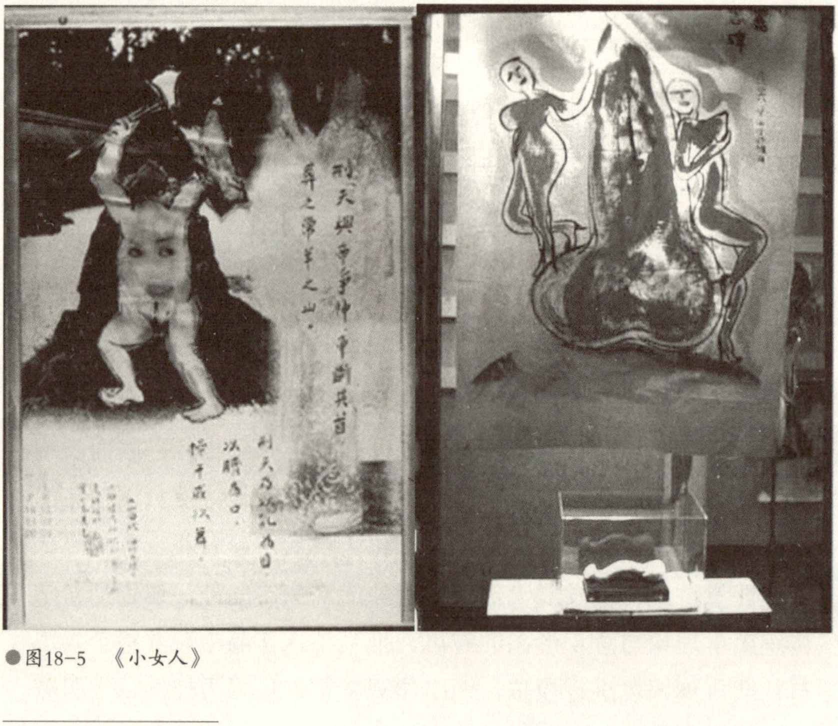

●图18-5　《小女人》

①袁珂校注：《山海经校注》，台北：里仁书局，1981年版，第214页。

②侯俊明：《侯氏刑天》，收于氏著《搜神记》，台北：时报文化出版社，1994年版，第190—193页。

③叶舒宪：《文学治疗的原理与实践》，收于氏著《原型与跨文化阐释》，广州：暨南大学出版社，2003年版，第63页。

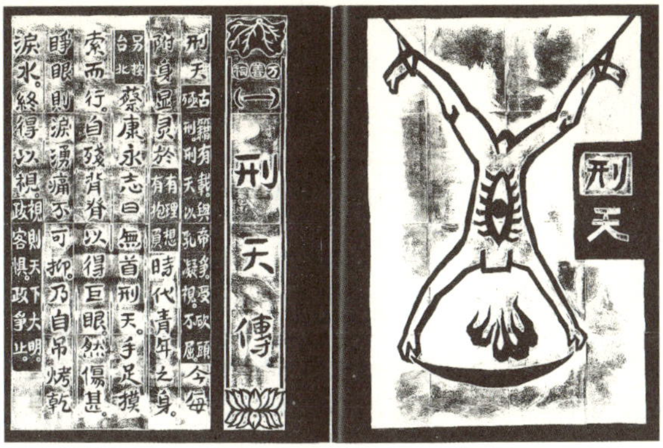

●图18-6 《刑天》

是在“刑天”故事的启发下，侯俊明首先表现出来的，是将个人服役期间被强制性隔绝人际而导致极度缺乏安全感的状态，化为以炭笔书写的密码似的文字/图像创作，以及拟恋物癖的私密空间纪念物装置《小女人》（图18-5）。枯燥封闭的军队生活，使他不断胡思乱想，并与自我对话，终而挖掘出自己内心的“小女人”[①]，从此“小女人”形影不离地伴随着他，陪他度过黯淡的岁月，因此，他试图透过空间装置表现曾经和“小女人”生活过的痕迹。图18-5的左幅图画复合个人经历与“刑天”神话，简单而质朴地诠释断首刑天“以乳为目，以脐为口，操干戚以舞”的意涵。

毕业展被师长逐出艺术殿堂之外的侯俊明，自觉就像遭贬黜流放的罪人，失去正常的视、听、言说权利与渠道，但内心却积压强烈不甘，无从排解。一读及刑天故事，便如遇知音般地觉得那是个人处境的写照，而深深契合、惺惺相惜，于是，断首“刑天”与“六脚侯氏”结合，成为侯俊明自我崇化与图腾化的艺术创作符码（图18-6）。

《刑天》是《搜神记》的第一图。右边画中的断首刑天，以绳系缚双脚，身体向下倒吊垂挂，双手张开拿持锅子，用以盛接来自身体中央睁开的巨大独眼所流下的泪水。左边文字宛如图像的补充说明一般，叙述刑天显灵附身于今世有理想有抱负的时代青年身上，由于断首，只得以手足摸索而行，但为能正常观视，乃自残背脊而得巨眼，却因受创极大，一睁眼则泪涌而痛不可抑，遂自我倒吊持锅以烤干泪水，终而能视，具现其个人遭遇与心理状态，并模拟于刑天，以现代刑天自况。

① “小女人”即“安尼玛”（anima），是男性心灵中的阴性成分，歌德称之为“永恒的女性”。

二、隐喻社会政治的再变刑天

侯俊明退伍返乡后，虽身处边缘，也深知个人无法自外于社群、政治及其操作，便开始积极参与社会活动，寻求外在支持与资源。1990年他与艺术界友人共组“台湾档案室”，象征挥别过去狂放无忌的学生时代，以及情感受挫但想象力如涌泉的服役阶段，而将过去内省式的探索观想，转为对外在政治环境与现实现象的反思，并扣合当时炽烈展开的学运、社运，于是再度复合“刑天”意象与个人体验，将之投射于对传统体制的抗争上，而创造出新的艺术形式。在美术联展里，侯俊明融合个人风格鲜明的民间信仰美学元素与批判思维，装置了《伟人馆》与《刑天》作品（图18-7）：将印满大小不等的政党党徽的布帘扎成双十模样，张挂于入口；展场最里边，是断首刑天站立在下有熊熊火光的锅子边缘上，再配上不搭调的背景音乐“恭喜发财”，借以调侃政治威权与歌舞升平背后的俗不可耐，而其中的“刑天”装置，则由个人心理投射的侯氏刑天转为隐喻时代社会、揭示政治本质的符号。①

●图18-7 《伟人馆》、《刑天》

台湾解严后，“二二八事件”的调查叙述与真相还原，成为台湾史解禁的一个象征。侯俊明在1992年“台大二二八社区意识周”里和社团结合，推出《刑天再变》作品（图18-8），以符号化/工具化的“刑天”，代表所有在时代转折剧变中消失踪迹的生灵，并将历史悲剧事件转化为仪式性展演，逼使我们面对所否认或逃避的真实。

三、象征人间悲剧怨魂的抽象刑天

1992年侯俊明以“鹰架”结构代表抽象化了的“刑天”，而搭起

①侯俊明：《侯氏刑天》，收于氏著：《搜神记》，第190—193页。

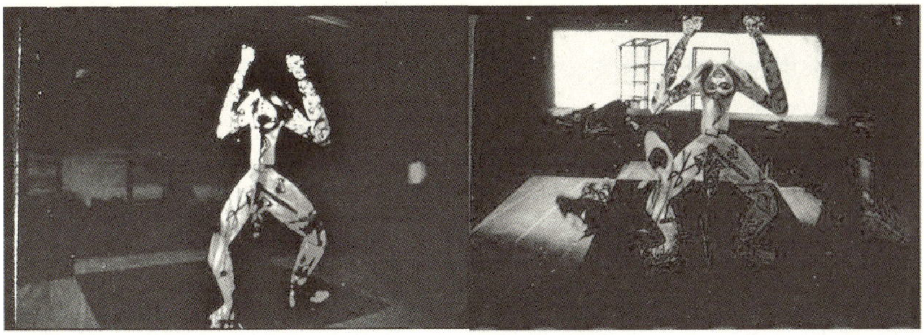

●图18-8　《刑天再变》

●图18-9　《怨魂》

一系列的行动装置艺术，借以象征一切孤苦无依、漂流四方的“怨魂”，并进行仪式性的“安魂超度”。他认为这些“怨魂”生既非其所愿，死亦非其能阻，因而积聚了阴郁难散的强大怨气，令人不安又不敢忽视。同时，他也有感于“怨魂”或“厉鬼”都是志有未酬、事有未竟却枉死的人所化，类同于个人的创伤症候，因而特别寄予同情。于是在《刑天再变》展后一个月，将拆卸下来的材料重新改造，搭建《怨魂》艺术装置（图18-9）：以反复的鹰架结构、反复捆扎的黑布团，以及上下四方包裹的血红布幔，再结合反复持续的动作，构成一个孤绝封闭的死亡场域，人行走其间，毫无出路。整个装置以红色布幔（非传统一贯的白色）营造死亡氛围，代表往生者血气尚未消逝却意识清楚、死不瞑目的“怨魂”，并凸显生死关头的巨大张力与拉锯。

原本具有鲜明运动性格与政治意涵的“刑天”，此时转化为侯俊明用来追悼年轻早逝的大姐，以及健康幼儿园火烧车惨剧中枉死的20余条无辜生命的象征。[①]后来，他又配合民间中元普度节庆，分别

①台北健康幼儿园于1992年5月中举行校外教学活动，当日近中午时分，一辆承载50余名师生的游览车，因电源变压器老旧，导致电线走火燃烧爆炸；安全门因年久失修而无法开启逃生，灭火器又逾期3年不能灭火。虽经路人报警抢救，但游览车几近全毁，终造成奋力抢救的老师林靖娟、家长及学生共23人罹难。资料来源：维基百科zh.wikipedia.org/wiki/

在台北美术馆个展《婴灵》及忠孝桥、中兴桥交界的堤岸高地展出《水婴》，借由集体行动的方式，把鹰架巨构装神弄鬼的仪式活动带到最高潮，并试图以之担任阴阳两界对话的媒介，而使俗文化中血肉结合的信念，透过民俗信仰活动的参与，重新弥合现代身体与原欲的断裂①。至此，“刑天”意象再度被转化为侯俊明悲怜许多或因人为堕胎、或因其他种种因素死于腹中而来不及出世的胚胎的象征，并暗责现代人轻蔑生命的滥情与无情。之后，他又和舞蹈界、小剧场的朋友合作，试图借由“他者”——表演者与事件——的介入装置艺术，一再延异“刑天”意象。

●中台禅寺神话内景（叶舒宪　摄）

①林裕祥：《超渡怨魂——侯俊明个展》，《雄狮美术》，1992年253期，第42—43页。

第四节
现代造神运动的侯氏《搜神记》

台湾庙宇中，常见民间传统工艺师将各种神话的训诫教条，以彩绘、浮雕或花灯装置等具象的表现方式，运用在庙宇的装饰壁画上、各式祭坛上的布幔图绘或民俗节庆的花灯展示活动等场合，以鲜艳色彩、逼真造型、生动情节赤裸裸甚至血淋淋地铺陈惩奸罚恶的信仰逻辑、宗教意识。尤其是那些活动花灯的展演，不但身形比例、人物造型、服饰搭配都栩栩如生，展演空间的灯光气氛、背景音乐，更是让参观者有身临其境之感，而收潜移默化、导正风俗之效。

艺术家接触了这些民间艺术之后，其敏锐纤细的心灵，必受到极大的震撼与启发，而将平日积累的诸多压抑与不平，透过人物、故事模拟以获得抒发。或是以旁观角度，利用学院美学手法，重新演绎这些教条规训，展现个人创作思维与意识，并赋予传统崭新的视觉效果。

侯俊明经过上述种种演绎与变衍转化刑天意象的系列创作历程，已积累相当充裕的艺术资源，而饱满圆熟的强烈创作欲望也催促他再接再厉，进一步扩展刑天概念，并拟仿古代干宝《搜神记》结构，而进行现代万善祠《搜神记》创作。

万善祠，民间称为“大众庙”，是阴间好兄弟（流民）的收容所，专收非常态死亡如客死或横死异乡、水流尸或集体死亡的无主孤魂野鬼。在台湾赌迷疯狂签赌“大家乐”期间，这类偏处荒烟蔓草中、平时人迹罕至的阴庙，竟深受赌迷青睐。于是，凡能预测“明牌”而且灵验的，多香火鼎盛、风光一时，甚至创造周边商机。若是不灵验而使赌迷祈愿落空“揁龟”的，则因已无利用价值而被遗弃，甚至遭人捣毁而面目全非。[1]重视现实环境与文化现象之间的关联的侯俊明，面对这些反映现代拜金社会、人人无所不用其极于汲汲营营的荒谬现象，自然产生高度兴趣与关注，并转化为创作的素材。

晋代干宝《搜神记》搜罗许多神祇、灵异人物变化的传说，其中最吸引侯俊明注意的，是那些被引为社会道德训诫或预示时局征兆之用的故事。他认为古人以素朴的因果论来弘扬劝世意涵、发挥警世功能，令人颇觉可笑，但却又荒谬得有劲道。此外，侯俊明也注意到古《搜神记》还记载不少被迫害者，其心愿无法达成，就以变貌形式出现并如愿以偿。他认为这些都与自己过去创作“刑天”系列作品及变相图录的精神不谋而合，于是再参考清末重刊明刻本《绘图三教源流搜神大全》的图文对照模式，以大尺寸木刻版画创作现代《搜神记》（图18-10），借以呼应并延异古《搜神记》。[2]

当代流行文化的所有产品几乎都与身体、性有关，性与身体不但成为流行文化的主要内容和表达形式，也成为流行文化永无止境地引诱社会大众进行消费的最大动力。于是，流行文化成了性与身体的消费文化。[3]侯俊明《搜神记》从民间宗教撷取创作养分，并糅合台湾本土庙宇文化元素，以“性”和“身体”为母题，一气呵成18则“侯氏变相图”系列形式，展现磅礴气势及其旺盛的企图心和创作欲，是充分体现侯氏情欲观的典型代表。

他把古老的民间宗教神话故事转化成“侯氏神话”，以“惊世”、“警世”、“讽世”和“劝世”之姿，推举出当代各类瘟神，借由“宏伟炫目”图像与“立传作赞”文字并置的形式，让向来隐蔽辱藏的诸多

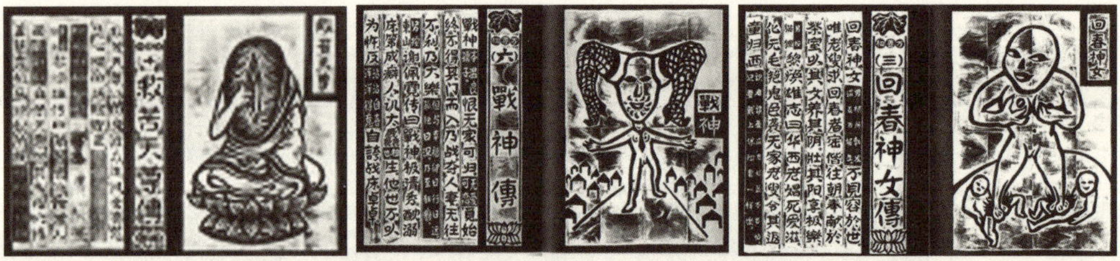

●图18-10　《搜神记》部分图画

①有关台湾赌迷流行签赌“大家乐”期间，引发的种种被视为“非理性的”宗教活动，可参见人类学家胡台丽《神、鬼与赌徒——“大家乐”赌戏反映之民俗信仰》，收于氏著《燃烧忧郁》，台北：张老师出版社，1993年初版四刷，第125—178页。

②侯俊明：《侯氏刑天》，收于氏著《搜神记》，台北：时报文化出版社，1994年版，第190—193页。

③高宣扬：《流行文化社会学》，台北：扬智文化，2002年版，第360—361页。

本命元神，重新映入人心耳目，以作为末世俗众的救赎与鉴照。[①]而他所画的“诸神”又宛如“侯氏”的18个分身以及18种形象各异的意志和欲望图式，借以揭示人类蠢蠢欲动、难以熄灭的原始欲力，并呈现自然本能与社会、文化、传统、道德等方面的冲突和对立。

侯氏《搜神记》借题“万善祠”，但所搜罗的不是神祇灵异物类，而是利用谐拟古《搜神记》，进行“台北搜神”记，以建构一个现代的、都会的搜神经典，并透过这个经典去盖一座“庙”，收容各种无主孤魂、失势弃神，将之予以神圣化的供奉膜拜或嘲谑戏弄。[②]于是，“回春神女”、“女娲”、“战神”、“甘霖神君”、“救苦天尊”（莲花座上以女阴为首的佛陀）、“采阴真人”等种种畸形变态的边缘人一一登场。而其特意夸张的男女性器图式和模棱两可的侯氏话语，除引诱观众与读者进入他细密布设的是非暧昧陷阱，而引发种种淫声秽语，以彻底颠毁古典训示的庄重肃穆，[③]也凸显了语言讯息传达过程中似是而非的悖论性（paradox）。此外，他也感同身受地认为：做人痛苦，如果能让自己变成禽兽，或许就能幸运地免除做人的痛苦，而如果做魔鬼蛇神，或许就能完成更多事功，活得更惬意适志，因此他利用荒谬的叙事与各种奇异、疯狂、丑怪的造型，突显社会边缘人与现实扞格不合的窘迫，使其无奈与无助在矛盾中彰显出来。

①石瑞仁：《一场瘟疫，一场宿命》，收于侯俊明《搜神记》，台北：时报文化出版社，1994年版，第170页。

②侯俊明：《侯氏刑天》，收于氏著《搜神记》，台北：时报文化出版社，1994年版，第190—193页。

③陆蓉之：《侯俊明神话——从欲望之乘，到图码解读》，收于侯俊明《搜神记》，台北：时报文化出版社，1994年版，第184页。

第五节

结　　语

外在禁忌越多，往往导致相反结果，因为它不断刺激主体试图冲破禁锢、以身试法的内在欲求。侯俊明自承他的叛逆是被逼出来的，一个从小喜欢阅读《论语》、《孟子》的“乖乖牌”，先是面临病痛带来的生死危机，继而毕业创作两度受挫，后又遭女友离弃，种种打击使他心理失衡，愤世嫉俗，自我疏离，遂借艺术创作自救，以疗伤止痛。于是一改过去“循规蹈矩”的风格，而以特立独行、惊世骇俗的方式，不断冲撞体制界线、挑战学院正统、破坏理论规范，宛如起乩少年般癫狂，尽兴控诉、发泄委屈社会边缘的恨怒与焦虑，纵使头破血流也在所不惜。并用极度痛苦扭曲的样貌，溯返个人数次遇挫现场，试图重建疮痍的模糊血肉。同时，他也透过大量阅读图书，来调整心绪、扭转低潮，并与文化界朋友频繁互动合作，希望借创作中自我、他者交错并置的多元角色扮演与对话，来激发个人想象力，丰富自我原本严肃、规律、单调的生命内涵。

社会和文化的发展都在人的身上留下不可磨灭的烙印，而文化的各种形态及其发展程度，也都与身体的社会命运和社会遭遇息息相关，可以说人的身体的历史就是人类社会和文化的历史。换言之，人的身体因遭受了社会和文化各个发展阶段的摧残与折磨，而成为各种事件的记录表，同时也成为自我进行拆解与再结构的场域。所以，侯俊明对社会性、宗教性、政治性题材的观察和参与，进而作为创作触媒并引以为源头活水的同时，也成为个体生命发展历程中自疗、自救的重要手段：透过积极频繁地与“人”接触交流，进而与他者共享生命中某些细密隐微的悸动，并大量引进其他异质的力量，以将自己从封闭的个人创作中拉拔出来，而避免长期陷溺于阴郁幽暗的偏执情境。①

①侯俊明：《可以哭泣吗——一个年轻艺术工作者对埋冤之祭的体认》，《雄狮美术》，1991年第245期，第153—156页。

侯俊明以自剖方式作画，将个人问题与社会真实事件糅杂在一起，使作品既是内在自我意识的投射，又像是时代社会的缩影，或像是为某个受压抑的弱势团体代言发声，或似具体地反映个人与时代自我陷溺、情绪失控的窘境。他在1997年接受杨蕙如的访问时说道：

> （除了）反映个人内在，有时候我会借由社会事件去转换内心的场景，直接揭露私密会导致二度伤害。所以当有人批评我的作品太直接时，我却认为它们很复杂，因为转折很多。①

一切人类社会和文化都是从人的身体出发的，而资本主义社会更是充斥着各种“性”论述的消费社会，身体被纳入到物质符号系列中。于是身体成为符号系列中最具潜力的资本和崇拜物，同时也成为当代消费社会的重要符号，和市场拟像生产与再生产的最廉价商品。②侯俊明的作品，从最初释放自我与社会集体原欲的性题材作品《工地秀》、《大肠经》到控诉、破坏传统禁制体系与种种压抑的《刑天》系列和新《搜神记》，除大量运用神话与常民文化元素外，都以赤裸的身体图式和突出的男女性器官作为主要符码。并不断变衍性与身体符码，除借以宣泄个人的心理情绪，映像他对现实环境的反应观想外，也蕴含了“中心”与“边缘”之间永无止境的抗争性隐喻，同时又似乎讽喻着这是一个何等失调、失控与失序的“抓狂”时代。此外，他每次的创作展演，除了含有一种异质/异化空间与超现实重复交叠的后现代意蕴外，还隐然记录了台湾历经政治戒/解严、社会脱序激变中的种种文化现象。③

回归艺术创作的本质，侯俊明借用现成的文化元素或形象，加以有机的整合或“解构”，重新安排叙事指涉，传达个人理念。因此，艺术家的生活观、人生观、文化观等的表达成了突出的特征，

①杨明锷：《拥抱执着——侯俊明的迷离幻境》，收于陈淑玲主编：《现代美术》双月刊，台北：台北市立美术馆，2004年115期，第46—55页。

②高宣扬：《流行文化社会学》，台北：扬智文化，2002年版，第485—486页。

③林裕祥：《侯俊明“新搜神记”图版中身体政治语意》，收于侯俊明《搜神记》，台北：时报文化出版社，1994年版，第178页。

而这种传达或讽刺、或批判、或调侃、或棒喝，不一而足，无形中也成了时代文化生态的见证者。候氏的绘画历程完成了一场社会性的新神话再造，同时也在实践着一场个人性的艺术治疗。

●排湾族的百步蛇图腾陶壶

参考书目和延伸阅读

钱穆：《黄帝》，北京：三联书店，2004年。

叶舒宪：《中国神话哲学》，北京：中国社会科学出版社，1992年。

叶舒宪：《熊图腾——中华祖先神话探源》，上海：上海文艺出版总社，2007年。

王寒生：《轩辕黄帝》，台北：龙华出版社，1980年。

杨惠南：《台湾民间宗教的中国意识》，《台湾文艺》，2000年。

王寒生：《轩辕教简介》，台北：龙华出版社，1980年。

钟宗宪：《炎帝神农信仰》，北京：学苑出版社，1994年。

游盈隆：《政党形象、意识型态与台湾选举变迁》（*Party Image, Ideology, and Secular Realignment in Taiwan*），台北："中研院"《民族学研究所集刊》第78期，1994年秋季号。

黄陵县文化馆编：《轩辕黄帝传说故事》，陕西黄陵县，1984年。

沈松侨：《我以我血荐轩辕——黄帝神话与晚清的国族建构》，《台湾社会研究季刊》第二十八期，1997年12月，第1-78页。

第十九章

祖灵遇上基督——原住民文化与基督教的涵化

基督教如何伴随着西方殖民者而空降到台湾岛上？基督教传教活动对台湾原住民的本土信仰产生了怎样的冲击和影响？原住民在接受基督教的过程中又给西方的信仰和实践带来了哪些改变和转化因素？

第一节
引　言

台湾原住民的传统信仰和祭典仪式，展现原住民族群文化的特殊性，也形成台湾多元文化之中重要的一环，其中包含了丰富多元的祭典仪式、历史绵长的祖灵崇拜、敬奉山海诸神的泛灵信仰、神秘的巫术活动……然而时至今日，当代原住民的信仰体系已与传统信仰大相径庭，当代台湾原住民的宗教信仰相当特殊的现象即是大量的信奉广义基督宗教（含基督教与天主教），其中以基督教/新教为最多（占38.29%）、其次是天主教（26.12%）、道教（10.63%）、佛教（8.9%）、其他（4.68%），无宗教信仰者占11.38%。[①]换言之，大约有六成以上的原住民是广义的基督徒，显示基督教与其他宗教相比，对原住民有相当的影响力。

原住民信仰的变迁代表的是一种人类文化的集体迁移，其现象与原因的探讨具有研究的意义。细究人类的宗教信仰，不难发现宗教是一种“观念”，并从“观念”具体化与文化视野叠合于“人的意识”发展。“这种自然宗教普遍产生于一切原而为礼制、献祭、禁忌、规范，或物质实体化的造像、偶像、圣像、寺庙、修道院。换言之，宗教是一种人类的意识形态、一种文化现象、一种社会生活、一种历史进程，宗教始民族之中……因此我们可以把宗教的历史看作是人类文化发展的历史，人类意识发展的历史，宗教史也是文化史。”[②]一种文化的诞生或消亡总是有其合理性与必然性，宗教作为一种文化现象，它的产生与消亡都将是历史的议题。原住民战后集体改宗的现象若由“宗教人类学”的进路切入，深究其源，应可窥知异文化在交融过程中，相互影响、彼此改造的现象。在“全球化”与“在地化”的两端之中，如何寻找到一个平

①“行政院”原住民委员会：《1998台湾原住民生活状况调查报告》，台北：“行政院”原住民委员会，1998年版，第105页。

②马德邻、吾淳、汪晓鲁：《宗教，一种文化现象》，上海：上海人民出版社，1987版，第18页。

衡点，或许原住民改宗的过程与方式能够提出一种解答。从这个角度看来，宗教就不是一种迷信、非理性的行为。相反的，宗教正是一切人文精神的汇聚。人类学家透过比较宗教学的研究，可以了解文化是如何有力地塑造一个民族的信仰，以及一个民族如何成为其文化整体的一部分，反过来影响文化的其他层面。宗教不只是人类文明的核心，也是历史发展的产物。由此观点重新检视台湾原住民的宗教信仰，应能超越一般对“原始信仰”中图腾、巫术、仪式、禁忌等记录与田野调查，直探其信仰的文化底蕴。

原住民与基督教的交会应可上溯至明代，传教士进入台湾传教。基督教最早传入中国应自明末天启四年（1624）荷兰新教在台湾传播开始，而旋即在1662年荷兰殖民主义在台统治失败时，宣告了基督教在华传教的第一历史时期的终结，其时间极为短暂，但记下基督教在台传教史的第一页。在其后的200年时间里，台湾的基督教已基本绝迹。直到清末鸦片战争后英国和加拿大长老会传教士秉持在条约中所签署的通商口岸传教的权力，以“手术刀”，劈开了基督教在台湾传播的新纪元。直至1895年台湾被割让给日本，日据时期，日本人严格禁止向山地传教，台湾的基督教徒在日人统治下，举步维艰地生存了50年。在战后回归之际，1945—1968年之间始发生原住民部落集体改宗现象，其改宗的大量与迅速，甚至成就了台湾传教史上的奇迹。①以天主教为例，由1949年信徒13000人到1968年的305793人，短短20年间信仰人数倍增30倍。②再以布农族望乡部落为例，1947年首位外来牧师开始传道，1957年，新建木造礼拜堂，此时，“几乎全部落已经受洗”。③有关基督宗教对原住民文化的影响，议者评价不一，有人认为不够尊重原住民文化的保存，也有人对其抱持肯定态度，认为教会“舒缓台湾原住民生活与心灵的双重压力。④但笔者则更想探讨原住民信仰变迁之中，族群集体的内在价值观变迁，并厘清在二者歧异的宇宙观支配下所产生的不同文化编码逻辑，是以何种形态相互交流、如何媒合化成为当代的新思维。

①林金水：《台湾基督教史述论》，《福建师范大学学报》，2003年第9期，第7—14页。

②简鸿模：《祖灵与天主——眉溪天主堂传教史初探》，台北：辅仁大学出版社，2003年版，第39页。

③洪膺诠：《从天神到上帝：1950年代布农族望乡部落集体改宗之研究》，台中：东海大学宗教研究所硕士论文，2009年6月，第50页。

④丁立伟、詹嫦慧、孙大川合著：《活力教会：天主教在台湾原住民世界的过去现在未来》，台北：光启文化事业，2004年版，第315页。

在原住民集体改宗的过程中，不可避免的，就是自身传统宗教和新宗教因差异而产生冲突与磨合，新宗教是否能融入该族群的整体文化体系，不只影响族群集体改宗的意愿，更攸关族群自我定位与文化认同的问题。基督教的传入必然对原住民的传统信仰产生冲击，但新旧信仰文化在日渐对话之后，也产生相互理解、相互修正的转变。新的宗教汇入了新的价值观，改造原本的部落文化，而旧的传统，也渗入新宗教中，改写宗教仪式与文化，这就是原住民传统文化与基督教的“涵化现象”。

所谓“涵化”是指两种或两种以上文化接触后，所导致的一文化接受另一文化特质及互相影响的过程。“涵化”这一概念的由来，是一位德国人类学家在演讲时以此概念说明解释非洲兴古河上游部落接触文化后的共同发展出的文化基础之过程，后来被美国人类学界广泛引用。① 人类学家讨论的文化涵化是文化变迁理论中的一个重要概念，即指“由个别分子所组成而具有不同文化的群体发生持续的文化接触，导致一方或双方原有文化模式的变化现象那是来自两种不同文化体的个人，在不断地第一手接触下，产生了异于其中一方的或两方团体原来文化模式的文化变迁。”②涵化是一个文化从另一个文化获得文化元素对新的生活条件的适应过程。而造成文化合成的动因，基本上在于“人”，人是文化的负载者与创新者，透过人与人的接触、互动，文化才得以传播、交融与重组。

外来的文化，促成原住民文化的变迁与新生，在这过程中原住民不断地将集体文化意识再度书写入当地居民们的集体记忆中，透过人的思维将其整合形成一种崭新的民族文化。到底台湾原住民族群集体改宗行为时，他们在改宗当下如何处理新宗教与传统习俗之间的矛盾和冲突，以及改宗后如何整合新宗教和自有文化体系的思想概念、仪式、身份认同等问题，应是文化层面的新议题。确乎当核心文化/世界主要宗教在影响边缘文化/原住民传统宗教之时，边缘文化/原住民传统宗教也会反过来转移核心文化/世界主要宗教的某些价值。于是乎核心与边缘文化的互涉，就更丰富了宗教的内涵与多元性。故在适应基督宗教一段时间之后，原住民教会也逐步进入整合性本地化的阶段

①R.Thurnwald. *The Psychology of Acculturation*. American Anthropologist, 1932.

②黄淑娉、龚佩华：《文化人类学理论方法研究》，广州：广东高等教育出版社，2004年版，第207页。

（inculturation），本地教会的信仰团体开始有反省外来的宗教和自身的传统宗教信仰，并试图整合基督的信仰与传统宗教信仰，因此“交谈与整合”成了此阶段教会本地化的中心议题。一方面由核心文化改变边缘文化，原住民传统信仰随着集体改宗而瓦解，传统的文化与仪式则因此消失或转化。另一方面，边缘文化也逐渐影响核心文化，使得教会礼仪本地化。“整合”正是主体与相遇的客体之宗教文化的交谈之意，同样也有整合上张力和挑战。台湾原住民主体文化努力反省由外而来的文化形式和内涵之后，终于寻找到安顿主体文化礼仪与外来宗教教义仪式的方法。台湾原住民宗教信仰自有其共通性与独特性，而此即本章关注之焦点，将以宗教与历史互涉的观点，分析基督教文化对原住民信仰的冲击与相互的交融，期能揭示台湾原住民信仰对应世界文化所呈现之共通性与独特性。另外，为了方便叙述，本文以“基督教”一词，来概括以基督为信仰核心的基督教（新教）与天主教，若有区别时则会另作说明。以下针对基督宗教与原住民文化的相互影响，提出分析与探讨。

第二节

核心改变边缘：基督教对原住民文化的冲击

台湾原住民本身的仪式活动、社会规范、艺术活动、宗教信仰，塑造其整体文化体系，所以当族群发生集体改宗行为时，新宗教代替传统信仰，势必与族群整体文化体系进行相互影响、调整。以下从仪式、图腾、巫术等三方面，探讨基督教文化对原住民信仰的影响。

一、传统仪式的消失与转变

原住民文化中相当为人熟知也别具特色的就是各族缤纷琳琅的祭典仪式，泰雅的丰年祭、排湾族五年祭、达悟族飞鱼祭等。一直以来，仪式都是人类学研究的一个传统领域。在仪式当中，因为集体、情绪、气氛等种种因素共同构造出道德和社会集体感。宗教仪式是信教者对神圣对象及神圣力量基本态度的表达，其主要的目的是激发教众的一种有关共同信仰的宗教的“集体记忆”，仪式就是“将信仰付诸实践、表达宗教信念与体验的某些明确的行为方式，它有一定的程序和运用的场合”。[①]但在现代，这些祭典却多只剩下表演性质，这是因为基督教仪式的影响。

人类学者胡台丽在原住民祭仪现况调查问卷中发现，“西方宗教之传入”被视为导致传统祭仪消失与转变之主因，其他原因还包括政府“平地化”、“汉化”政策之执行，生态环境改变小米转作等因素。[②]1945年到1960年基督宗教传入台湾各原住民社会，造成皈依热潮，有70%以上的原住民成为教徒，其中以长老教与天主教教徒人数最多。问卷受访者大多指出长老教会的传入对传统祭仪之消失影响较大，这是因

①罗惠翾：《从人类学视野看宗教仪式的社会功能》，《新疆师范大学学报》（哲学社会科学版），2009年第30卷第1期，第37—41页。

②胡台丽：《文化展演与台湾原住民》，台北：联经出版社，2003年版，第296页。

为长老教会坚守独一神信仰，对于原住民族传统宗教祭仪之包容程度低，因此采取废除传统仪式，而以教会仪式替换。相较之下天主教则相当能够包容原有的祭仪，甚至协助某些传统祭仪之恢复，例如在卑南知本社提倡恢复收获祭和成年仪礼，在阿美族恢复ilisin年祭，在邹族特富野协助恢复mayasvi祭典，在排湾族土坂聚落主动参与五年祭活动等。以阿美族有些聚落最盛大的年祭ilisin为例，此祭典于1950年代长老教会传入后消失，因为基督教长老会认为举行丰年祭ilisin是一种迷信，其意义是猎头求丰收，是野蛮之行动，不准教徒参加或举行ilisin，也连带停止成年礼，因此他们禁止信徒喝酒和参加ilisin活动，并由圣诞节活动取代，直到天主教传入后对传统祭仪不加排斥，恢复了ilisin歌舞活动，但加入天主教礼拜仪式。兰屿达悟族虽然传统祭仪大多保持，但基督徒中据调查者有20%完全拒绝传统祭祀行为，而以教会礼拜方式取代，其余教徒大多是传统信仰祭仪与教会仪礼并行。①

各种宗教都有不同的仪式，而任何一种的宗教仪式都来自信仰，因此改宗之后由新的宗教信仰取代旧有的部族文化是相当必然的转变。然而，在“取代”原住民祭典之外，原住民也主动将教会仪式涵容在平时生活仪式之中，有“融入式整合”的现象。宗教学者简鸿模在一次达悟族的田调中，发现天主教仪式已被原住民吸纳、融入在达悟文化之中。②如新居落成的“采收芋头”仪式中，传统前往田里去取芋头时的祷词有二，先求祖先祝佑，再赶走其他小鬼。祈求祖先祝佑的祷词原本应为：

mey mo rapan ya mo ama icyalow
过世的父亲，求你让芋头增加，
ta namen nyamowon ya jimo
因为这芋田是我们从你那儿继承的，
ta no si mapahap yam pacikazwayan mo!
如果丰收，你与有荣焉！

①胡台丽：《文化展演与台湾原住民》，台北：联经出版社，2003年版，第296—300页。

②简鸿模：《雅美文化与基督信仰——对兰屿朗岛部落国宅新居落成仪式的田野观察》，收入简鸿模编著：《当达悟遇上基督》，台北：辅仁大学出版社，2004年版，第305—357页。

祈求祖先祝佑完后，再用singeh（芦苇茎部）赶走其他鬼，对小鬼说：

makarai kamo ta manginanawa kamo no voovoo ko
a mangey domna jinyo.
你们要小心，要远离，免得被我的武器所伤害。①

但是在采收芋头当天的祈祷，达悟族人李金花则将对基督天主的祷词融入仪式之中，她“手持耶稣苦像，双目紧闭，道出采收芋头前的祷词”。祷词如下：

o akman sya mo nya mamaog mo Ama do to am
ko tey kalow a ya ji makanet.
上主！祢所创造的这些，我很担心，会不够，
imo o hanhan ko a amrapa do akman sya
我依赖你使它增多，
ta imo o yamzat do kanekanen namen a tao do karawan
因为照顾我们世人粮食的神，
so icyakma moy amyonab jya isovo a kanen so akman sya
求你增加我们的收成，
ta makarilaw sira ya
否则她们（指受邀采芋头的人）会很可怜。（意指取不到芋头）
tana abo o angangayan no nya am
它虽然没有用（指芋没有果实），
amyan jya so tahaman da jya no makasya tao
但穷人也能分享到。
so namen sarayan nimo mo Ama do to a namen paryarilawan
所以我们感谢祢——天主，向你祈求，

①简鸿模：《雅美文化与基督信仰——对兰屿朗岛部落国宅新居落成仪式的田野观察》，收入简鸿模编著：《当达悟遇上基督》，台北：辅仁大学出版社，2004年版，第330页。

so panlan lagan mo no akman sya hahakawan namen an
请降福我们的芋头，
pacizaksan namen a ipanlanlag mo an
以及我们这些采收芋头的人，
ongaran no Yeso am namen paka lavatan jimo Amen
因我们的主基督，阿们！[①]

祈祷时，祈求天主保佑芋头丰收，采芋头顺利，先念天主经，再自行祈祷，全体一起。“在采收芋头时，将传统仪式加上天主教之祈祷是天主教传入兰屿20年后才开始被采用，是教友自发性地加上的。”[②]在采芋头时对祖先祈求祝佑的祷词，都是在传统祷词中加上信仰的意涵，并未因此破坏、否定或改变雅美族的传统祷词，这种融入式的整合，更能为达悟族人所接受。达悟族人谢加仁即认为：“基督信仰未传入之前，我们在传统上已有为房子祝福的仪式，现在的祈祷方式只是改变了一些祷词的对象（天主）而已。”[③]这表示达悟族天主教徒自发性地将信仰融入传统文化庆典中，这是基督信仰融入生活后的自然发展，而这正是促成其发展与融合传统文化与基督信仰的机缘。

除了在仪式上融入式的整合或取代之外，原住民仪式音乐也受到外来宗教的影响有了变化。基督教诗歌与民谣结合而成为新的民歌，如1947年陈琼瑶牧师至望乡部落宣教，他先教唱日文诗歌：“真神只有一个，大家快来信；真神永生神，大家快来信；真神是主宰，大家快来信；真神是天父，大家快来信”。[④]卑南族民歌作家陆森宝也将卑南古调改编为《天主羔羊》，歌词翻译如下：

你是天主羔羊，求你赦免我们的罪恶，洗净我们所有的

①简鸿模：《雅美文化与基督信仰——对兰屿朗岛部落国宅新居落成仪式的田野观察》，收入简鸿模编著：《当达悟遇上基督》，台北：辅仁大学出版社，2004年版，第332—333页。
②简鸿模：《雅美文化与基督信仰——对兰屿朗岛部落国宅新居落成仪式的田野观察》，收入简鸿模编著：《当达悟遇上基督》，台北：辅仁大学出版社，2004年版，第350页。
③简鸿模：《雅美文化与基督信仰——对兰屿朗岛部落国宅新居落成仪式的田野观察》，收入简鸿模编著：《当达悟遇上基督》，台北：辅仁大学出版社，2004年版，第351—352页。
④洪膺诠：《从天神到上帝：1950年代布农族望乡部落集体改宗之研究》，台中：东海大学宗教研究所硕士论文，2009年6月，第48页。

罪过。

你是天主羔羊，求你解开我们的痛苦，赦免我们所有的痛苦。

你是天主羔羊，求你赦免我们在世上的罪过，请赐予我们幸福平安。[①]

基督教诗歌汇入原住民的音乐歌谣艺术之中，加入新的文化元素，成为吸引信徒接近教会的方式。文化与文化接触后产生的相互影响，构成“涵化现象”，使得台湾原住民的典礼仪式渐渐被基督教仪式同化，两者变得日益相似，外来的文化元素，促成原住民文化的变迁。

二、图腾崇拜的转变

所谓图腾，即是笃信人类群体与某一物神（如动物、植物，乃至无生物）之间存在着特殊的超自然的关系。图腾崇拜实为祖先崇拜的一种类型，只是它对历史的追溯更为邈远。在所有的原始宗教活动或样式中，图腾崇拜可以说是对原始文化涵盖最广的形式之一。[②]图腾思想既是一种宗教系统，也是一种社会文化的展现，而原住民族的传统图腾信仰，也在历史的变迁以及外族文化的激荡影响下，悄悄转变。一般而言，人像纹及百步蛇纹可以称得上是台湾原住民最具代表性的图纹象征，从较早期的浮雕、刺绣，到现在广泛地使用于各种艺术品或原住民风味的器物、衣饰等，都离不开这两项重要纹饰。以图纹的变迁而言，人文像和百步蛇纹是排湾族、鲁凯族传统浮雕最特殊的表现方式，各自代表权威与族领袖专利。浮雕的造型一般有左右对称的正面像，人像双手举起于胸前或及肩，生殖器官明显等特征。这类的浮雕，在鲁凯族的传统观念里大都是刻上祖先或头目像，放置在家中的主要柱子上，被视为家里的守护神，凡是家族

●图19-1[③]

①胡台丽：《文化展演与台湾原住民》，台北：联经出版社，2003年版，第296—300页。

②马德邻、吾淳、晓鲁：《宗教，一种文化现象》，上海：上海人民出版社，1987年版，第38页。

③图片说明：排湾族头目祖灵屋内的人像图纹浮雕。图片来源：图腾、起源、文化观话排湾族。http://www.apc.gov.tw/upload/publish/monthly/30/30-11.htm2009/7/5

中有重大事情需要决定，便到雕像前问卜。

而这样的图腾崇拜则在原住民集体改宗之后，有了转变。首先是将图腾文化带入基督宗教之中，如下图：

●图19-2①

这将代表权威与部族领袖人像雕刻与基督合一，是将耶稣基督当作部族的新领袖的代表，新图腾与新来信仰结合。此外，在达悟族也有将基督教符号作为新图腾的现象。达悟族的图纹纹饰结合了大自然观察及传统，其中包括人像纹、涡卷纹、同心圆纹、波浪纹等。人像纹：据说雅美族人为了纪念曾经教导他们种植、造船及捕鱼的一名勇士，而在各式器物上装饰这种纹饰。波浪纹：由于生活环境周遭都是大海，族人模仿海浪的形状加以简化而来。太阳纹：是刻在船只上的放射状纹样同心圆，又称为"船眼"，可以保佑出海平安，也指引船只到鱼群多的海域。太阳纹刻在船首就跟人的眼

●图19-3②

①图片说明：土坂教会教堂内排湾族式的木刻十字架。图片来源：《活力教会：天主教在台湾原住民世界的过去现在未来》附图。丁立伟、詹嫦慧、孙大川：《活力教会：天主教在台湾原住民世界的过去现在未来》，台北：光启出版社，2005年版，附图页4。

②附图说明：雅美族图纹——同心圆纹和人像纹。附图来源：网络数据http://dlm.ntu.edu.tw/CIDC/94/006/web/word2009/7/5

晴一样，它是祖传下来的纹饰，象征神圣的语言，也代表着吉祥意涵。①

但现在，达悟族人将十字架刻在独木舟上，成为新的图腾文化。

在“船眼”之上，加上十字架的符号，除了表明其宗教信仰的身份之外，也象征天主/基督之地位已然凌驾传统信仰之上。此即涵化现象的具体展现，在既存的社会性和礼仪性行动的模式中，外来的新要素被吸收的过程。③因此基督教的圣像和十字架等外来因素被原住民信徒从基督教的宗教体系分离出来吸收到他们的传统宗教之中，圣像被看成从天上派来的神，而基督教的象征十字架也被他们视作图腾而赋予庇荫的能力了。

●图19-4②

三、“巫”的式微

在台湾原住民各部族的原始信仰之中，“巫”的存在是相当重要的一环。原住民的“巫者”同时具备两种身份、两项社会功能：其一为“巫医”的医病功能，另一则是“巫术”的占卜功能。以赛夏族为例，他们把一切疾病归因为恶魔作为，巫者使用法术即能驱逐恶灵使病患痊愈，因此诸般疾病都有祈禳之法术。此外，关于旅行建筑疾病及其他事项的吉凶祸福，巫者也都可以用鸟占、梦占、水占等方式询问神灵。④原住民信仰中“巫”的地位是相当崇高的绝天地通的通神者。如布农望乡部落的受访者指出，即使到日据时期，他们生病时习惯上仍然先找巫师治疗，无法治愈时，才转而求助卫生所。⑤

但是，与科学化的医疗系统相较，“巫”是较无助而弱势的。当原住民被疾病缠身，例如肺结核、水痘、痢疾等，而巫医无法治愈这

①林建成：《台湾原住民艺术田野笔记》，台北：艺术家出版社，2002年版，第212页。

②附图说明：传统木船上画有十字，展现信仰状态。图片出处：黄仕芳《同心协力》2002原住民木雕奖．社会组平面类佳作。黄仕芳《同心协力》，收在洪万隆主编：《2002原住民木雕奖·社会组平面类佳作》，屏东：屏县文化局，2002年，第89页。

③［日］吉田祯吾著：《宗教人类学》，王子今、苏平译，西安：陕西人民教育出版社，1991年版，第68页。

④张志远文化工作室：《苗栗县赛夏文化史》，苗栗：苗栗县政府文化局，2002年版，第164—165页。

⑤洪膺诠：《从天神到上帝：1950年代布农族望乡部落集体改宗之研究》，台中：东海大学宗教研究所硕士论文，2009年6月，第40—41页。

些疾病，导致他们的宗教生活空洞，“巫”的地位就开始动摇了。回顾布农族东埔部落、利稻部落、东光部落集体改宗研究案例，研究者直指政府集体移居政策，造成社会结构和政治制度被破坏，疟疾盛行，巫师无法医治疟疾，不仅冲击传统宗教的权威性，布农人更视为是祖灵Dehani对族人的惩罚，传统宗教再度受到冲击。于是当西方传教士带着医疗设施与药品进入原住民部落时，就受到原住民普遍的欢迎。如基督教门诺会于1948年应长老会之邀以医疗作为媒介进入台湾，因门诺会的山地巡回医疗常与教会的工作配合，在医疗传教上获致相当的成效，例如为了药物服用不致中断，医疗团“委托教会传道人管理，借每次聚会后服药”，结果“使教会人数大为增加”。[①]至于原住民集体改宗之后，祭典全部停办，巫术全面废除，也就不再有祭司及巫师了。当然巫师/巫医的废除与医疗科学的日渐昌明也有一定的关系，然而笃信占卜的原住民要放弃占卜信仰，仍要归结于在文化接触中引起的文化变迁现象。

①林清和：《三叔公讲古》，《吗哪》，1983年第2951期，第4页。

第三节 边缘转化核心：原住民文化对基督教的转化

如上所言，确实基督教可以说瓦解了原住民传统信仰中的巫术文化与图腾崇拜，对于祭典仪式也大有冲击，但基督宗教之所以能吸引原住民集体改宗，并维持至今约五至六成的信众，其对原住民的文化就不会只是单方面的禁止与打压，而是有双方面的互动与对话，以及在对话过程中所产生的涵化与修正过程。因此当世界主要宗教在影响原住民传统宗教之时，原住民传统宗教也正在转移世界主要宗教的某些价值。核心与边缘文化的互涉，更丰富了宗教的内涵与多元性。不论是天主教或基督教，都很快察觉到文化调整的必要性，于是有所谓天主教的“顺应”（adaptation）和“调适”（accommodation），以及基督教的“本色化”（indigenization）宣教策略，[①]而这些都是“涵化现象”的具体呈现。到了19世纪，Henry Venn和Rufus Anderson更建立了“三自——自治、自养、自传”这个著名的宣教目标。至于在基督教会的方面，对“教会本色化”的方向也是相当确定的，“当教会在自己的文化中争取到本色化时，他们的神学也会和原来的有差别，因为，神学就是人对这福音的了解与实践。”[②]第一届洛桑福音会议原来的目标，是要探讨福音遍传的策略和方法，可是，会议中最引人注目的课题就是“传统本色化的理念和方法”。[③]每个教会应该在自己的文化中，发现并表达自我形象。

当代基督教神学所重视的命题就是教会的本地化/本位化/在地化（indigenization）。具体而言，文化是孕育神学的母胎。“世上没有任何一种神学能够避免文化和历史的影响。神学不可能保持中立，它

①大卫·J.博什（David.J.Bosch）：《更新变化的宣教——宣教神学的典范变迁》，白陈毓华译，台北：中华福音神学院出版社，1999年版，第608页。

②谢欣育：《原住民神学、传道人与异文化——以泰雅族长老教会为例》，台北：国立政治大学民族学系硕士论文，1995年版，第91页。

③Johnstott：《回顾洛桑，前瞻2000》，收于《校园》，薪人译，台北：校园书房出版社，1995年版。

总是与文化有关。中立的神学是没有家乡、没有归属的神学。唯有认同它的家乡，找到它的归属，神学才算真正开始。”[①]如若离开教会所处的文化，无法与其文化发生相互作用，神学就不是适况的神学、宗教就不是关联于人民生活的宗教。因此，基督宗教之融入在地文化与世俗生活也成为当代教会的新趋势。以基督教/新教为例，1985年“台湾基督长老教会信仰告白”，展现对台湾乡土及其子民的认同和关怀：

> 阮信，教会是上帝百姓的团契，受召来宣扬耶稣基督的拯救，做和解的使者，是普世的，复钉根在本地，认同所有的子民，通过爱和受苦，来成做盼望的记号。[②]

“钉根本地的宣告”、“教会本色化”指福音在一个新的文化中“生根入土”的过程，也就是在新的文化土壤中“再表述”、“再翻译”、“再解释”、“再表达”的问题。这是任何“后进”教会都必须经历的过程。黄彰辉牧师早在1966年就指出，本色化的努力是“以过去为取向的”（Past—oriented），因为它强调福音与“传统文化”的互动关系。“1920年代的中国教会以及台湾的罗马大公教会（耶稣会）非常注重这种尝试。”[③]任何“普世信仰”的宗教必然会和各种地方传统文化产生“对抗性的会遇”，当“基督徒认同”（Christian identity）和“本地文化认同”（Local cultural identity）之间发生冲突时，为了解决这种对立的困境，调和两者的差异，就必须要有“本土化”的神学的挽合。近年来因在非洲和亚洲处境中多元宗教、多元文化、身份认同等议题的挑战，基督教神学论述转而更重视福音与文化、宗教多元主义、混合主义（syneretism）等议题。通过故事的分享、圣经的诠释、神学的建构、信仰的实践，在多元文化、宗教处境中寻求并确立自我身份认同与信仰认同的动态性整合。因此，如长老教会本身自1970年代以后投入政治关怀运动也使它开始发展出以“乡土”、“认同”、“自决”为主轴的本土神学思考。1946年在花莲成立玉山神

①宋泉盛等著，陈南州编，《建构台湾文化的神学》，嘉义：信福出版社，1994年版，第37页。

②郑仰恩：《定根本土的台湾基督教》，台南：人光出版社，2005年版，第213页。

③郑仰恩：《定根本土的台湾基督教》，台南：人光出版社，2005年版，第216—217页。

学院，专门培养原住民神职人才，许多原住民神学工作者如张明佑、布兴·大立、张秋雄等，也致力于《圣经》诠释与传统文化的神学发展。近年来众教会也开始思考音乐、崇拜、礼仪和艺术表达等层面的本土化问题。众教会皆相当重视社区关怀与照顾弱势的事工，近年来神学教育的本土化已成为众所关心的焦点，不容忽视。

另外，天主教对原住民文化原本就采取较为尊重且宽容的态度，传教士多重视传教地区的本地文化，展开适应式的传教政策与教义的本位化。1950年代，到原住民地区传教的基督教/新教教会，要求信徒跟传统宗教完全切断，不但禁止巫术，也拒绝任何包括对祖先的祭拜等传统祭典，例如祖灵祭、撒种祭、丰收祭……天主教传教士则相反，虽然不赞成巫术，但是尽量设法让基督信仰包容传统祭仪中好的因素，他们不仅对原住民祖灵的敬拜采取包容的态度，也让原住民在天主教礼仪中举行这些传统的仪式，鼓励他们保留传统祭典。这样的包容态度，让当时负保留传统文化责任的原住民头目与贵族，对天主教产生好感，也较能接受，这也是许多原住民族重要头目皈依天主教的理由。梵二大公会议开启了对原住民传统宗教和信仰真实的尊重，也提供了走向教会本地化真实的基础，教宗若望保禄二世公开的表达：

> 若澳洲的原住民不能为澳洲教会成长有所参与和贡献，或是其参与和贡献不被采纳时，依基督的旨意，澳洲教会也不应被视为完整的地方教会。①

这是天主教会内教宗首度以公开的方式表达对原住民传统宗教文化的尊重和肯定，为了响应教宗在各洲的对人权及原住民文化权利保障的呼吁，南美主教团对当地原住民的教会改变其过去的态度，并在1994年在Asnto Moningo的主教团会议中决议文件中有了以下的宣言："任何形式的同化或强制迁移的政策应全力阻止或排除，因为这威胁其传统（本有）文化的生存，同样，那使原住民逐渐从整体社会中被孤立和边陲化的现行政策，也应同样全力修正。"②无论是教廷或地方主教团，天主教推动本位化信仰的主张是相当明确的。本位化的基础在于"一切

①Henry C.Hoeben, *Die christlichen Kirchen und die Minoritäten*. In :BernhardMensen(Hrsg.).Minoritäten,101-127 .Nettetal.1997,p122.

②HenryC.Hoeben, *Die christlichen Kirchen und die Minoritäten*. In:BernhardMensen(Hrsg.).,p122.

都在基督内”，就像圣子取了人性降生人间，成为世人的一分子。如果基督降生在原乡部落，也会成为参加文化祭仪的一员，为了慎终追远、缅怀祖先、敬拜神的大能、祈求风调雨顺而参与族里的祈祷仪式。基督信仰降生部落里，过滤了原住民祭仪属于“罪”的成分，提升了原住民族的礼俗祭仪。这些祭仪是原住民与神接近的方法，透过基督信仰的融合提升，更能找到传统的精神价值。

那么，怎样的宣教模式才能进入文化呢？借用大卫·博什提出的五样基本特质来说明：[①]

> 主导者不再是宣教士，而是由圣灵和本土地方群体为主导，建立一个平等的伙伴关系。
>
> 以处境化的神学为重点，而“文化”是包括了整个处境，不但在宗教层面上，更包涵社会、经济、政治和教育等各方面。神学必须能对其独特的文化处境作出响应。
>
> 依循“道成肉身”的原则，福音要在不同的文化与处境中，寻求重生和更新。
>
> 双向的运作：基督教进入文化，同时文化基督化。形成一种互动的关系。
>
> 进入文化并非单单抽取某些风俗习惯去把它们“基督化”，而是以整全的角度去了解文化，福音和文化要有全面性的接触，从而产生出由内而外的更新。

因此教会的目标也应是要寻求一种以本土文化的形式去表达基督教信仰的方法，不可再以西方的信仰模式生硬地套入年轻教会，须容让他们自行发展对应其处境和文化的神学思想、信仰生活、教会建构和崇拜模式等等。天主教这种外来宗教与原住民传统信仰相混杂的情况，在人类学中被称为“诸教合一”（syncretism）混淆的现象，如巴厘岛的宗教也是印度教与传统宗教相混杂的宗教。[②]天主教尊重传统文化，这不是传教的手段，而是认识到各族群美丽的文

①大卫·J.博什（David.J.Bosch）著：《更新变化的宣教——宣教神学的典范变迁》，白陈毓华译，台北：中华福音神学院出版社，1999年版，第617—618页。

②吉田祯吾著：《宗教人类学》，王子今、周苏平译，西安：陕西人民教育出版社，1991年版，第68页。

化是上主赋予人类智能创造出来的，因此肯定原乡族群透过文化祭仪，以自己的祈祷方式寻求终极目标和关怀。[1]天主教将丰年祭视为一种庆祝生命、缅怀祖先、感谢上主的庆典；舞蹈、吟唱、歌谣是赞美上主的一种方式；多彩多姿的雕刻、编织、画画等种种艺术表现，都是对天主的礼赞。

除了接纳并鼓励原住民教会发展自我特色，教会中众多仪式、语言与观念也逐渐本地化。浦英雄神父在《原住民传统与福音对遇：原住民天主教会礼仪本色化》一文中，从“礼仪的言语”、“礼仪的空间”、“礼仪的仪式”及“礼仪的神学”等概念，检视各教区原住民教会礼仪本地化的现况及发展，并肯定各教区不同族群教会礼仪本地的过程都有其共同性及其特殊性。[2]其中礼仪的语言包含母语圣经及弥撒歌本的本位化礼仪，使用母语，除了有助于沟通外，也能让族人感受到传统文化神圣的氛围。台湾原住民地区早期的弥撒经文以拉丁文为主，其次是中文，教友对其中的含义似懂非懂甚至完全不了解。经过数十年的努力，原住民各族群的母语圣经、弥撒经本或歌本均陆续出版。

在礼仪的空间，近年来原住民地区有不少新建或修缮的圣堂，各有现代与传统结合的特色。如图19-5至19-10所示，即展现教会建筑与地方文化相“涵化”的现象。

●图19-5[3]

①丁立伟、詹嫦慧、孙大川合著：《活力教会：天主教在台湾原住民世界的过去现在未来》，台北：光启文化事业，2004年版，第260页。

②浦英雄：《原住民传统与福音对遇：原住民天主教会礼仪本色化》，《人籁》（www.erenlai.com）2007年5月，第1—14页。

③图片说明：嘉兰天主堂排湾式圣餐壁画。图片出处：丁立伟、詹嫦慧、孙大川合著：《活力教会：天主教在台湾原住民世界的过去现在未来》，台北：光启文化事业出版，2004年版，附图页4。

●图19-6[①]

●图19-7[②]

●图19-8[③]

●图19-9[④]

①图片说明：雾台耶稣圣心堂充满鲁凯风味的圣母和小耶稣披风。图片出处：丁立伟、詹嫦慧、孙大川合著：《活力教会：天主教在台湾原住民世界的过去现在未来》，台北：光启文化事业出版，2004年版，附图页4。

②图片说明：兰屿红头天主堂的达悟传统式至圣所。图片出处：丁立伟、詹嫦慧、孙大川合著：《活力教会：天主教在台湾原住民世界的过去现在未来》，台北：光启文化事业出版，2004年版，附图页2。

③图片说明：嘉兰天主堂排湾式耶稣与小孩壁画。图片出处：丁立伟、詹嫦慧、孙大川合著：《活力教会：天主教在台湾原住民世界的过去现在未来》，台北：光启文化事业出版，2004年版，附图页4。

④图片说明：知本天主堂卑南传统式布置至圣所。图片出处：丁立伟、詹嫦慧、孙大川合著：《活力教会：天主教在台湾原住民世界的过去现在未来》，台北：光启文化事业出版，2004年版，附图页3。

●图19-10[①]

除此之外，原住民礼仪的仪式也因改宗而改变，如邹族天主教会每年的教会追思已亡日（每年11月份）仪式，教友传协理事会在各堂安排一主日，请教友家庭将家中已亡之遗像带至圣堂，摆在祭台前，并举行追思已亡的弥撒追念亡者。在亡者的忌日，特别是在亡者的周年忌日，有些教友家庭会在圣堂或家中请神父及亲属，为亡者献弥撒追思祈祷。这些亡者殡葬仪式是依照主教团核准之礼仪本进行，从灵前祈祷、殡葬弥撒、告别式到安葬礼，这是传统天主教并未普及的一种仪节，因应台湾社会原住民需求而形成的新仪式。此外，原住民牧灵委员会曾建次主教曾接受苗栗泰安乡天主堂徐立仁神父的邀请，到苗栗县泰安乡泰雅族的天狗部落参加当地的"祭祖"活动，即是在弥撒礼仪中加入的泰雅族传统祭祖仪式，主教完全接受并参与。曾主教在过程后问当地的头目，在祭祖时所说的泰雅语祭文的意思是什么。头目说："祖先啊！感谢你，因为我们来了一批客人，是从很远的地方来，路途上很辛苦，他们来到我们的部落，我们很高兴。但愿今天晚上作交流时，你祝福我们，明天要回去时，你保佑他们路上平安，我们倒了一点酒是对你的一点敬意，也希望祖先们接受。"祭祖与弥撒的融合，成为原住民教会的特色之一。在基督宗教中，"祭祖"是不被允许的，因为违背了"独一真神"的原则，但辅仁大学神学院院长张春申神父却主张，"'祭祖'与

①图片说明：知本天主堂卑南传统式雕刻的群众席。图片出处：丁立伟、詹嫦慧、孙大川合著：《活力教会：天主教在台湾原住民世界的过去现在未来》，台北：光启文化事业出版，2004年版，附图页4。

‘祭天主’，我认为应当密切结合在一起，在教会的信念中，许多祖先是与天主在一起的，因此我们向天父祭献的同时，也是向这些祖先致敬与纪念！这是一个完美的说法，但这在本地化的过程中是需要多做说明的！”[①]这就是仪式本地化的最佳例证，原住民的祖灵信仰直接影响天主教的仪节。

最后则是礼仪的神学的转变，神学所探讨的是宗教意识的核心与诸多现象，当今教会看重福音与文化的对谈，如何将原住民的传统的宗教经验、概念或价值观，依据耶稣基督福的真理来评价。另一方面如何将耶稣基督福音中心信息和价值，基督信仰中对死亡痛苦、复活升天等的信仰内涵，渗入到原住民宗教文化的骨髓之中，并用本地语言和象征来表达基督的福音信息和价值，如此才能将基督福音普世性的价值深入到原住民的文化之中，同时是原住民所了解并认同的价值，此乃礼仪神学核心问题。这样的现象在世界宗教之中，非是单一而特出的：

> 米切尔（R.C.Mitchell）尼日利亚西部地区的土著那里，基督教在传统文化中已被土著化了，马雅文化印第安人西纳坎特卡族和查穆拉族也有同样的特征，基督教在马雅宗教中被土著化了。[②]

或者称为“诸教合一”，或者称为“涵容过程”、“涵化理论”、“融入整合”，其实所探讨的现象是一致的，都是异文化接触后必然的结果。天主教传教员谢永泉指出，达悟族从亘古就确信在天地间有神、人灵、亡魂的存在，达悟族赋予了一个人性化的神akey do langarahen（祖父神）。他和人一样生活，天上家中有小米、有飞鱼等，神的生活与人的生活好似没有两样，另有一位mangacyacileb（俯视者）住在遥不可及的天上，创生了宇宙。在天主教传入兰屿之后，期间教友们依然向祖父神献祭，同时每主日都

① 张春申：《台湾天主教原住民地方教会远景与问题》，收于丁立伟、詹嫦慧、孙大川合著：《活力教会：天主教在台湾原住民世界的过去现在未来》，台北：光启文化事业出版，2004年版，第333—334页。

②吉田祯吾著：《宗教人类学》，王子今、周苏平译，西安：陕西人民教育出版社，1991年版，第67页。

到教堂朝拜天主，两者平行没有冲突，[1]达悟人以其独特的方式延续祖先的信仰，同时接受了西方宗教的神观，两者之间将如何互动与转化，是值得持续关注的课题。而在泰雅部落中，他们崇敬Utux、笃信Gaya，Utux就是泰雅族人的祖先，Gaya则是规范、禁忌。Utux是祖灵，也是赏善罚恶的力量，更是世界的创造者。而最初把基督教传到眉溪的传道人正巧是赛德克族人K Utux Tmninun，她很巧妙地以Utux Balo及Gaya的观念传教，很容易让族人将传统Utux Balo之观念与基督信仰的上帝相结合，而这与部落传统的信仰中的创造神观相联结，让眉溪部落的族人很容易转换其传统信仰，以之与基督信仰相联结，甚至感觉不到其中之差别，因而轻易地接受了基督信仰。[2]

其实每个文化的象征都有其深层含义，祭仪背后亦有深层的神学内涵，比如泰雅族的祖灵祭就被基督教会认定为是偶像崇拜而违反独一真神的信仰，故遭反对。但新竹县尖石乡泰雅族镇西堡教会则举办pskautas仪式来表达对祖灵的尊重，他们认为pskautas的意义即在于"以基督教信仰表现——无论你（生者）在何处，一定要回来思念、奋斗，养育之恩还在，子孙活在此地要慎终追远。"[3]这个仪式表现对祖灵的感恩、对上帝超自然的能力的敬仰。当地牧师Atung认为初期基督教传入泰雅族，传道人"只传基督教文化，而没有结合泰雅族精神"，因此他强调必须结合原本pskautas精神，以基督教信仰展现出来，这才是"把重要（传统）精神展现在（宗教）生活之中"。毕竟"仪式只是表达，泰雅族必须发挥信仰生活的主轴，这是情况伦理。"[4]这种仪式虽然未普及于泰雅族教会之中，且也遭到同族牧师的质疑，但这个行动背后的神学意义则可与长老教会的本地化诉求呼应，并可将之视为原住民神学建构的初步尝试。当对"原住民"与"基督徒"双重身份进行选择性认同的同时，"原住民神学"虽仍在草创阶段，但也成为教会界必须面对的重要议题。

由以上探讨可知，台湾原住民教会与天主堂皆逐渐发展出具有本地

①简鸿模编著：《当达悟遇上基督》，台北：辅仁大学出版社，2004年版，第126—130页。

②简鸿模：《祖灵与天主——眉溪天主堂传教史初探》，台北：辅仁大学出版社，2003年版，第158—162页。

③谢欣育：《原住民神学、传道人与异文化——以泰雅族长老教会为例》，台北："国立政治大学"民族学系硕士论文，1995年版，第96页。

④谢欣育：《原住民神学、传道人与异文化——以泰雅族长老教会为例》，台北："国立政治大学"民族学系硕士论文，1995年版，第96页。

特色的仪式与神学理论，原住民也借此保有自己的传统文化精华，且适应并借用外来文化要素，终于使自身文化内容更丰富，此即是边缘转化中心的文化整合过程。以基督宗教本地化的面向而言，即是原住民本有文化，将基督教文化中的某些新元素，吸收为已有，这是以本地文化为主体，对外来宗教的某些新元素予以吸收与转化的动态性过程。其实，两个文化的相遇，特别是牵涉到宗教的转换，即从非基督徒转变为基督徒，这种身份被改变的过程多少隐含着和自身本有文化的疏离或分裂，而“涵化”正是衔接这种疏离感与断裂的方式。

第四节
结　语

宗教与文化的交会点在“人”，确实当族群文化与基督信仰相遇之时，二者会觉得处处格格不入，甚至使得各自的主体文化都因此而被冲击、被泯灭、被改造。但是，正因为宗教与文化真正的会遇点在于“人的意识”，“人”这一个宗教与文化的承载者，面对传统文化与外来宗教的价值观并置比较的冲突，将智能地将二者会通化成为一种新的思维模式。于是在信仰自由的前提之下，台湾原住民的集体改宗，不应只是主体文化断裂的表层现象，而是吸纳新的文化元素以丰富自身的文化内涵。正如童恩正先生对涵化的解释是“当一个社会与另一个经济文化上都比较强大的社会接触时，这个较弱小的社会经常要被迫接受较强大社会的很多文化要素，这种由于两个社会的强弱关系而产生的广泛的文化假借过程即称为涵化。”[①]然而，也不是用一个外来的文化来改造原初的文化系统，原住民乃深入传统文化的根源深处，自我反思、自我净化、自我修正、自我成长、自我重建，终于在思维系统中安顿外来文化。并且不独基督宗教单方面地影响改变原住民文化，原住民的小传统也不断反过来改造西方基督宗教的大叙事，以现在地球村的全球性文化场域而言，任何一种文化都不能闭门造车，不去重视与世界文化的互动与对话。

在本土意识抬头的今日，或许原住民运动人士在努力恢复传统文化之际，不免苛责西方宗教的介入与搅扰，但若留心宣教士们面对原住民的心态，则不难发现他们对原住民文化的珍视。基督宗教的传教士，投入毕生心力耕耘台湾，使台湾原住民得以接触而信仰，这是出自深刻认同台湾的一种宗教心理与文化情感，诚如加拿大长老教会海外宣教师马偕所写的诗：

①童恩正：《人类与文化》，重庆：重庆出版社，2004年版，第207页。

遥远的福尔摩莎是我心所至爱，
在那岛上我度过一生最好的岁月，
我生命的情趣与关注也都在那里，
我喜欢仰望她那高耸至天际的山尖，
俯看她那张开大口的裂缝深渊，
并远远看向那波涛汹涌的海岸。
我爱她那黑褐色皮肤的子民
——不管是汉人、平埔族、或高山族，
过去这二十三年我在他们当中传扬耶稣的福音。
为了以福音来服侍他们，
我满心情愿献上我的生命，就算一千次也不足惜。
…… ……
在那里，我盼望能度过我将尽的余生，
而当我服侍的日子结束时，
我希望能在她波浪的响声中，
和她竹叶摇曳的荫影下，找到安息之处。①

这可以说是代表众多宣教士以及神父发声。马偕牧师毕生贡献台湾宣教，他曾深入台东部落传教，后娶台湾女子张聪明为妻，一生认同台湾，老死且埋骨淡水台湾人公墓，其深刻认同的宗教心理与文化情感实与生长于本地的人民无异。或许有人认为基督宗教是摧残台湾原住民文化的凶手，但若从台湾原住民与教会互动史的观点来看，二者相互影响，也提供自身的养分去滋养对方，成全对方在思想价值的重建与改造。而与此同时，自身的文化也更加丰富与广阔。以此宗教人类学“涵化”的观点来看待原住民信仰的变迁，才能不卑不亢地还原历史的真相。

① MacKay, *From Far Formosa* ,New York: FlemingH.Revell, 1895, p.13.

参考书目和延伸阅读

书籍

David J.Bosch：《更新变化的宣教——宣教神学的典范变迁》，白陈毓华译，台北：中华福音神学院出版社，1999年版。

丁立伟、詹嫦慧、孙大川合著：《活力教会：天主教在台湾原住民世界的过去现在未来》，台北：光启文化事业出版，2004年版。

吉田祯吾：《宗教人类学》，王子今、周苏平译，西安：陕西人民教育出版社，1991年版。

宋泉盛等著，陈南州编：《建构台湾文化的神学》，嘉义：信福出版社，1994年版。

林建成：《台湾原住民艺术田野笔记》，台北：艺术家出版社，2002年版。

胡台丽：《文化展演与台湾原住民》，台北：联经出版社，2003年版。

马德邻、吾淳、汪晓鲁：《宗教，一种文化现象》，上海：上海人民出版社，1987年版。

张志远文化工作室：《苗栗县赛夏文化史》，苗栗：苗栗县政府文化局，2002年版。

童恩正：《人类与文化》，重庆：重庆出版社，2004年版。

黄淑娉、龚佩华：《文化人类学理论方法研究》，广州：广东高等教育出版社，2004年版。

郑仰恩：《定根本土的台湾基督教》，台南：人光出版社，2005年版。

简鸿模：《祖灵与天主——眉溪天主堂传教史初探》，台北：辅仁大学出版社，2003年版。

简鸿模编著：《当达悟遇上基督》，台北：辅仁大学出版社，2004年版。

Henry C.Hoeben，*Die christlichen Kirchen und die Minoritäten.* In:BernhardMensen，Hrsg，1997.

R.Thurnwald，*The Psychology of Acculturation.* American Anthropologist，1932.

期刊、论文

林金水：《台湾基督教史述论》，《福建师范大学学报》，2003年120期，第7－14页。

浦英雄：《原住民传统与福音对遇：原住民天主教会礼仪本色化》，《人籁》（www.erenlai.com），2007年。

罗惠翾：《从人类学视野看宗教仪式的社会功能》，《新疆师范大学学报》（哲学社会科学版），2009年第30卷第1期，第37－41页。

洪膺诠：《从天神到上帝：1950年代布农族望乡部落集体改宗之研究》，台中：东海大学宗教研究所硕士论文，2009年。

谢欣育：《原住民神学、传道人与异文化——以泰雅族长老教会为例》，台北："国立政治大学"民族学系硕士论文，1995年。

第二十章

童乩——神明的代言人

童乩真的具有通神能量吗？台湾岛上的童乩为什么如此众多？童乩的养成是靠先天的特殊禀赋还是靠后天的身心训练？『生乩』与『熟乩』的区别标准是什么？他们的社会功能又是怎样的？

第一节
永庆宫的童乩甄选会

2009年4月23日（农历三月二十八日），台湾彰化县伸港乡汴头村的永庆宫进行了一场“童乩甄选会”。进行了40天，还是没有顺利选出新的童乩，庙宇的管理委员会、村民们投入这样的活动，也不禁有些累了。大家都在纳闷：“为什么神明迟迟不选出代言人呢？”

于是他们在旧的童乩起乩时，借机和神明沟通：“神明啊，拜托您了，如果您真的想要新的代言人，那么请您动作快一点；如果您不想要的话，10天后我们就要停手不办了。”说也奇怪，接下来的10天内，却甄选到了3位新的童乩。神明还是可以打个商量的呢！

在台湾早期的农业社会里，“一聚落一宫庙”是十分常见的。汴头村的永庆宫就是这个村落的重要宫庙，村民的精神寄托。永庆宫主祀的神明为“朱府大千岁”。这次兴起甄选新的童乩之意，主要是因为有一位旧的童乩年岁已大，要退休了（原本村庄有大约5个以上的童乩），而村民也觉得旧童乩因为年老，有时起乩的状态并不好，或许这是一个适当的甄选时机，希望神明可以重新选出新的代言人，让宫庙发展得更兴盛。

甄选童乩要经过一连串的活动，就整个作业而言，可由以下的流程图来说明：

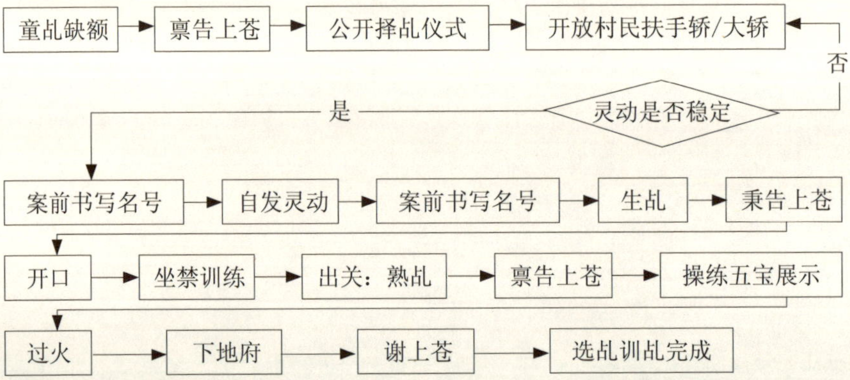

●图20-1

在正式选乩进行之前，须得经过神明的同意。庙方借由掷筊询问朱府大千岁，确认神明的心意，而后再禀告上苍（玉皇大帝），祈求玉皇大帝能保佑甄选的过程更加顺利。禀告上苍后，庙方会公开择乩仪式，公告村庄办理择乩大会。此时期，宫庙每天都要举行“犒军仪式”。所谓的“犒军”就是准备食物来犒赏在村中驻守、巡视的神兵神将。平时，犒军一般都在农历初一、十五进行。但是在择乩过程中，则是要每天举行，这是为了让神兵神将能帮忙择乩仪式的进展。

大部分能配合的村民（约有四五十户），在下午5点准备食物放在庙埕前，让法师念咒先做操兵仪式，之后再进行犒军。犒军时，有时也会有童乩过来，灵感到了，也会临时突然起乩，代表神明交代一些事情。

第二节
灵动测试、成为“生乩”

接下来晚间7点半到午夜12点就开放村民来扶手轿或大轿，由手轿/大轿的灵动与否来初步判别有无当童乩的潜质。手轿是一顶小木轿，形状像椅子，高约一尺。两人面对面，分别握持手轿的两端，站着不动，身旁有法师施以请神咒，并有人催以锣鼓引神附身，若手轿自行动了起来，那就是神明可能已经附体了。通常只有扶手轿的其中一人有灵动，灵动的程度也不一定。老一辈的人辨别灵动的真假是看此人有无流汗。若是流得满身大汗，那就是假的。因为那是人自己去控制身体、手部的运动。永庆宫这次的甄选童乩，也曾遇到村里的年轻人喝得醉茫茫的，跑来说要扶手轿，一面装疯卖傻地假装神明附体，一面使劲地摇动起手轿来，汗如雨下的模样真是让人哭笑不得。大轿是神明出门要坐的轿子，永庆宫为了甄选童乩，还和妈祖庙商借一顶土地公在妈祖出巡时坐的大轿。大轿很重，一般要四人合力扛起，一个晚上灵动下来，又扶手轿，又扛大轿，往往也令人疲惫不已。

若是灵动得十分稳定，法师会请他休息一下，之后再试试看可否顺利灵动，一个晚上往往要进行扶轿灵动好几次。村中说神明附体叫做“灌气”，意指神明钻进凡人体内，一般来说扶手轿时会脱鞋赤脚进

●图20-1 村民试扶手轿，测试有无灵动（柯建全 摄）

行，因为神明是由脚部进来的。老一辈说法是邪灵偏神才会从头部进入，也往往造成人体一时不堪负荷而昏迷。

这段选乩期间持续了50天，来试的至少有四五十个村民，真的灵动者有七八个。但是这些人的灵动不一定稳定，因此要进行测试，整晚扶手轿、休息、再扶手轿、休息……灵动时要有激烈的大动作，才会让人觉得有神明在附身，因为王爷是武将，所以轿子会上下起伏甚大，表示武将的气势。

一直到确定他的灵动非常稳定，才能进到下一阶段。此时这些遭神明附体的人皆不可开口说话（开口说话就是代表附体是假的），若灵动稳定了，就会请他到神明桌前书写名号。也就是要他徒手在桌前写字，写出他被附体的那位神的名号。法师还会再三确认，让他退乩后，休息一下，再自发灵动，又重复书写名号的动作（确认是不是同一位神明）。完全无误后，这位村民就成为了“生乩”。“生乩”就是初学乍练的生手童乩，为了成为“熟乩”必须要进行训练。

●图20-2 灵动稳定的人，退乩后，暂时在庙中长椅上休息。等候之后起乩，并再三确认神明名号 照片出处：闾山道法科仪观念博客http://tw.myblog.yahoo.com/jw!V9yC8CyeQUVK4CPAaiFIZg--/

最后永庆宫终于选出3个进入到书写名号阶段的生乩，分别是女童乩一位，年约45—55岁，职业女工，她是“金府千岁”的代言人；男童乩一，40多岁，职业司机，他是“朱府大千岁”，也就是永庆宫的主祀神明选中的代言人；男童乩二，四十出头，厨师，他是“包府千岁”的代言人。

选拔的过程中，有一些很有趣的小插曲，一位34岁的货车司机，灵动也很稳定，但是他觉得无法兼顾童乩和货车司机的工作，没有成为童乩的意愿，希望神明能另找他人。他于是点香禀告，掷筊请求神明同意——神明是可以商量的。

第二个小插曲是生乩的其中一位（职业是厨师的那位），原本在灵动时都很激烈，众人想说快稳定了，可是最后还是停止灵动。旁人看一看说，感觉有人押住他不让他灵动。事后询问他，他本人也有同样的感受。后来，法师想一想后说："应该是同时有两位神明要他当童乩吧！所以变成二抢一的状况。"法师教那位厨师去跟神明点香，请神明协调出一位选他当童乩，另一位神明有需要时再借乩，如此才大功告成——再次印证神明是可以商量的。

成为"生乩"后，他们3人必须在玉皇大帝面前起乩，用掷筊的方式禀告上苍，完成领旨的手续（领取成为童乩的证书）。以台湾的民间信仰体系而言，玉皇大帝是至高无上的，统领所有神明，所以选拔开始前、结束后都要慎重地禀告上苍。在这之后，生乩才能在起乩状态时开口说话，并选定"笔生"（也叫做桌头）。笔生会随侍在童乩身边，翻译童乩说的话，或是递交一些法器。3位神明共选了10个笔生（平均一位神明选了3个笔生）。神奇的是，童乩本身不一定认识他说出来的笔生，这也更让村民对神明的无所不知感到惊奇。

第三节
坐禁训练、成为“熟乩”

要使“生乩”成为独当一面的“熟乩”，要经过一道严格的关卡：“坐禁训练”。永庆宫这次的坐禁至少有15人参与（生乩3人、笔生10人、熟乩2人）。以前的坐禁是非常严酷的，旧时的农业社会，大多以7天（整天）为主，这7天必须斋戒沐浴后，关闭在宫庙中一处房间，不准出入，只能吃水果和喝水，尽量避免排泄，夜晚也多是通宵不睡。但为了因应现代社会，多数人有白日的工作、家庭需要照顾，因此在坐禁举行前，庙方让神明决定坐禁开始的日子（农历闰五月初二日，新历6月24日），也让3位生乩起乩后说出神明希望的坐禁天数（其中两位说10天，一位说7天）。3人退乩后，再请3位神明去协调天数，最后决定是10天，时间是晚上8点到隔天凌晨1点（因应白天要工作的关系）。

坐禁时，有法师、熟乩进入协助，让生乩、笔生均能练习神明的步伐，以及熟习展示五宝、拿剑、拿香的手法步骤。法师并且教笔生请神咒、操兵咒（七言形式，类似歌谣，有一定的节奏）。笔生还学习如何敲锣打鼓。

童乩操持五宝之前，是笔生将5种法器一一交给童乩，两人都须踩着一个固定的步伐，进行交接，这些都是需要练习的。“五宝”是童乩展示神力的五种法器，分别是：“七星剑、铜棍、鲨鱼剑、刺球、月斧”。童乩起乩后，为了表示神灵附体、勇武不惧，必须将五宝依照顺序操演一遍。操演时，主要是往背脊劈砍，少数往头部、手臂，且一定要见血才可换样，借“流血”来显示神明附体的状态异常神勇。也有的说法是说见血是为了辟邪，表现面见神明的诚意，或是透过流出鲜血，以血为符力，调请五营兵将前来相助。

坐禁结束后的“出关”时间，是之前询问过神明选定的，时间是早上6点，因此所有坐禁的人在前一天8点坐禁后，就不能出来，一直到隔天早上6点出关，整整在里头待10个小时。

第四节 操五宝、过火

农历闰五月十二日早上6点前，村民早就呼朋引伴来到庙埕前，满心期待着童乩们出关的表演。首先众人准备红圆（红色的汤圆）来祭拜玉皇大帝，禀告上苍，接着就是大家最期待的童乩操练五宝展示。

“七星剑、铜棍、鲨鱼剑、刺球、月斧”每一样都是辟邪法器，皆有驱邪神力。一般的说法是五宝属于五行的5个方位：东营是七星剑、南营是月斧（一说铜棍）、西营是铜棍（一说是鲨鱼剑）、北营是鲨鱼剑（一说是月斧）、中营是刺球。童乩依五行方位，东、南、西、北、中五处方位操演，目的是调请五营兵将前来助法。

●图20-3　村民群聚在庙前，观看童乩出禁（柯建全　摄）

●图20-4　村民围观乩童操五宝的情形（柯建全　摄）

童乩们在起乩时处于忘我状态，退乩后也不记得起乩时的话语和行为。他们起乩时，持法器往背上（额头、手臂较少）劈砍割刺，往往鲜血直流，红染背脊。其后会有法师或笔生伺机在童乩背后空中画符，口含符水喷向流血部位，同时手持金纸贴在流血处，沾过血的金纸不可随意丢弃，皆要焚毁火化。

在访谈庙方人员的过程中，笔者的友人不禁怀疑这些沾过血法器如何进行消毒与处理。沾上了前一位童乩鲜血的七星剑，再往另一位童乩身上招呼，是不是有卫生上的疑虑。庙方人员表示会用符水喷洒过。或许神明的神力能护持法器不致染病。

在操持五宝展示神威后，下午5点仍要进行犒军仪式，之后则是进行“过火”仪式。“过火”的原始目的是借火来清净，洗涤神明周遭的污秽，后来则有展示神威、驱除秽气、消灾解厄的功效。庙方先在庙埕前铺上沙土，将烧红的木炭平均分布于其上，上头洒上厚厚的一层粗盐避免赤脚踩过的人受伤。永庆宫因为粗盐准备的量不够，所以在童乩、笔生们通过后，就结束过火仪式，很多村民想要过火去去秽气，却无法如愿，只好退而求其次，纷纷收集过火用的炭火打包回家（可保平安）。

●图20-5 童乩正在“过火”，旁有村民在炭火上洒盐 照片出处：闾山道法科仪观念博客http://tw.myblog.yahoo.com/jw!V9yC8CyeQUVK4CPAaiFIZg--/

最后举行“下地府”、“谢上苍”的仪式，整个选乩择乩就正式大功告成了！“下地府”是童乩在法师念咒带领下，到地府走一遭，会有参拜的动作。祭坛上摆放纸制神以及各项牲礼。“谢上苍”的祭坛一样会有纸制神明像，答谢玉皇大帝的神恩，让选乩能顺利结束，这些经由各项考验的童乩们也正式成为神明的代言人，可以从事童乩的工作了。

永庆宫的选乩仪式，费时甚久，从开始犒军（农历三月二十八日）、试扶手轿/大轿到坐禁、出禁，操五宝、过火、拜谢上苍为止（农历闰五月十二日），总共73天，光是要选出生乩就花费了将近

50天。其中也有一个有趣的小故事，除了汴头村永庆宫举办选乩仪式外，附近村庄和美镇正好也在选乩，可是和美选乩的过程却顺利很多，不像永庆宫花了这么多天还没着落。此时有人提议可学和美用“饭”来犒军（永庆宫的习俗是用生米），或许有所帮助。而村民从善如流后，果真第一位灵动稳定的童乩不久就出现了，这也是民间信仰交互影响的最佳例证。

第五节

童乩的定义与工作

一般来说童乩的定义是：

> 童乩是在台湾的民间信仰中，最通俗的灵媒者，乃“神灵附体，代宣神谕者。其本质为萨满（Shaman）”，主要扮演神人沟通的桥梁，可代表神明直接与人对话，但也有须透过桌头翻译者，从问病、解运到请火、祈安，无所不能。[①]

连雅堂修《台湾通史》载：“童乩，裸体散发，距离曲踊，状若中风，割舌刺背，鲜血淋漓，神所凭依，创而不痛。”可见在连雅堂修《台湾通史》（1908—1918）前，童乩早已出现在台湾的民间信仰里了。文中所述的彰化县汴头村永庆宫选拔童乩的仪式，是在2009年3月底进行的，对于台湾这块土地来说，现代化的开发和教育普及，固然对传统民间信仰起了冲击，但宗教观念一向自由开放的台湾，能让各种宗教开花结果、兼容并蓄地和平共处。“童乩”，这个神明的代言人不曾在现代化的台湾土地上缺席，他与早期农业社区“一聚落一宫庙”息息相关，村庙一般是中神格的神明为主，例如中南部地区最为盛行的王爷信仰体系。一般神格高的神明或是大庙，例如玉皇大帝、北港朝天宫等是不会有童乩的，神格太低或是小庙，例如土地公、有应公庙也不会有童乩。

对于“童乩”这个灵媒的看法，一般都认为是能沟通神鬼，进入恍惚出神状态，神灵附体的现象，而能为人排解疑难、驱邪除秽。当他们被神明借用身体时，就会依据附身神明的身份，显出与平常不同的声口腔调或动作。女性童乩原本就比较少见，而且女童乩大

①刘还月：《台湾民间信仰小百科·灵媒卷》，台北市：台原出版社，1994年版，第85页。

多是女神附身，这次永庆宫选出的女性童乩，居然是金府千岁的代言，也令村民们啧啧称奇。

王雯铃在《台湾童乩的成乩历程——以三重童乩为主的初步考察》一文中，以两年半的时间（2001年3月—2003年9月），访谈三重地区的72位童乩，以田野调查的方式针对72位童乩的成乩原因、经过、人际关系影响，对生命的重大改变为探讨核心。王雯铃在研究中说明成乩的原因通常都不单纯，宗教氛围、因病遇神、生活挫折、神明召选、主动休学等5种因素是比较常见的，但是也有同时发生在一个人身上的。永庆宫在2009年选出的新任童乩，3位都很健康，其中朱府大千岁附身的那一位先生，平时很难得看他来庙里烧香，自从公告要选乩后，他才突然来到庙里，身体没有不适，只是感受到神明召唤他前来。①

永庆宫的童乩和所有庙方的管理委员们均是无薪职，是义务性质的。根据庙方委员表示，童乩们平常要不要来庙里都是很自由的，并无硬性规定来庙中的时间，有时他们在家里会感应到神明召唤，有时则是有空就来庙里走走（通常是晚上，因为白天要工作）。看来童乩工作对原本的正职没有太大影响。

童乩的工作称为“济世”，这是指神明附在童乩身上，为人指点迷津、消灾解厄或治病等活动。根据林富士的研究《医者或病人：童乩在台湾社会中的角色与形象》，从台湾明郑时期到清初时期各种地方县志的记载，可以知道1895年前早期的台湾居民是信鬼、好巫的，基本上这种风俗是从大陆闽、粤一带传入的。从18世纪初到19世纪末，台湾各地居民生病时会请巫者以禳除、祭祷、赐药之法治病。帮人治病的各类宗教人物就包括法师和童乩。

至于日据时期（1895—1945），日本人很早就注意到童乩、尪姨、法师等存在的重要性和影响力，童乩与政治叛乱亦有密切关联。1945年以后，光复初期童乩还没有受到太多人注目，但在1970年后，也有越来越多学者、研究人员投入这块领域，课题也分歧不一。②

由于童乩主要是王爷的代言人，王爷信仰有一种说法是脱胎自瘟神信仰。台湾地区早期多瘴疠，瘟疫流行，民众认为瘟疫是由瘟神、

①王雯铃：《台湾童乩的成乩历程——以三重童乩为主的初步考察》，台北辅仁大学宗教学系硕士论文，2003年。论文中对三重地区童乩的研究，显示被神明直接召选占最大比例，72位童乩有61位有这样的情形。

②林富士：《医者或病人：童乩在台湾社会中的角色与形象》，《“中央研究院”历史语言研究所集刊》，2005年版，第511—568页。

疫鬼降灾造成的，这些瘟神后来衍化成保境安民的万灵神明，底下率领千军万马，也就是五营神兵。这些兵将平时驻守在村庄的5个方位，防止邪魔歪道入侵，遇有状况时就接受法师或童乩的调遣（操兵），协助法事。每逢初一、十五时，村民会准备祭品到庙前祭拜五营神兵，也就是文中一开始提到的“犒军”。

第六节 结 语

王爷信仰、五营神兵观念、童乩（多是王爷代言人）……在民间信仰中未随着时代的变迁而衰落，反而因为现代人受到更多冲击和不顺意，或是生活上的挫折，或经济不景气的缘故，更容易寄托于民间信仰。民间信仰与台湾人生活密切结合也是事实。民间信仰是多数台湾人安全感的依归，近年来因为媒体炒作，大甲镇澜宫、北港朝天宫、台南南鲲鯓代天府、竹山紫南宫的传奇名气愈为响亮。台湾每年的香客进香、捐款、安太岁、买平安符等，金额数目相当可观。民众巡礼进香风气很盛，连游览车业者都蒙受“进香团”之利。对于民间信仰，实不可以迷信一词带过，而轻忽之。童乩的排解疑问、消灾解厄能力，甚至被认为是精神科医师的最大敌人呢！

第七节 后记

特别感谢彰化汴头村永庆宫管理委员会会计柯建全先生的协助，因为有他提供珍贵的照片与访谈资料，才能诞生这篇文章。也因为这次的研究活动，让我对台湾的民间信仰有更进一层的认识，令我惊叹台湾蓬勃发展的民间信仰系统。在研究乩童与王爷等内容时，赫然想起家父2008年10月回家乡云林县四湖乡飞沙村，去参加飞王宫重新翻修后的落成仪式，回来后把飞王宫的祈福钥匙圈交给我，千叮万嘱要我骑车时带着保平安，而我却连飞王宫祭拜哪位神明都不知道。家父年少时从云林北上到台北讨生活，我连故乡都没回去过几次。询问家父后才知道飞王宫是从台南南鲲鯓代天府分灵出来的，主祀五府千岁的其中之一“李府千岁”，原来又是属于王爷信仰啊！这间我祖父时代就存在的宫庙，这次经过翻修，变得巍峨壮观，而我却忽略了它如此之久，借由这次报告，让我重新理解了台湾的民间信仰，也更清楚地体会到它与生活的不可分割性。

参考书目和延伸阅读

书籍

董芳苑：《认识台湾民间信仰》，台北：长青文化出版，1986年版。

蔡相辉：《台湾的祠祀与宗教》，台北：台原出版社，1989年版。

蔡相辉：《台湾的王爷与妈祖》，台北：台原出版社，1989年版。

王秋桂：《民族与民俗》，台北：稻乡出版社，1994年版。

刘还月：《台湾民间信仰小百科·灵媒卷》，台北：台原出版社，1994年版。

吴永猛、谢聪辉：《台湾民间信仰仪式》，台北：空大出版社，1995年版。

董芳苑：《探讨台湾民间信仰》，台北：常民文化，1996年版。

王见川、蒋竹山编：《明清以来民间宗教的探索》，台北：商鼎文化，1996年版。

王秋桂：《神话、信仰与仪式》，台北：稻乡出版社，1996年版。

黄文博：《台湾民间信仰与仪式》，台北：常民文化，1997年版。

姜义镇：《台湾的民间信仰》，台北：武陵公司，1997年版。

期刊、论文

王秀婷：《一个女乩童的生活世界——从启乩到冷炉的社会网络发展》，"国立东华大学"族群关系与文化研究所硕士论文，2002年。

王雯铃：《台湾童乩的成乩历程——以三重童乩为主的初步考察》，辅仁大学宗教学系硕士论文，2003年。

郑雅心：《仪式象征与地方感呈现——以溪洲乡成功村国姓宫关乩童仪式为例》，"国立云林科技大学"文化资产维护研究所硕士论文，

2004年。

林富士：《医者或病人：童乩在台湾社会中的角色与形象》，《“中央研究院”历史语言研究所集刊》，2005年。

叶鸿洲：《一个传统农村家庭的人神关系》，“国立东华大学”族群关系与文化研究所硕士论文，2007年。

网络

闾山道法科仪观念博客

http://tw.myblog.yahoo.com/jw!V9yC8CyeQUVK4CPAaiFIZg——/

第二十一章

人判与神判：乩童断案

童乩断案是怎样一回事？其信仰基础究竟是神判还是人判？『文乩』和『武乩』的区别如何？童乩的治疗和断案之超能力是如何通过其灵媒的中介角色而得以体现的？现代科学能否对此现象提出解释？

第一节
乩童的定义

人在生命中常会对命运茫然，对未来迷惘，或者对周遭事物产生许多难以理解的困扰。这时候，求助于力量超凡的神明，成为许多人选择的方式。乩童，台湾话称为“童乩”，是人与神之间的媒介。在华人地区乩童属于特有的职业，类似欧美国家的灵媒。在道教仪式中，他是神明跟人或鬼魂跟人之间的媒介。虽然被称为乩童，但实际上也有年纪很大的。神明上身则称为“起乩”，而整个过程则被称为“扶乩”。乩童有其特定的神灵对象，并非所有的神灵都有乩童，例如玉皇大帝、三清道祖，或是土地公、有应公等等，一般是不会有代言乩童的。乩童主要的神灵代言对象有玄天上帝（又称真武大帝）、中坛元帅（又称哪吒三太子）、济公、齐天大圣……也有名不见经传的王爷、仙姑，甚至是乩童自创的神明。

●图21-1　乩童训练

第二节
扶乩现象

在台湾的民间信仰中，要请教神明解惑，一般民众须借助乩童扶乩。扶乩起于中国古代，早在刘宋刘敬叔《异苑》中就有明确记述。据该书记载，时人通常在正月十五，在厕所或猪栏边迎接紫姑神，凭偶像的跳动，卜未来蚕桑。宋代的《梦溪笔谈》亦有提及扶箕，当时迎厕神紫姑已是风尚，降神日期亦不只限于正月十五晚。理学家朱熹在《朱子语类》中也讲到了不少鬼神附身于生人而说话的情形。大致可分为两类：一是祖先之灵降临子孙之身；二是神灵附身于巫觋。后者也就是当时的乩童，与北方萨满类似。

神灵降笔的对象不限于神仙、道士，也可是古代名人。《夷坚三志》壬卷三《沉承务紫姑》写召迎紫姑之法："以箕插笔，使两人扶之，或书字于沙中。"宋代诗歌也常写到神灵附体之事。如"狂巫腾踏野老拜，瘦鸡薄酒邀神明"等，虽未用乩童之名称，却反映着同类现象。

明清时紫姑卜信仰仍普遍，盛行于士大夫之间，清朝《阅微草堂笔记》记载扶乩之事不下百次。民国以降，西方无神论教育大兴，扶乩现象被普遍视为迷信而影响日衰。唯独在台湾岛上依旧延续着古老传统。

第三节

文乩与武乩

●图21-2　手执五宝的乩童

乩童之俗已经传承了几千年。而在台湾，可以分为文乩与武乩，神明附身在他们身上时称为“起乩”。文乩起乩大致以吟唱、口述的方式，帮信众医病、解惑；武乩主要是帮信徒镇鬼安宅，有时在街上看到手执五宝（七星剑、鲨鱼剑、月斧、铜棍、刺球）巡街绕境的乩童，就是武乩。

第四节 乩童的来源

不是每个人想成为乩童，就可以当成。乩童的来源有三：一是先天的由神明挑选，并施予个人各种症状，使其担任乩童；二是老乩童的传承，年老的乩童退休之前，找一位合适人选继承衣钵；三是后天的个人自行“起童”，受现场情境影响而“起童”，成为乩童。然而，要成为一名称职的乩童，并不是一件容易的事。经过庄头庙主神挑中为乩童之后，尚需经历闭关受禁的训练过程才能成为熟童，否则会被淘汰。这种情况，可以参照古今选用萨满的社会礼俗。人类学家的解释是：有一类人天生具有改变意识状态的潜能。在音乐舞蹈刺激下，或受到药物作用，即可进入致幻一类的超常意识状态。①藏族大史诗《格萨尔王传》的民间讲唱艺人中，就有一类需要借助于通神迷狂状态，来完成讲唱的活动。

①参看叶舒宪：《文学人类学教程》，北京：中国社会科学出版社，2010年版，第五章“惚恍与迷狂”。

第五节
乱童的形成

一般的程序是分成六个步骤：采童——生童——坐禁——出禁——熟童——乩童。采童之后，只是生童，需要经过坐禁的过程才能成为熟童。坐禁就是闭关之意，也可以称为“受禁”或是“暗禁”，通常由一禁到七禁不等，一禁是七天。生童在坐禁前首先要斋戒沐浴，坐禁闭关的地点多在庙宇的厢房，四周门窗紧闭，禁止与闲杂人接触，并用红色的绸布遮光，一方面防止人窥视，另一方面防止邪魔进入。厢房内设有神案，须晨夕焚香而不间断，地铺草席为床，修炼要求头不见天、脚不踏地。此外，另设有简易的卫浴设备，平时厢房大门深锁，仅留一小洞或开一小侧门作为送食物、茶水与交换盥洗衣物之用。食物通常以面食和水果为主，绝无荤鱼之物，只吃少许分量的食物，尽量避免大小便，并以通宵不眠为上。

生童在坐禁期间，除了自我清心寡欲之外，主要学习神灵附身之法、驱邪压煞之法与巫器法术之密仪等绝学。而教授上述绝学的是老乩童或是俗称红头仔的法师。在坐禁期间能与生童见面的也只有送东西与教授绝学的人。坐禁结束后，即行出禁。所谓出禁就是乩童坐禁完毕出关的意思。出禁需要在法师或是老乩童的带领之下才能出关。而出关的这一天通常是庄头庙的大事，多会隆重其事。首先要操五宝法器（系指七星剑、铜棍、鲨鱼剑、月斧、刺球）见血，见血则表示已经受玉皇大帝的任命，因为血是一种见诚、避邪与符力之象征；其次则实行一种仪式，如过火、过钉桥或是爬刀梯等，透过上述仪式之后就表示破禁出关，正式成为乩童。

第六节

乩童灵媒角色与解惑治病

坊间相传与典籍记载中皆有借由灵媒、乩童协助，将一些医学上无法医治与科学上无法举证、不可莫名事件解决的实例。如：婴儿夜啼不眠，经灵媒收惊仪式后得以安睡。自己鲜为人知的事情，灵媒可如数家珍。夫妻不合经由和合仪式施作后圆满如初。经由灵媒处理鬼魅缠身，改善家运等等，一再显示其不可思议之处。灵媒、乩童有时也如心理辅导员、教师一般，有疏导、安定人心与教化功能。只要不是装神弄鬼，有其存在的功能与不可思议的神妙。文化人类学家面对“乩”这个问题，要不然就是视若无睹，要不然就是借用精神医学的解释，再不然就是套用英国人类学大师James Frazer在1890年所撰的大著《金枝》（*The Golden Bough*）提出的“交感巫术”（sympathetic magic）。他认为巫术就是人类宗教最初的形成。James Frazer与其学生B. Malinowski有关巫术的理论，长久以来一直支配台湾的学术界对于本土宗教活动的思考方向。一谈到“乩”就会毫不考虑地套用。这样的诠释虽然具有权威性，但是并没有告诉我们“乩”究竟是什么。

第七节

乩童办案

乩童既然能了解神明的旨意，那么对于一些悬疑难解的刑案，求助神明，便成了许多人采用的方法。某些刑案中的灵异现象，在电视报纸中不断出现。例如报纸记载，一名台北市资深刑警透露，几年前，台北市阳明山竹子湖的女尸命案，死者就是附身在刑警妻子身上，才查出死者身份破案，成为几名私下知情同事津津乐道的灵异案例。

但这并不属于乩童。多年前万华一名少年遭围杀致死、埋尸汐止山区，当时尸体并未寻获。警方多次押着嫌犯到汐止山区，并调动警犬搜寻，一再徒劳无功。最后死者祖母告诉警方，死者多次托梦说尸身被埋在汐止靠近南港山区，警方姑且一试，参考家属的梦境解析，终于挖出尸首，全案宣告侦破。另一件是著名的汐止杀警夺枪案发生后，办案警员到一家庙宇问卜，女乩童写下“三天破林”四个字，三天后果然破案，而凶嫌王柏忠、王柏英兄弟名字中两木字合起来恰是“林”字。

另外著名的汐止杀警案，也是在乩童出面表示三天可以破案后，案情真的在三天内突破，并抓到凶手。报纸上写着：“杀警夺枪案能破案，除了警方努力不懈，似乎冥冥中也有神明在保佑。外传警方在搜索汐止时，曾经到发现血衣附近的一间庙宇拜拜，当时庙里乩童表示三天后破案，果真24日就找到凶手。”圣筊一出现，案上神明一同意，乩童立即有反应。乩童就写“三天破案”这四个字清楚交代破案时间，果真两名嫌犯从被捕，到认罪，到凶刀、警枪被找到，三天后也就是24日真相大白，连殉职警员家属也感到不可思议。

另外，日本女学生在台旅游被杀害的案件、屏东某命案，也都是请示乩童而破案的案例。

根据王章伟的研究，通神者破案的事例自古有之。如宋代杭州有一个叫四娘的女巫，附在他身上的鬼魂“五郎”，可用人世间的语言回答占卜吉凶的人。若有人以自己的先世考验五郎鬼，或询问千里之外的事，他都对答如流，而且非常灵验。浙江丽水一个叫叶议的秀才被盗贼所杀，有一位通神女巫让叶议鬼魂附在她身上，讲述了凶手杀人经过。[①]

①王章伟：《文明世界的魔法师》，台北：三民书局，2006年版，第38页。

附注：

因为联系愿意接受访问的三个乩童，一在竹山，一在台南，一在大里，就以此三人当作采访对象。

已经采访过竹山一次，大里一次，另外还要排时间多拜访几次，所以先草此稿，以待来日。另外还有收惊的部分，也需要多次调研。

●松柏岭受天宫乩童登场（叶舒宪 摄）

参考书目和延伸阅读

[日]国分直一：《乩童的研究》，黄全德译，原载《民俗台湾》第一卷，译文刊于《南瀛文献》卷8，1962年。

董芳苑：《台湾民间的神巫——童乩与法师》，收入《台湾民间宗教信仰》，台北：长青出版社，1975年。

文荣光等：《灵魂附身现象：台湾本土的压力因应行为》(*Spirit Possession Phenomena*：*Indigenous Stress-Coping Behavior in Taiwan*)，台北："中研院"《民族学研究所集刊》第73期，1992年春季号。

林富士《童乩研究的历史回顾》，收入《小历史——历史的边陲》，台北：三民书局，2000年。

许丽玲：《巫路之歌——从学术殿堂走入灵性治疗的自我剖析》，台北：自然风，2003年。

王庆文、王琼婷、余文钦：《我的乩童爸爸之神人奇缘》，台北：护国延平宫，2008年。

[日]清水纯：《噶玛兰族的治疗仪式》，[日]笠原政治等编：《台湾读本》，台北：前卫出版社，1997年，第315-324页。

[日]村上春树：《神的孩子都在跳舞》，赖明珠译，台北：时报出版公司，2000年。

致哈罗德·布鲁姆
——代编后记

作为解构主义的“四人帮”之一的哈罗德•布鲁姆，在文学批评理论方面享有盛誉。以下文字是从我在台湾时的日记本中摘录出的，可以大体说明当时为什么要编《宝岛诸神》的思考背景：个人的求学与交流体验，研究的兴奋点及学术构想等。现录于此以为本书编后记。

布鲁姆教授：您好。1989年之前，我是中国的大学中一名中文专业青年教师。那时只读到你的《影响的焦虑》，写过介绍性的文字，刊登在大陆新方法论讨论热潮之际的《文艺报》上。

1999年，我从海南岛来到你任教的美国东海岸边的耶鲁大学，读到你英文版的大著《西方正典》，还慕名到你授课的英语系课堂上旁听，领教耳提面命之风采。

2009年春我有机会来宝岛台湾教书，授课之余久泡图书馆，这才读到你的《千禧之兆：天使、梦境、复活、灵知》中译本（高志仁译，台北：立绪文化公司，2000年）。我觉得在您的几十部著作中，对我当下的学术探索来说，感到真正会心的就是这一部。其中讨论的内容，不但非“正典”，甚至已经是非“西方”了。我不知道是否可以用文学理论的“人类学转向”来概括你的学术转向情况。我看到你引用艾利亚德的《萨满教》，以便打通古亚洲大陆上最为深厚的原始宗教传统，同布莱克、爱默生的诗歌之间的相通性，这毕竟是从布莱克诗歌研究起步的加拿大教授诺斯洛普•弗莱所未能做到的。他之所以没有迈出这一步，一方面限于他的纯学院研究视野，不如你对民间亚文化潮流的熟悉；另一方面也由于他的外语和眼界限制，没有跟随尼采、荣格和艾利亚德等人的知识越界之旅，进入到非西方的广阔文化领域中寻觅拯救现代性危机的普罗米修斯之火。

学界有人将弗莱的原型论归入以科学建构为特征的结构主义一脉，看来不是毫无理据的。而你却在千禧年来临之前，就对北美文化中弥漫性的灵知、濒死体验之类，给予学术上的认真对待。你的打通比较文学与比较宗教学、比较文化的努力，更加吻合于20世纪后期以来的文化与知识生产的大趋势。

叶舒宪

2009年4月27日

●荷兰人1870年拍摄的台湾平埔族老照片：侧背婴儿的西拉雅妇女

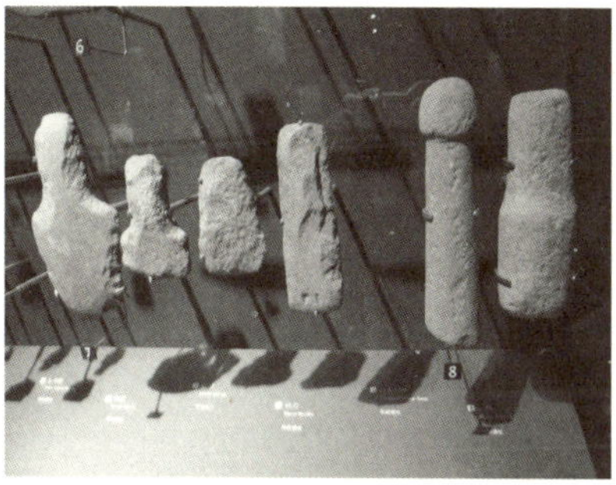

●台湾史前文化石器（叶舒宪　摄）